基本からわかる
英語リーディング教本
薬袋善郎　Yoshiro Minai

研究社

記号一覧表

S	主語
O	目的語
C	補語
①	完全自動詞
②	不完全自動詞
③	完全他動詞
④	授与動詞
⑤	不完全他動詞
―③	完全他動詞の受身形
―④	授与動詞の受身形
―⑤	不完全他動詞の受身形
n	名詞
a	形容詞, 形容詞句
ad	副詞, 副詞句
aux	助動詞
＋	等位接続詞
接	従属接続詞
[　]	名詞節
(　)	形容詞節
〈　〉	副詞節
┬	準動詞

はじめに

　自伝に出てくる言語の修得法というと、トロイ遺跡の発見者シュリーマンの「古代への情熱」に述べられた徹底した音読と暗唱による方法が有名です。これに対し、第二次大戦中の英国の首相ウィンストン・チャーチルの自伝 *My Early Life* に次のような、シュリーマンの自伝とは対照的な一節があるのはあまり知られていません。チャーチルのハーロウ校時代のエピソードです。

　「私は英語を教えられた。劣等で英語しか覚えられぬと考えられたからだ。この成績不良の生徒に世間でもっとも軽視されていること、すなわちただの英語を書くことを教える役を任されたのが、ソマヴェル先生であった。この先生はじつにいいひとで、私はこの先生に非常に負うところが多い。
　彼はいかに英語を教えるかをよく心得ていた。彼ほど教えかたの上手な人はないように思う。我々は英語の説明を細かく聞いたばかりでなく、たえず文の解剖を練習した。先生には独特の教授法があった。彼はかなり長い文章をとって、それを黒、赤、青、緑のインクでいろいろの構成分子に分ける。主語、動詞、目的語、関係節、条件節、接続節、離接節など！　みなそれぞれの色彩をもち、それぞれの括弧に包まれる。それは一種の練習問題で、我々はほとんど毎日それをやらされた。そして私は四級三（B）にだれよりも三倍長くいたから、人より三倍よけいにやった。
　私は完全に習い込んだ。普通の英文なら、その基本構造を骨の髄まで徹底的に理解した。これはじつに尊いことだ。それゆえ、美しいラテン語の詩や、簡潔なギリシア語の警句を書いて賞をとった同級生が、後年、生計をたてるため、あるいは世間に出るため、普通の英語を書かねばならなくなったとき、私はこれと伍してなんらの遜色を感じなかった。」

　最近私の勤める予備校でも社会人の方が受験生にまじっていわゆる「受

験英語」を勉強するという例が増えています。そういう方にお話を聞くと，シュリーマン流の音読，暗唱さらにシャワーのように英語を浴びるといったやり方を実践しているのに，思うように効果をあげられないで困っている方が多いようです。なかにはどんなに努力しても読めない，書けない，聞き取れないので，これらのやり方に不信感を抱いている方もいるくらいです。

　しかし，これは決してやり方が悪いのではないのです。これらのやり方で効果をあげるためには「前提条件」があって，その前提条件をみたしていないので効果があがらないのです。その前提条件とは「単語の集合を英語たらしめている frame を理解する」ということです。言うまでもないことですが，英単語をただ羅列しただけでは英語になりません。英単語を配列するにはその基盤になる frame があり，その frame の上に単語を並べたときはじめて正しい英文になるのです。その frame の例をいくつかあげてみましょう。

1. 動詞はかならず述語動詞か準動詞のどちらかで使わなければならない。
2. 現在形と過去形はかならず述語動詞（文の中心になる動詞）として使わなければならない。
3. 過去分詞形は be も have も付けないときはかならず準動詞として使わなければならない。
4. ing 形は be を付けないときはかならず準動詞として使わなければならない。

　こういう frame は他にもいろいろありますが，そのどれにも共通しているのは「具体的な単語のレベルではなく，抽象的な品詞のレベルで構成されている」という点です。つまり dog はどう配列したらいいか，cat はどうかというレベルではなく，dog や cat を抽象化して「名詞」というレベ

ルでとらえ，名詞はどう配列するのかを問題にしているのです。

　同じことは動詞についても言えます。cut という動詞は活用が cut – cut – cut で，原形，現在形，過去形，過去分詞形のつづりが同じです。ところが過去形と過去分詞形では配列するときの frame が違うのです（いま紹介した 2 と 3 を見てください）。したがって，目に見えるレベルで cut はどう配列するのかと考えているかぎり本当のことはわかりません。cut を一度抽象化して，過去形ならどう配列するか，過去分詞形ならどう配列するかというレベルでとらえなければならないのです。

　シュリーマン流の勉強で効果があがらない人はここが決定的に欠けているのです。ソマヴェル先生がチャーチルに課した「文の解剖」は一言でいえば具体的な英文を抽象的な品詞のレベルでとらえ直す訓練なのです。この練習を繰り返すうちにしだいに品詞と品詞の間に存在する相互関係＝英単語を配列するための frame がわかってくるのです（チャーチルはここを I got into my bones the essential structure of the ordinary British sentence.「普通の英文なら，その基本構造を骨の髄まで徹底的に理解した」と言っています）。

　音読，暗唱，シャワーのようなヒアリングで効果があがらない方，あるいはどんなに文法を勉強してもはっきりわからない方は一度チャーチル流の「文の解剖」を試してみることをおすすめします。また，英字新聞なら読めるが TIME になると歯が立たないという方は，単語の難しさを理由にあげるのですが，本当は「前提条件」をみたしていないことが多いのです。こういう方も一度文の成り立ちを徹底的に勉強すると TIME の英文がはっきりわかるようになります。

　ところで「文の解剖」は副作用の強い劇薬のようなもので，下手に手を出すとかえって害を及ぼします（だから，「文の解剖」を攻撃する人が多いのです）。私の経験では，この勉強は独学ではなく，講義を受けるか，または手引きをしてくれる本にしたがってやるのが絶対的によいのです。

　私は，チャーチル流の勉強を志す社会人の方のために「英文の仕組み」

を説明した「英語リーディングの秘密」という本を書きました。この本は幸い，ひたすら暗記を強いる今の英語勉強法に疑問を感じていた方の支持を受け版を重ねることができました。この本の読者から寄せられた「理解を実践につなげるための演習書が欲しい」という要望にお応えするために書いたのが本書です。

　世の中には読むと理屈はわかるのだが，いざ自分でやってみるとうまくいかないという本がたくさんあります（その点では「英語リーディングの秘密」も例外ではありません）。「わかる」と「できる」は多くの場合一致しないものです。本書は「読者ができるようになる」ことに責任を持つ本です。したがって，本書は決してやりやすい本ではありません。最後までやり通すのは相当の忍耐力を要します。「読み通す」ではありません。「やり通す」です。「読み通す」のは大したことはありません。「やり通す」のが大変なのです。しかし，本書を最後まで「やり通した」方は「英語がきちんと読めるようになる」ことをお約束します。「やり通す」というのがどういうことなのかは「本書の効果的な勉強法」に書きましたので参考にしてください。

　西暦2000年代に入り，英語の素養が社会人として必須の条件であるかのような風潮が生じています。必要に迫られて短期速成的に英語の勉強をする方も多いのですが，人間がものを理解し，できるようになるプロセスは昔も今も変わりません。どんなに面倒でも術語の定義を正確に理解し，その術語を道具として使って，少しずつ対象を我が物にしていく。これしかないのです。本書がそういう努力を厭わない方のお役に立てれば幸いです。

　本書の執筆に際しては滝澤佐衣子氏の励ましとお力添えをいただきました。厚くお礼を申し上げます。

　　　2000年3月　　　　　　　　　　　　　　　　　　　　薬袋善郎

（高校生の読者の方へ）

　英語を相当勉強しているのに，成績が伸びずに困っている高校生にカウンセリングをすると，次のような悩みを訴えられることがよくあります。

　英文と自分の間には目に見えないベールのようなものがあって，常にそのベール越しに手探りで英文を読んでいるような気がする。
　英語が読める人と読めない人の間には，何かわからないが，決定的な違いがあるように感じる。
　他の教科はわかるときとわからないときがはっきりしているのに，英語はいつも目の前にもやもやした霧がかかっているようで，すっきりしない。

　こういう悩みを訴える人は，自分が「英語の本当に大事なところ」をつかんでいないことにうすうす気がついているのです。しかし，それ（＝英語の本当に大事なところ）が何なのかどうしても（＝どんな本を読んでも，どんな先生に聞いても）わからないので，途方に暮れているのです。
　多くの人が「英語の本当に大事なところ」の所在にすら気がつかないのは理由があります。それが「全く目に見えない次元」に存在しているからです。
　皆さんは，cutという動詞の活用が全く変化しないのを知っていますか？cutはing形以外は原形も現在形も過去形も過去分詞形もみんなcutです。ですから，英文を読んでいてcutが出てきたとき，そのcutがこの4つの形のどれであるかは目で見ただけではわかりません。そこで，気にも止めずに「cutはcutだ」で済ましてしまう人が大方（おおかた）です。ところが，このcutは何形だろうと必ず考える人がいます（見ただけではわからないので，考えるのです）。英語が読める人と読めない人の決定的な違いはここにあります。
　ところで，人が「考える」には，2つの前提条件が必要です。第1の条件は，「考える」ことにどんな実益があるか，をよく知っていることです。

人間は，役に立つと思えないことは，やれと言われてもやれないものだからです（英語が読めない人は，動詞の活用を考えることにどんな実益があるか夢にも知らないので，活用など考える気にもならないのです）。第2の条件は，「考える」ということが具体的にどうすることなのか，を知っていることです。人間は，具体的な手順を知らなければ，やれと言われてもやれないものだからです（英語が読めない人は，同じつづりの動詞を過去形と過去分詞形に分ける具体的な手順を全く知らないので，やれと言われてもやれないのです）。

この本は，「英語の本当に大事なところ」がどこに存在しているのかをはっきり示し（動詞の活用はその1つにすぎません。他にも大事なところはあります），それを考えることにどんな実益があるかを十分に説明し，具体的にどういう手順で考えるのかを手取り足取りで指導しています。

「cutとputは全く同じだ。でも，cutとcutは全然違うし，putとputも全然違う」と言われたら，「何を訳のわからないことを言っているんだ。馬鹿にするな！」と怒りだす人もいるかもしれません。まるで禅問答ですが，この言葉はまさしく「英語の本当に大事なところ」をズバリ表現しています。皆さんも，この本を勉強するにつれて，このcutとputの禅問答（＝cutとputが同じで，cutとcutが違う世界）がはっきりわかり，積年の疑問が氷解するでしょう。

この本を勉強する手順を具体的に書いておきましたから，それをよく読んで，それに従って勉強してください。次に紹介するのは，F.o.R.（＝Frame of Reference＝本書で用いている「英語構文の判断枠組み」）の講義を受けた人のアンケートです。参考にしてください。

＊1日目，2日目にはこの講座を選んで失敗したと本気で思いました。何を言っているのか全くわからず，授業中も眠くてしかたなかったのだけど，最終日を迎えて，なんて愚かだったのだろうと思います。自分のわからなかったところがこの講座ではっきりとわかるようになりました。ずーっと心にかかって1m先も見えなかった霧が急に晴れた感じです。

＊何よりも，私の頭の中がからっぽだったのがよかった。何も難しく考えずに先生が言うことを素直に受け入れたら F.o.R. がすんなり頭の中に入ってきました。たった12時間の授業で「あ！これは絶対に述語動詞だ」などと言い切れるようになった自分に驚いています。

＊この講座を受けるまで，英文を読むとき活用など考えたこともありませんでした。自分では構文を考えて読んでいるつもりだったのに，本当はフィーリングで読んでいたんですね。本当に，この6日間「こうやって考えるのか」という驚きばかりでした。

＊最初の2日間はこのシステムに戸惑い，中の2日間はなかなかシステムに慣れず疲れる一方だったが，最後の2日間で一気にこのシステムの真理を悟り英語の基本をマスターできたと思う。本当にあっという間の6日間だったが，今までの6年間の英語学習を根底から覆す6日間だった。

＊これまで，いろいろな予備校で長文速読とかパラグラフリーディングとか習ってきたが，本当に自分が読めているという実感が持てなかった。今，F.o.R. を勉強していますが，自分の力で読んでいるという確かな実感を感じています。

＊この講座の前には気にもかけていなかったことにこの講座が気付かせてくれた。少し英文の見方を変えればこんなにも読めるものかと思った。

本書の効果的な勉強法

　本書を勉強する最終的な目標は「初めて見る英文の構造を誤りなく認識できる力を身につける」ことにあります。この「最終目標」を実現するために，皆さんは当面の目標として「Questions に即座に答えられる」ことを目指してください。

　この「当面の目標」を詳しく説明しましょう。まず，p.141の練習用 TEXT を見てください。各ページには一番上に英文があり，その下の左側に Questions，右側に Answers が左右対称で並んでいます。この Answers を紙で隠し，英文を見ながら Questions に No.1 から順番に答えていきます。最後の Question まで答えたら，また前に戻って No.1 から同じことを繰り返します。これを何度も繰り返して，**全 Answers を「テキストの文言通り寸分違わず，しかもよどみなく言える」**ようにようになるまで自分を鍛えるのです。

　この「寸分違わず，しかもよどみなく」というのが非常に重要で，英文を見ながらじっくり考えてやっと正解に近い文言が言える，というのではダメ（＝効果なし）なのです。「寸分違わず」というのは「テニヲハに至るまで全く同じように」という意味です。たとえば，Answer に「主語・動詞の目的語・前置詞の目的語・補語」と書いてあったら，この通り言えなければいけません。「主語・補語・前置詞の目的語・動詞の目的語」では「寸分違わず」になりません（順番が違います）。「よどみなく」というのは，ちょうど算数の九九を暗唱するのと同じように「間髪を入れずに」答えられるということです。これくらい言えればいいだろうと自分を許してはいけません。正確さ，スピードの両面であくまでも完璧を目指してください。完璧なレベルに達した人は，さっと英文に眼を走らせただけで，すべての Questions に「立て板に水」で答えられるようになっているはずです。

　このようにして，1題の英文について Questions に答えられるようになったら，次の英文に進み，また同じように練習します。その際，自分の答

え方が上で要求した「完璧」な水準に達していなくても，ある程度の正確さとスピードが備わっていれば，次の英文に進んでよいのです。つまり，先へ先へと進むと同時に，すでにやった英文の練習（＝Questionsに答えること）を絶えず繰り返す（＝復習する）ことによって，しだいに「完璧」なレベルに近づいていくようにするわけです。

　このようにして38題すべての英文について完璧なレベルに達するとどうなるかは「冷暖自知（冷たい，暖かいという感覚は他人からいくら言葉で説明されてもわからないが，自分で実際に氷や火に手を触れて見れば即座にわかる）」で，実際にやった人にしかわかりません。私がいくら口で説いても，ここで皆さんを納得させることはできないでしょう。しかし，実際にそこまで努力した人はまさに「唖子の夢を見たるがごとし（口のきけない人が夢を見たようで，他人には語れないが，自分でははっきりわかる）」で，「当面の目標」と「最終目標」の間に実はそれほど隔たりがないことも実感できるでしょう。

　ところで，「当面の目標」を達成するにはどのような勉強をしたらよいでしょうか？一番簡単な方法はAnswersを丸暗記することです。Part ⅠとⅡを読まなくても，練習用TEXTのAnswersを暗唱すれば，Questionsに即座に答えられるようになります。これは人間性を否定した馬鹿馬鹿しいやり方ですが，実際これで相当のところまで初見の英文の構造がわかるようになります（Part ⅠとⅡを読むだけで実際に練習をしない人に比べれば，こちらの人の方が確実に読解力は向上します）。しかし，やはり理解してから暗記する方が応用力がつくことは疑いありません。そこで，まず「Part Ⅰの対応セクション」と「Part ⅡのAnswersの解説」をじっくり読んでください。特に，Part Ⅰは非常に重要ですから，理解できるまで読み返してください。

　1題の英文についてPart Ⅰの対応セクションとPart ⅡのAnswersの解説が理解できたら，英文の練習（＝Questionsに答えること）に移ります。ただし，理解できない個所が少し残る程度の場合は，先に進むとその個所

が簡単にわかることがありますから，あまりこだわらずに，英文の練習に移ってください（この場合，理解できない個所の Answer は丸暗記になりますが，それでいいのです）。**英文の練習はペンと紙を使う必要は全くありません。練習用 TEXT を見ながらひたすら口で言えるようにすればいいのです。**その際なるべく声を出してやると効果的です。したがって，英文の練習はベッドに寝転がってやることもできるし，電車の中でやることもできます。1 回 5 分でもいいですから，ちょっとした空き時間を利用してこまめにやるのが最もいい練習法です。

　1 回練習して 1 題の英文についてすべての Questions に答えられるようになったら，各ページの一番上にある check mark （①②③④⑤⑥⑦⑧⑨⑩）を塗りつぶすなり×印をつけるなりして，やった記録を残しましょう。その際，日付けを書いておくと前回やったのがいつかわかって便利です。

　実際に練習を始めるとすぐに気がつきますが，Questions の中にはどの英文にも共通な一般的な質問があって，こういう Question は何度も繰り返し問われています。そこで，こういう一般的な Question だけを集めて P.289～291 に「Frame of Reference の要点」としてまとめておきました。これを暗記（丸暗記でよいのです）してから練習すると，練習が非常に楽になります。丸暗記は非人間的で苦痛ですが，「Frame of Reference の要点」の暗唱は驚くほど効果があります。積極的に挑戦してください。

　Part ⅠとⅡを読むと，最初のうちは英文は極度に易しいのに解説はクドクドしくて，イライラするかもしれません。しかし，この本は一度勉強したことを土台にして，その上に新しいことを積み上げていくピラミッド型の構成になっています。したがって，先に進むにつれてどんどん読むのが楽になってきます。

　本書はページ数の関係で，動詞の数が 5 つの英文までしか扱っていません。英文中に含まれる動詞の数は通常は最も多くて 8 つです（これを超えるような文はめったに出てきません）。そして，動詞の数 5 つの文と動詞の数 8 つの文には質的な違いはありません（＝動詞のつなぎ方は同じです）。

ただ動詞の数が多いという量的な違いがあるだけです。したがって，**本書をしっかり勉強すれば，例外的現象を含まない限り，すべての英文の構造をきちんと把握できるようになります**（例外的現象は「本書終了後の英語の勉強について」に書いておきました）。

　本書をぱらぱらっとめくって，表面的なところだけで判断する人は「べつに文法学者になるわけじゃなし，こんなに細かく分析して，文法用語を言えるようになったからといって，何になるんだ。英米人は文法なんて知らなくても英語を自由に操っているぞ」と言うでしょう。確かに，本書は表面的には文法用語が使えるようになることを目標にしています。ところが，この目標が達成されると驚天動地の世界が開けるのです（少なくとも，英語が全くわからなかった人にとっては「驚天動地」としか言いようがありません）。それがどんな世界か（＝どんなにはっきりと英語が読めるようになるか）はその世界に入った人だけが知っています。これは「英語はさっと読んで，大体言っていることがわかれば，それでいい」という信念を持っている人には全く無縁な世界です。こういう人には千万言を費やしてもわかってもらえないでしょう。私もこれ以上は「言わじ，言わじ」としたほうがよさそうです。

　読解，文法，作文，会話のどの分野に進むにせよ，ある水準（＝素人の水準＝お遊びの水準）を超えるためには，本書が養成しようとしている力を身につけることが前提条件です。イソップ物語の賢い栗鼠が言っているように「堅い殻を嚙み割らなくては胡桃の滋味は味わえない」のです。昔から「盛年重ねて来らず，光陰惜しむべし」といいます。皆さんの奮起を期待します。

目 次

品詞と働き

- 前置詞 ………………………… 10
- 等位接続詞（その1）………………… 11
- 名詞＋名詞 …………………… 13
- 助動詞 ………………………… 15
- 名詞の働き …………………… 25
- 疑問形容詞 …………………… 32
- 等位接続詞（その2）………………… 37
- 可算名詞と不可算名詞 ……………… 43
- 仮主語, 仮目的語の it ……………… 86
- 副詞的目的格 ………………… 97
- 同格 …………………………… 100
- 誘導副詞の there …………… 120
- 品詞と働き（その1）………………… 183
- 名詞の基本的働き ……………… 192
- 可算名詞は裸では使えない ……… 209
- 品詞と働き（その2）………………… 281

活用と動詞型

- 活用 …………………………… 5
- 活用と述語動詞・準動詞の関係 …… 5
- 原形と現在形の識別 …………… 6
- 仮定法現在 …………………… 7
- 動詞型（その1）……………………… 8
- S①とS③O ………………………… 9
- イコールの関係 ……………… 11
- S②C ……………………………… 12
- S④OO …………………………… 17
- S⑤OC …………………………… 23
- 受身の動詞型 ………………… 25
- 受身の動詞の活用 ……………… 28
- be の5つの可能性 ……………… 33
- 進行形 ………………………… 35
- been p.p. と being p.p. ………… 40
- 動詞型（その2）……………………… 42
- 活用と述語動詞・準動詞の関係
  を聞く問題［Ⅰ］……………… 185
- 活用と述語動詞・準動詞の関係
  を聞く問題［Ⅱ］……………… 189

目　次

準動詞

述語動詞と準動詞 …………………… 2
過去分詞の4つの可能性（その1）… 32
ing形の4つの可能性 ………………… 38
前置詞＋動名詞 ……………………… 41
不定詞の4つの可能性 ……………… 58
過去分詞の4つの可能性（その2）… 69
裸の過去分詞 ………………………… 70
自動詞の裸の過去分詞 ……………… 75
他動詞の裸の過去分詞 ……………… 78
意味上の主語 ………………………… 87
前から名詞を修飾する分詞 ………… 92
原形不定詞 …………………………… 96
完了準動詞 …………………………… 99
have＋O＋p.p. ……………………… 106
言い換えの分詞構文 ………………… 114
S＋be＋-ing ………………………… 128
beingが省略された分詞構文 ……… 134
準動詞を識別する問題［Ⅰ］……… 227
準動詞を識別する問題［Ⅱ］……… 251

従属節

従属節 ………………………………… 44
従属接続詞 …………………………… 48
従属接続詞thatの省略 ……………… 49
間接疑問文 …………………………… 54
内外断絶の原則 ……………………… 55
関係代名詞 …………………………… 59
前置詞＋関係代名詞 ………………… 63
名詞＋of＋which … ………………… 66
形容詞節の訳し方 …………………… 67
関係代名詞の省略 …………………… 90
名詞＋that＋動詞 …………………… 101
so ～ that S＋V …………………… 104
関係代名詞＋S＋have＋p.p. …… 108
関係代名詞のwhat ………………… 110
what節の枠組み …………………… 115
if節, whether節の枠組み ………… 119
such ～ that S＋V ………………… 121
関係副詞 ……………………………… 122
that＋完全な文 …………………… 126
whenever節の枠組み ……………… 127
関係代名詞のwhat＋S＋be …… 129
形容詞のwhat ……………………… 131
前置詞＋that節 …………………… 136
従属節を作る語の存在 …………… 211

目 次

その他

- 接点のつなぎ方 …………………… 14
- 人称と数 …………………………… 18
- 格 …………………………………… 21
- 所有格 ……………………………… 22
- 3人称・単数・現在のs ………… 22
- 完了 ………………………………… 29
- 2つのVのルール ………………… 35
- 2つのS＋Vのルール …………… 50
- 2つのVのルール，2つのS＋V
  のルールの例外 ………………… 52
- 数量・種類・様態＋of ～ ……… 138
- 索引を使った復習のやり方 …… 216
- 本当の構文とは ………………… 219
- 英語構文の3つの難所 ………… 221
- andを補う問題 ………………… 260
- 熟練した人は構文を意識するか？・264
- 2語を補う問題 ………………… 270

Part I　Frame of Referenceの理論

§1　述語動詞と準動詞

　英文中に出てくるすべての動詞は，動詞の働きだけをしている場合と，動詞の働き以外に名詞または形容詞または副詞の働きを兼ねている場合の必ずどちらかで，しかも，この両者は常にはっきりと区別できます。このルールは絶対のルールで，例外は一切ありません。いかなる英文でも貫徹されます。前者の「動詞の働きだけをしている動詞」を述語動詞といい，後者の「動詞の働き以外に名詞または形容詞または副詞の働きを兼ねている動詞」を準動詞といいます。

　Frame of Reference（英語構文の判断枠組）の勉強は「述語動詞と準動詞の識別」からスタートします。最初から英語ではわかりにくいので，まず，日本語で考えてみましょう。

（1）たくさんの人が冬山に 登る 。
　　　　　　　　　　S　　　　　V
（2）冬山に 登る 人。

　（1）と（2）で使われている動詞はどちらも 登る です。ところが同じ 登る でも働きが違います。（1）の 登る は動詞の働きしかしていません。それに対して，（2）の 登る は動詞であると同時に形容詞の働き（この場合は「名詞を修飾する働き」）もして， 人 という名詞を修飾しています。英文法の用語を使うと，（1）の 登る を述語動詞といい，（2）の 登る を準動詞というのです。

　述語動詞には必ず動作や状態の主体を表す名詞が付きます。この名詞を「構造上の主語」またはたんに「主語」といいます。（1）でいうと， 人 が構造上の主語です。そして，**構造上の主語＋述語動詞を「文」といい**，通常 S＋V と表示します（S は subject の略で，V は verb の略です）。したがって，（1）は構造上の主語＋述語動詞なので，文です。

　それに対し，準動詞には動作や状態の主体を表す名詞が必ず付くとは限りません。付かないときもあります。付いた場合には，その名詞は「意味上の

主語」と呼ばれ，S′と表示します。そして，意味上の主語＋準動詞は文とはいいません。(2)でいうと，登るの主体は人ですから，人は登るという準動詞によって修飾される被修飾語であると同時に，登るの意味上の主語でもあります。そして，(2)は意味上の主語＋準動詞ですから（もっとも，この場合は意味上の主語が準動詞の後に回っています）文とはいいません。

　皆さん，私は今ここで，述語動詞，準動詞，構造上の主語，意味上の主語，文という英語構文を構成する基本概念の定義をしているのです。したがって，皆さんは「何故そうなのか？」という問いかけをしてはいけません。この定義を「そういうものなのだ」と素直に受け入れて，以後この5つの基本概念を使いこなせるように自分の頭を訓練してください。もう少し，日本語で練習してみましょう。

（3）冬山に登る人がバスから降りた。
　　　　　　　S　　　　　　　V

登るは準動詞です（動詞と形容詞を兼ねています）。降りたは述語動詞です（動詞の働きしかしていません）。人は登るに対しては意味上の主語です（準動詞の主体を表しているからです）が，降りたに対しては構造上の主語です（述語動詞の主体を表しているからです）。そして(3)は構造上の主語＋述語動詞なので文です。

（4）彼は何事も，いったん約束したら，実行する。
　　　S　　　　　　　　　　　　　　　　　V

約束したらは実行するという動詞を修飾しています。動詞を修飾する語は副詞と呼ばれます。したがって，約束したらは副詞の働きをしています。ところで，約束したらの約束したの部分は明らかに動詞です。つまり，約束したらは，動詞が「ら」を伴うことによって，副詞の働きを兼ねているのです。したがって約束したらは準動詞です。約束したらの意味上の主語は彼です。「彼は何事も，いったん約束したら」は意味上の主語＋準動詞ですから文ではありません。

実行するは動詞の働きしかしていないので，述語動詞です。実行するの構造上の主語は彼です。「彼は …… 実行する」は構造上の主語＋述語動詞ですから文です。

(5) 私は，たえず窓外に展開する景色を眺めながら，数時間の汽車旅を少しも退屈せずに過ごした。
　　S　　　　　　　　　　　　　　　　　　　　　　　　　　　　　　　　　　　　　V

展開するは動詞と形容詞を兼ねる準動詞で，意味上の主語は景色です。眺めながらは動詞と副詞を兼ねる準動詞で，意味上の主語は私です。退屈せずには動詞と副詞を兼ねる準動詞で，意味上の主語は私です。過ごしたは動詞の働きだけをしている述語動詞で，構造上の主語は私です。(5)は構造上の主語＋述語動詞なので文です。

(6) その列車に乗りそこねることは，1時間待つことを意味する。
　　　　　　　　　S　　　　　　　　　　　　　　　　　　　V

意味するは述語動詞で，構造上の主語は乗りそこねることです。ところで，乗りそこねることの乗りそこねるの部分は明らかに動詞です。つまり，乗りそこねることは，動詞が「こと」を伴うことによって，名詞の働きを兼ねているのです。したがって乗りそこねることは準動詞です。乗りそこねること の意味上の主語は「私＝この文の話者」ですが（あるいは「あなた＝聞き手」かもしれません），これは文の表面には出ていません。つまり，この準動詞には意味上の主語が付いていないのです。

待つことも動詞と名詞を兼ねた準動詞です。やはり，意味上の主語は付いていません。

　ここでは日本文で練習しましたが，**英文を読むとき，述語動詞と準動詞を識別することは想像を絶するほど重要なのです**。もしこれを間違えたら，和訳問題では0点を覚悟しなければなりません。これから少しずつ英文における述語動詞と準動詞の識別を勉強していきましょう。

§2　活用

　動詞には原形・現在形・過去形・過去分詞形・ing 形の 5 つの形があります。これを動詞の活用といいます。現在形は原則として原形と同じつづりです。また，ing 形は原形に ing を付けたものです。したがって，**動詞の活用は普通，原形と過去形と過去分詞形の 3 つを列挙することによって表示されます**。多くの動詞は原形の語尾に ed を付けたものが過去形と過去分詞形になります。このような活用を規則活用と呼んでいます（たとえば look‐looked‐looked は規則活用です）。規則活用以外の活用は不規則活用と呼ばれます。

　動詞の活用は表面的な語形の違いを区別したものではありません。それが証拠に，原形と現在形は原則として同じつづりですし，規則活用では過去形と過去分詞形も同じつづりです。「同じつづりのものを何故違う形に分けるのか？（＝同じ looked をあるときは過去形といい，あるときは過去分詞形ということにどんな実益があるのか？）」という疑問は英語構文の核心に触れた，それだけに一言では答えられない本質的な質問です。皆さんは，Frame of Reference（以後 F.o.R. と略記します）を勉強していくにつれて，この質問の答えがわかり，動詞の活用がもつ信じられないほどの重要性に驚かれると思います。

§3　活用と述語動詞・準動詞の関係

　活用と述語動詞・準動詞の間には次のような密接な関係があります。

（1）現在形と過去形は必ず述語動詞である。
（2）原形と過去分詞形と ing 形は述語動詞のこともあれば準動詞のこともある。

　したがって，ある動詞がつづりから現在形ないし過去形だとわかれば，そ

の動詞は直ちに述語動詞に確定します。たとえば，come という動詞は come – came – come と活用するので，came は見た瞬間に過去形＝述語動詞だとわかります。これに対して，原形と過去分詞形と ing 形はこれだけでは一概に述語動詞とも準動詞ともいえません。この識別はもう少し勉強が進んでからにしましょう。

·························· §4の前に（1）の英文を勉強してください ··························

§4　原形と現在形の識別

「§3 活用と述語動詞・準動詞の関係」で勉強したように，原形は述語動詞のこともあれば準動詞のこともあって，一概にいえません。ところが，現在形は絶対に述語動詞です。したがって，**何らかの判断によって，その動詞が現在形だとわかれば，必然的に述語動詞に確定します**。1つの文にいくつも動詞が出てくるような場合には，これは述語動詞と準動詞を識別するための有力な手がかりとなります。これが原形と現在形を識別する実益です（これが実益のすべてというわけではありません。他にも実益があるのですが，それは，今の段階では知識が足りないので，まだお話できません）。それでは，この識別はどのように行われるのでしょうか？　次に，これを考えてみましょう。

　be という動詞（一般に be 動詞と呼ばれています）は，原形と現在形の形が違います（原形が be で現在形が am または is または are です）。have という動詞は，現在形が has になることがあり，この場合には原形と現在形の形が違います。しかし，これ以外のすべての動詞は原形と現在形は形が同じです（3人称・単数・現在の s といって，原形に s がついたものが現在形になることがありますが，これはここでは除外して考えます）。そこで，つづりでは原形と現在形の識別はできません。実は，この識別は動詞が用いられる場所によって行われるのです。英文中で原形が用いられる場所は原則として次の5か所です（これ以外で原形を使う場合はすべて慣用的表現と考えて差し支えありません）。

> 原形を用いる場所
> 1．to の後
> 2．(be と have 以外の) 助動詞の後
> 3．命令文の述語動詞の位置
> 4．make, have, let などの補語の位置
> 5．仮定法現在の動詞の位置

　そこで，この 5 箇所（と原形を使う慣用的表現）を覚えていれば「この動詞の位置は原形が用いられる場所ではない。したがって，原形ではない。これは現在形（＝述語動詞）だ」という判断ができます。実際にはこのような判断（＝消去法）によって，原形と現在形の識別が行われているのです。

....

§5　仮定法現在

　原形を用いる 5 つの場所の 5 番目に「仮定法現在の動詞の位置」があります。仮定法現在の動詞が用いられるのは主として次の 3 箇所です。

1. **if** 節の中で
   If it <u>be</u> fine tomorrow, they will go on an excursion.
   明日天気がよければ，彼らは遠足に行くだろう。
2. **that** 節の中で
   They demanded that the company <u>pay</u> them more.
   彼らは会社がもっと賃金を払うように要求した。
3. 祈願文で
   God <u>save</u> the Queen!
   神が女王を守り給わんことを。⇒ 女王万歳！

　下線部の動詞はいずれも原形です。この動詞の使い方を仮定法現在といいます（原形を使うのですから仮定法原形というのが筋ですが，昔からの習慣で仮定法現在と呼んでいます）。ところで，仮定法現在の動詞は常に述語動詞と

して用いられます。原形と現在形を識別する最大の実益は，それが述語動詞と準動詞の識別に直結するという点にあります。仮定法現在の動詞は常に述語動詞で用いられるので，この動詞が原形か現在形かを論じても構文上はそれほどの意味はありません。しいていえば「これは3人称・単数・現在のsが付いていないが間違いではない」と自信をもっていえるという程度の実益です。したがって，皆さんは仮定法現在にあまり神経質にならずに先へ読み進んでください。

··

§6 動詞型（その1）

　述語動詞と準動詞は，動詞を1人1役か1人2役かという角度から分類したものです。1人1役の動詞（＝述語動詞）には構造上の主語（普通はたんに主語といいます）がつき，1人2役の動詞（＝準動詞）には構造上の主語が付きません。したがって，この分類は，動詞を構造上の主語が付いているか否かという角度から分類したものであるといっても差し支えありません。

　これに対して，動詞はもう1つ別の角度から分類することができます。それは，**動詞を，その動詞に名詞**（もちろん主語以外の名詞です）**や形容詞が直接付くか否かという角度から分類する**もので，**動詞型**と呼ばれます（動詞に直接付く，主語以外の名詞は補語あるいは目的語と呼ばれ，動詞に直接付く形容詞は補語と呼ばれます）。動詞型は次の5つです。

---

① 補語（Cと表示します）も目的語（Oと表示します）も付かずに，単独で用いられる動詞を完全自動詞といいます。完全自動詞は1番の動詞と仮称し，①と書くことにします。

② 補語が付いて，V＋Cという形で用いられる動詞を不完全自動詞といいます。不完全自動詞は2番の動詞と仮称し，②と書くことにします。

③ 目的語が付いて，V＋Oという形で用いられる動詞を完全他動詞といいます。完全他動詞は3番の動詞と仮称し，③と書くことに

します。
④ 目的語が2つ付いて，V＋O＋Oという形で用いられる動詞を授与動詞といいます。授与動詞は4番の動詞と仮称し，④と書くことにします。
⑤ 目的語と補語が付いて，V＋O＋Cという形で用いられる動詞を不完全他動詞といいます。不完全他動詞は5番の動詞と仮称し，⑤と書くことにします。

この①～⑤の動詞型を述語動詞として用いる（＝構造上の主語を付けて，一人一役で用いる）と，次の5つになります。

$$
\begin{array}{l}
\text{S ①} \\
\text{S ② C} \\
\text{S ③ O} \\
\text{S ④ O O} \\
\text{S ⑤ O C}
\end{array}
$$

この5つは述語動詞の型を示したものですから述語動詞型です。しかし，S＋Vを文というのですから，この5つは文の型を示していると捉えることもできます。そこで，普通この5つを5文型と呼んでいます。

....

§7　S ① と S ③ O

S ①（第1述語動詞型＝第1文型）と S ③ O（第3述語動詞型＝第3文型）を具体的な英文で研究してみましょう。

Wholesale prices sank drastically.
　　　　a ──→ S　①　←── ad

副詞は目的語にも補語にもなりません。したがって sank は①（＝完全自

動詞）で使われています。

> The children need medicine for malaria and measles.
>   S   ③   O   a

The children と medicine はイコールの関係にありません（The children ≠ medicine）。このように動詞に直接付いていて，かつ主語とイコールの関係にない名詞の働きを動詞の目的語（またはたんに目的語）といいます。medicine は need の目的語で，need は目的語が1つ付いているので③（＝完全他動詞）で使われています。

....

§8 前置詞

of, at, from, with などの品詞を前置詞といいます。前置詞は名詞と結合して，前置詞＋名詞の全体で形容詞または副詞の働きをします。形容詞の働きをするものを形容詞句（adjective phrase）といい，a と書くことにします。副詞の働きをするものを副詞句（adverb phrase）といい，ad と書くことにします。また，前置詞と結合する名詞の働きは前置詞の目的語と呼ばれます。たとえば，the book on the desk（机の上の本）の the desk は前置詞 on の目的語であり，on the desk は the book という名詞を修飾しているので形容詞句です。また，swim in the river（川で泳ぐ）の the river は前置詞 in の目的語であり，in the river は swim という動詞を修飾しているので，副詞句です。構文の書き方は下を参照してください。

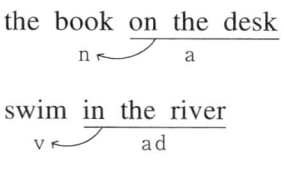

....

§9　等位接続詞（その1）

　and, but, or などを等位接続詞といいます。等位接続詞は，主語と主語，目的語と目的語，名詞修飾と名詞修飾というように構造上同じ働きをしている語あるいは語の集合をつなぐ語です。構文を記入するときは，下に＋と書くことにします。次の文では等位接続詞が主語と主語をつないでいます。

> Tom and Jim went there.
> 　S　＋　S　①＿ad
> トムとジムはそこに行った。

....

§10　イコールの関係

　Frame of Reference における「イコールの関係」は次のように定義された Technical Term（＝術語）です。

1．名詞と名詞を比べる場合に限り用いる。

　たとえば dog と cat が「イコールの関係」にあるか否かは論じることができますが，dog と faithful が「イコールの関係」にあるか否かを論じることはできません（名詞と形容詞で，品詞が違うからです）。

2．A と B が次の3つのいずれかの関係にある場合，「A と B はイコールの関係にある」という。

（1）A と B が完全に重なり合っていて，どちらかがどちらかに包摂されるという関係にない場合。

　たとえば，He is David Smith.「彼はデヴィッド・スミスです」という文における He と David Smith の関係がこれにあたります。1人の人間がいて，その人のことを He といい，同時に David Smith といっているのですから He と David Smith は完全に重なり合っています。このような場合「He と David Smith はイコールの関係にある」といい，He ＝ David Smith と表示します。

(2) **A** が **B** よりも広い範囲をカバーしていて，**B** が **A** に包摂される場合。

たとえば，His hobby was fishing.「彼の趣味は魚釣りだった」という文における hobby と fishing の関係がこれにあたります。hobby には狩猟やゴルフや切手収集などいろいろあり，fishing はそのうちの1つですから，fishing は hobby に包摂されています。このような場合「hobby と fishing はイコールの関係にある」といい，hobby ＝ fishing と表示します。

(3) **B** が **A** よりも広い範囲をカバーしていて，**A** が **B** に包摂される場合。

たとえば，Rice is a plant.「米は植物です」という文における Rice と plant の関係がこれにあたります。plant には麦や大豆や桜や菊などいろいろあり，Rice はそのうちの1つですから，Rice は plant に包摂されています。このような場合「Rice と plant はイコールの関係にある」といい，Rice ＝ plant と表示します。

A と B が上の3つのいずれの関係にもない場合は「A と B はイコールの関係にない」といい，A ≠ B と表示します。

たとえば，The wind blew the walls.「風が塀に吹きつけた」という文における wind と walls の関係がこれにあたります。wind と walls はまったく別物で，重なり合う部分はありません。したがって，「wind と walls はイコールの関係にない」といい，wind ≠ walls と表示します。

……………… §11の前に (2) の英文を勉強してください ………………

§11　S ② C

S ② C（第2述語動詞型＝第2文型）を具体的な英文で研究してみましょう。

> Botany is the scientific study of plants.
> 　S　　②　　　　　a　　nC　　a
>
> （直訳）植物学は植物の科学的研究である。
> （意訳）植物学は植物を科学的に研究する学問である。

Botany と study はイコールの関係にあります（Botany ＝ study）。このように動詞に直接付いていて，かつ主語とイコールの関係にある名詞の働きを補語といいます。study は is の補語で，is は補語が付いているので，②（＝不完全自動詞）で使われています。

The stew tasted salty.
　S　　②　　aC
そのシチューは塩っぱかった。

---

salty は「塩っぱい」という意味の形容詞です。しかし，直接 stew を修飾しているのではなく，動詞の tasted を介して stew の状態を説明しています（直接 stew を修飾するときは the salty stew となります）。このように，動詞を媒介にして名詞の状態を説明する形容詞の働きも補語といいます。salty は tasted の補語で，tasted は補語が付いているので，②（＝不完全自動詞）で使われています。

以上の説明に基づいて，次の２点を暗記してください。

１．補語になれるのは名詞か形容詞に限る（副詞は原則として補語になれません）。

２．形容詞の働きは名詞修飾か補語である。

---

§12　名詞＋名詞

日本語では複数の名詞を組み合わせて１つのまとまった名詞を作ることがよく行われます。たとえば，株式と会社を組み合わせて「株式会社」とか，環境と情報と学部を組み合わせて「環境情報学部」とかいう具合です。これは，英語でも，boy と friend を組み合わせて boy friend（男友達）とか，high school と students を組み合わせて high school students（高校生）という具合に盛んに行われます。このような場合に，前の名詞を後の名詞に対

する修飾要素と捉える考え方もありますが，F.o.R. では，この考え方は採りません。F.o.R. では，このような場合は，**複数の名詞を1まとめにして，全体で1つの名詞として扱います**。ちょうど名詞と名詞の間にハイフン（＝短い横棒）があって1語になっている場合と同じように扱うのです。したがって，high school students はこれ全体が1つの名詞で，主語や目的語や補語になると考えてください。

....

§13　接点のつなぎ方

　動詞は，主語，目的語，補語，修飾といった働きをする語を伴って，1つの語群を形成します（ただし，主語を伴うのは述語動詞で，準動詞は主語を伴いません）。そして，大文字で始まりピリオドで終わる1つの英文は，この「動詞を中心とする語群」が1つで構成されているか，または複数集まって構成されています。ところで，「動詞を中心とする語群」が複数集まって1つの英文を構成している場合は，その**複数の「動詞を中心とする語群」をどのようにしてつなぐのか**，という問題が生じます。これを接点のつなぎ方の問題といいます。つまり，「動詞を中心とする語群（以下たんに「語群」と呼びます）」どうしが接触してつながる個所を接点と呼ぶわけです。接点のつなぎ方には次の3つのタイプがあります。

　（1）等位接続詞でつなぐ。

　これは，語群自体には手を加えず，語群と語群の間に等位接続詞（＝ and, but, or など）を置くことによってつなぐやり方です（これは（9）の英文で勉強します）。

　（2）中心となる動詞を準動詞にすることによってつなぐ。

　準動詞は，動詞の働き以外に名詞または形容詞または副詞の働きを兼ねる動詞です。したがって，たとえば形容詞の働きをする準動詞であれば，その準動詞（ということは，その準動詞を中心とする語群全体）は他の語群の中の名詞を修飾することができます。このようにして，語群と語群がつながるので

す（これは（10）の英文で勉強します）。

　（3）語群を従属節にすることによってつなぐ。

　従属節というのは述語動詞を中心とする語群（＝文）が全体で名詞，形容詞，副詞の働きをする現象をいいます。述語動詞を中心とする語群はそのままでは従属節になれません。従属節を作る働きをする特別な語の働きによって従属節になるのです（この詳細は§36で勉強します）。ともかく語群を従属節に変えると，語群全体がたとえば副詞の働きをするようになります。すると，その語群（＝副詞節）は他の語群の中の動詞を修飾することができます。このようにして，語群と語群がつながるのです。

　英文は，この３つのやり方のどれかを使って複数の語群をつなぐことによってできあがっているのです。そして，**１つの英文に含まれる語群の数が多くなればなるほど，英文の構造（＝構文）が複雑になっていくのです**。１つの英文に含まれる語群の数は普通は８つが最多です。そこで，本書は語群を１つしか含まない英文からスタートして，１つずつ語群の数を増やすことによって，徐々に目を慣らしていこうとしているのです。38題の英文にはそれぞれ最初のところに，その英文に含まれる動詞の数（＝語群の数）と接点の数（必ず，動詞の数－１＝接点の数になります）と，接点の内訳（＝３つのタイプのつなぎ方のどれを使っているか）が表示されています（(1)～(8)は動詞の数が１つですから接点は０です）。皆さんはこれを参考にして，特に接点のつなぎ方に注意を払って勉強を進めてください。

．．．．．．．．．．．．．．．．．．．．．．．§14の前に（3）の英文を勉強してください．．．．．．．．．．．．．．．．．．．．．．

§14　助動詞

1．助動詞とは何か？

　can, must, may, shall などを助動詞といい，aux と表示します（auxiliary verb の略です）。助動詞は動詞の前に付いて，動詞の表現の幅を広げる働きをします。表現の幅を広げるというのは次の２つです。

（1）動詞に意味を添える。

V <u>できる</u>, V <u>するかもしれない</u>, V <u>するべきだ</u>, V <u>してしまった</u>, V <u>される</u>, といった表現の下線を引いた部分を助動詞が表します。

(2) 否定文や疑問文を作る。

否定文や疑問文を作るときは do という助動詞を使います。ただし，動詞にすでに do 以外の助動詞（たとえば may や can など）が付いているときや，動詞が be のときは（イギリス英語では have のときも）do を使う必要はありません。

2．助動詞の後にくる動詞の活用

be と have は動詞の他に助動詞の用法があります。be が助動詞のときは後にくる動詞は過去分詞形か ing 形になります（be ＋過去分詞は受身か完了で，be ＋ − ing は進行形です）。また，have が助動詞のときは後にくる動詞は過去分詞形になります（have ＋過去分詞は完了です）。しかし，**be と have 以外の助動詞はすべて後に原形の動詞を置きます。そして，その原形の動詞は必ず述語動詞になります**（正式な文法では助動詞＋動詞の全体を述語動詞と呼ぶことになっていますが，F.o.R. では助動詞は除外して，動詞の部分だけを述語動詞と呼ぶことにします）。したがって，shall go といったら go は原形で，しかも必ず述語動詞です。

助動詞 be ＋ p.p. ⇨ 受身，完了
助動詞 be ＋ − ing ⇨ 進行形
助動詞 have ＋ p.p. ⇨ 完了
be, have 以外の助動詞＋原形

3．助動詞の活用

助動詞にも活用がありますが，次のように動詞の活用とは若干違いがあります。

(1) 助動詞の be には原形（＝ be），現在形（＝ am, is, are），過去形（＝ was, were），過去分詞形（＝ been），ing 形（＝ being）のすべての活用がある。
(2) 助動詞の have には原形（＝ have），現在形（＝ have, has），過去形（＝

had），ing 形（＝ having）はあるが，過去分詞形はない（助動詞の have は過去分詞形では使わないということです）。
（3） **be と have 以外の助動詞は現在形と過去形しかない**（be と have 以外の助動詞は原形・過去分詞形・ing 形では使わないということです）。

助動詞 be ⇒ 全ての活用形がある。
助動詞 have ⇒ 過去分詞形以外はすべてある。
be, have 以外の助動詞 ⇒ 現在形と過去形しかない。

前に，「現在形と過去形の動詞は必ず述語動詞である」といいました。このルールを助動詞に拡張すると，「**現在形と過去形の助動詞の後にくる動詞は必ず述語動詞である**」ということができます。すると，be と have 以外の助動詞は現在形と過去形しかないのですから，これらの助動詞の後にくる動詞（＝原形動詞）は必ず述語動詞になるのです（もちろん，be や have の後にくる動詞も，be や have が現在形・過去形なら，必ず述語動詞です）。

....

§15 S ④ O O

S ④ O O（第4述語動詞型＝第4文型）を具体的な英文で研究してみましょう。

He gave me some money.
 S   ④   O₁   a ⤳ O₂
彼は私にいくらか金をくれた。

He と me はイコールの関係にありません（He ≠ me）。このように動詞に直接付いていて，かつ主語とイコールの関係にない名詞の働きを動詞の目的語というのですから，me は動詞の目的語です。次に me と money の関係を調べてみると，me と money もイコールの関係にありません（me ≠ money）。このように S ＋ V ＋ O ＋名詞で，O と名詞がイコールの関係にないときは，

この名詞も動詞の目的語と呼ばれます。そして，2つの目的語を区別して，前の目的語を間接目的語といい（O_1 と表示します），後の目的語を直接目的語といいます（O_2 と表示します）。me は gave の間接目的語で，money は gave の直接目的語です。gave は目的語が2つ付いているので④（＝授与動詞）で使われています。

> The porter refused us admittance.
>   S   ④ O_1 O_2
> 門番は我々に入場を拒絶した。

porter ≠ us なので，us は動詞の目的語（間接目的語⇒O_1）です。us ≠ admittance なので，admittance も動詞の目的語（直接目的語⇒O_2）です。refused は目的語が2つ付いているので④です。

> This machine will save you much labor.
>   a⤻S   aux ④ O_1 a⤻O_2
> （直訳）この機械はあなたから多くの労力を省くでしょう。
> （意訳）この機械によって多くの労力が省けるでしょう。

machine ≠ you なので，you は動詞の目的語（間接目的語⇒O_1）です。you ≠ labor なので，labor も動詞の目的語（直接目的語⇒O_2）です。save は目的語が2つ付いているので④です。

④ O_1 O_2 を訳すときは，原則として「O_1 に O_2 を④する」または「O_1 から O_2 を④する」のどちらかになります。上の例文でいうと，gave と refused は「O_1 に O_2 を④する」で，save は「O_1 から O_2 を④する」です。

....

§16　人称と数

人称というのは話し手（＝私，私たち）と聞き手（あなた，あなたたち）とそれ以外の人・もの・事柄を区別するための文法用語で，**話し手を1人称**，

聞き手を2人称，それ以外の人・もの・事柄を3人称といいます。具体的には，話し手（＝私，私たち）を表す代名詞（＝ I, my, me, we, our, us の6つ）を1人称の代名詞といい，聞き手（＝あなた，あなたたち）を表す代名詞（＝ you, your の2つ）を2人称の代名詞といい，それ以外のすべての名詞・代名詞（たとえば, he, she, they, dog, thing など）を3人称の名詞・代名詞といいます。

　数（すう）というのは，人・もの・事柄が1つであるか，あるいは2つ以上であるかを表す，名詞・代名詞の形のことです。人・もの・事柄が1つであることを表す名詞・代名詞の形を単数形といい，2つ以上であることを表す名詞・代名詞の形を複数形といいます。

　人称と数という2つの概念を使えるようになるために，少し練習してみましょう。

問　次の名詞・代名詞の人称と数をいいなさい。
1. me　2. you　3. malaria　4. it　5. I　6. prices　7. us
8. your　9. medicines　10. she　11. them　12. children

答　1. 1人称・単数　2. 2人称・単数のこともあれば複数のこともある。　3. 3人称・単数　4. 3人称・単数　5. 1人称・単数　6. 3人称・複数　7. 1人称・複数　8. 2人称・単数のこともあれば複数のこともある。　9. 3人称・複数　10. 3人称・単数　11. 3人称・複数　12. 3人称・複数

ところで，何故私たちは人称と数を考えなければいけないのでしょうか？それは，英語では**構造上の主語の人称と数に応じて，述語動詞のつづりが変化する**というルールがあるからです（このルールを「一致」あるいは「呼応」と呼んでいます）。そのルールは次の4つです。

一致（呼応）
1. be（＝動詞または助動詞）の現在形は，主語が1人称・単数（＝ I ）の

ときは am になり，3人称・単数（= he, she, it, dog など）のときは is になり，それ以外のときは are になる。
2. be（＝動詞または助動詞）の過去形は，主語が1人称・単数のときと3人称・単数のときは was になり，それ以外のときは were になる。
3. have（＝動詞または助動詞）の現在形は，主語が3人称・単数のときは has になり，それ以外のときは have になる。
4. be と have 以外の動詞の現在形は，主語が3人称・単数のときは原形に s が付いたつづりになり（この s を3人称・単数・現在の s と呼びます），それ以外のときは原形と同じつづりになる。

英文を読むとき，このルールには次の2つの実益があります。
1. つづりから，その動詞が述語動詞か準動詞かわかることがある。

たとえば，have はつづりを見ただけでは原形か現在形かわかりません。現在形なら必ず述語動詞ですが，原形なら準動詞のこともあります。結局 have はこれだけでは述語動詞とも準動詞ともいえません。ところが has なら直ちに現在形＝述語動詞に確定します。

2. つづりから，その動詞の主語がどの名詞かわかることがある。

たとえば，is のすぐ前に dogs という名詞があっても，dogs が is の主語でないことは確実です。もし dogs が主語なら，is ではなく are のはずだからです。is の主語として，3人称・単数の名詞を探すことになります。

この2つの実益の詳細は「§19 3人称・単数・現在の s」で勉強します。

ともかく，「一致」というルールの2つの実益を享受するためには，前提条件として，人称と数という概念がわかっていなければならないのです。「風が吹けば桶屋が儲かる」式のいい方をすれば，「人称と数がわかれば，述語動詞か準動詞かがわかる（ことがある）」ということになります。これが人称と数を勉強する理由です（述語動詞・準動詞の識別がいかに重要か，そして，私が，その識別のための道具として，文法概念を意識的に使おうとしていることを感じとってください）。

§17　格

　格というのは，名詞・代名詞が文中で，ある働きをするときにとる形のことをいい，主格，目的格，所有格の３種類があります。名詞・代名詞が主語の働きをするときにとる形を主格といいます。名詞・代名詞が目的語（正確にいうと，動詞の目的語と前置詞の目的語です）の働きをするときにとる形を目的格といいます。名詞・代名詞が所有の意味を表す形容詞として用いられるときにとる形を所有格といいます。

　たとえば「私」という意味の代名詞は，主語で用いられるときはIという形（＝主格）をとり，目的語で用いられるときはmeという形（＝目的格）をとり，所有の意味を表す形容詞（＝「私の」）として用いられるときはmyという形（＝所有格）をとります。

　このように，３つの格のつづりが違っていると，英文を読むとき，つづりを見ただけで，それが主格か目的格か所有格か，つまり主語か目的語か所有の意味を表す形容詞かわかります。**格は，名詞・代名詞の働きを判断する指標になるわけです**。これが格を考える実益です。

　古代英語ではすべての名詞・代名詞について主格，目的格，所有格のつづりが違っていました。そのため，格は英文を読むとき重要な働きをしていました。ところが，現代英語では３つの格のつづりが違っているのは人称代名詞とwhoとwhoeverに限られ，それ以外の名詞・代名詞は主格と目的格のつづりが同じで，所有格のつづりだけが異なるようになってしまいました。たとえば，「犬」という名詞は，主格と目的格がdogで，所有格がdog'sです。この結果，人称代名詞とwhoとwhoeverをのぞいて，主格・目的格という概念は，主語か目的語かを判断する指標としての機能を失ってしまいました。したがって，**現代英語では人称代名詞とwhoとwhoeverをのぞいて，主格か目的格かを考える実益はありません**（もちろん主語か目的語かを考えることは非常に重要です。現代英語では，主格・目的格という概念は主語・目的語を判断する指標としての機能を失ってしまったといっているのです）。現代英語

において，主語か目的語かを判断する指標になるのは，格（＝語形）ではなく，語順や文脈なのです。

....

§18　所有格

　名詞・代名詞が所有の意味を表す形容詞として用いられるときにとる形を所有格といいます。my（私の），your（あなたの，あなたがたの），his（彼の），the child's（その子供の）などが所有格で，これらは名詞の前に置いて，後の名詞を修飾する働き（＝形容詞の働き）をします。たとえば，my book（私の本）といえば，my は book を修飾しています。そこで **F.o.R.** では，**所有格は名詞・代名詞ではなく，形容詞として扱います**。したがって，構文を記入するときは所有格の下に a と書いて，後の名詞に向けて矢印を引くべきなのですが，それではあまりにも煩雑なので，構文を記入するときは所有格は無視することにしましょう。ただし，これは，構文における所有格の働きは無視できるほど小さいといっているのではありません。いちいち記号を書いたら面倒なので，書かないといっているだけです。

.... §19の前に（4）の英文を勉強してください ....

§19　3人称・単数・現在の s

　be と **have** 以外の動詞の現在形は，主語が3人称・単数のときは原形に s が付いたつづりになります。この s を3人称・単数・現在の s（略して，3単現の s）と呼びます。たとえば，put という動詞の現在形は，主語が he（これは3人称・単数の代名詞です）の場合は，puts になります。

　このルールは，次の2つのパターンで，英文を読む人の頭をコントロールします。

パターン1
　原形のつづりに s が付いている➡この動詞は現在形＝述語動詞で，主

語は3人称・単数の名詞である。
パターン2
　原形のつづりにsが付いていない ➡ この動詞は現在形＝述語動詞で，主語は3人称・単数以外の名詞（＝1人称か2人称か3人称・複数の名詞）である。さもなければ，この動詞は原形または過去形または過去分詞形で（不規則活用で，過去形あるいは過去分詞形が原形と同じつづりの場合には，過去形または過去分詞形かもしれません），原形または過去分詞形の場合には，述語動詞ではなく，準動詞の可能性もある。

　英文を読んでいるとき，putsという動詞を見たら，「putsは現在形＝述語動詞で，主語は3人称・単数の名詞（たとえば，it）だ」ということが確定します。これがパターン1です。

　それに対し，putという動詞を見たら，「このputは現在形＝述語動詞で，主語は3人称・単数以外の名詞（たとえば，they）だ」と考えるか，さもなければ，「このputは現在形ではない．原形か過去形か過去分詞形のどれかで（putの活用はput – put – putという不規則活用ですから，putは過去形または過去分詞形かもしれません），原形または過去分詞形の場合には準動詞の可能性もある」と考えるか，のどちらかになります。これがパターン2です。

....

§20　S ⑤ O C

　S ⑤ O C（第5述語動詞型＝第5文型）を具体的な英文で研究してみましょう。

> The people elected him governor.
> 　　　S　　　　⑤　　　O　　　ⁿC
> 　住民は彼を知事に選んだ。

　The people と him はイコールの関係にありません（The people ≠ him）。このように動詞に直接付いていて，かつ主語とイコールの関係にない名詞の

働きを動詞の目的語というのですから，him は動詞の目的語です。次に him と governor の関係を調べてみると，him と governor はイコールの関係にあります（him = governor）。このように S + V + O + 名詞で，O と名詞がイコールの関係にあるときは，この名詞の働きを補語といいます（より正確には，S ② C の補語を主格補語といい，S ⑤ O C の補語を目的格補語といいますが，F.o.R. では，この２つを区別せず，どちらもただたんに補語ということにします）。elected は目的語と補語が付いているので⑤（＝不完全他動詞）で使われています。

I found the plan impossible.
S　⑤　　　O　　　ᵃC
私は，その計画は実行不可能だと悟った。

I と the plan はイコールの関係にないので，the plan は動詞の目的語です。次に impossible は「不可能な」という意味の形容詞です。impossible の働きを名詞修飾と考えて，the plan にかけると「その実行不可能な計画」となって，意味が通ります。しかし impossible は後に修飾要素（＝ impossible を修飾する要素）を従えていないので，the plan にかけるときは，前に置いて the impossible plan にするのが原則です（impossible に to me のような修飾要素がついているときは，後に置いて，the plan impossible to me「私にとっては実行不可能な計画」のようにします）。したがって，impossible の働きは名詞修飾ではありません。形容詞の働きは名詞修飾か補語ですから，impossible の働きは，名詞修飾でない以上，補語に決まります。すると，found は目的語と補語が付いているので，⑤（＝不完全他動詞）で使われています。

ところで，第５動詞型には次の２つの特徴があります。

1. 目的語と補語の間に意味上の主語・述語関係がある。

第５動詞型の **O** と **C** の間には，意味の上で必ず，「**O** が **C** である」または「**O** が **C** する」のどちらかの関係があります。この関係のことを意味上の主語・述語関係といいます（この関係を記号で S´P´関係と書きます。S´は「意味上の主語」を表し，P´は「意味上の述語」を表しています）。

2つの例文で指摘すると, him と governor の間には「彼が知事である」という関係が成立しています。また, the plan と impossible の間には「その計画が実行不可能である」という関係が成立しています。

2．動詞を⑤で使ったときは次の2つの系統のどちらかの意味を表します（これを⑤の基本的意味といいます）。

> 認識する ─ O が C である, または O が C する状態を認識する。
> 生み出す ─ O が C である, または O が C する状態を生み出す。

2つの例文で指摘すると, elected の基本的意味は「彼が知事である状態を生み出した」です。また, found の基本的意味は「その計画が実行不可能である状態を認識した」です。

....

§21　名詞の働き

名詞は英文中で原則として「主語，動詞の目的語，前置詞の目的語，補語」の4つのどれかの働きをします。これを「名詞の基本的働き」といいます。

英文中に名詞が出てきたら, まず「この4つのどれだろう？」と考えるのが F.o.R. の基本です。

ところで, 名詞には4つの基本的働きの他に2つの例外的働きがあります。それは「副詞的目的格」と「同格」です。この2つを加えて, 全部で6つにすれば, 英文中の名詞は必ずこの6つのどれかになります。しかし, 例外的働きは§57, 59で勉強することにして, ここでは基本的働きを暗記しましょう。

.... §22の前に（5）の英文を勉強してください ....

§22　受身の動詞型

受身というのは能動態の文の目的語を主語にした文のことです。したが

って，目的語を伴う動詞（＝他動詞＝③④⑤）でなければ受身の文は作れません。目的語を伴わない動詞（＝自動詞＝①②）は受身を作れないのです。

それでは，S③Oの第3述語動詞型（＝第3文型）を受身にしてみましょう。

```
能動態の文     John broke my cup.
                S    ③    O
受身の文       My cup was broken by John.
                S     －③        ad
              私のカップはジョンによって壊された。
```

まず，能動態の文の目的語（＝ my cup）が受身の文では主語になっています。次に，能動態の文の③の動詞（＝ broke）は受身の文では be ＋③の過去分詞（＝ was broken）という独特の形に変わります（この動詞の活用は break － broke － broken という不規則活用ですから，broken は間違いなく過去分詞形です）。過去分詞の前の be は助動詞です（どの辞書にも受身と進行形を作る be は助動詞と書いてあります）。しかし，F.o.R. では（中学・高校の文法＝学校文法でも）**be と過去分詞を分けずに be ＋過去分詞の全体を 1 つの動詞として扱います**（be と過去分詞が目に見えないハイフンでつながれていて，1語の動詞であると考えるのです）。したがって，be ＋③の過去分詞はこれ全体が 1 つの動詞です。これを③の受身形と呼び，動詞型は －③（マイナス・サン）と書くことにします。－（マイナス）というのは動詞が受身形で用いられていることを示す符号です。

今度は，S④O Oの第4述語動詞型（＝第4文型）を受身にしてみましょう。

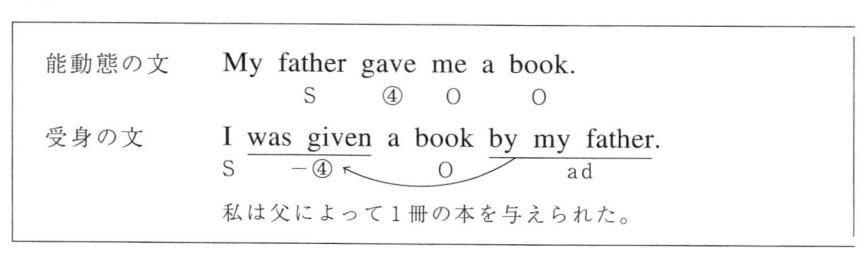

```
能動態の文     My father gave me a book.
                  S     ④   O   O
受身の文       I was given a book by my father.
              S  －④       O         ad
              私は父によって1冊の本を与えられた。
```

第4動詞型には目的語が2つありますから，原則として受身の文も2つ作れます。上の文では，間接目的語の me が主語に移っています。今度は，直接目的語の a book を主語にしてみましょう。

受身の文	A book was given me by my father.
	S　　 －④　　O　　　ad
	1冊の本が父によって私に与えられた。

　今度は，第5述語動詞型（＝第5文型）を受身にしてみましょう。

能動態の文	The children called the cat Felix.
	S　　　　⑤　　　O　　C
受身の文	The cat was called Felix by the children.
	S　　 －⑤　　　C　　　ad
	その猫は子供たちによってフィリックスと呼ばれていた。

　以上の例から明らかなように，**S ③ O／S ④ O O／S ⑤ O C** は受身にすると，**S －③／S －④ O／S －⑤ C** となって目的語が1つ少なくなります（目的語が主語の位置に移ったからです）。したがって，S －③ O という文型はありえません。もし本当に目的語を伴っているなら，S －④ O としなければなりません。ここが受身の動詞型の最も大事なところですからよく理解してください。

　結局，受身の動詞型は次の3つしかありません。

> －③
> －④ O
> －⑤ C

　くどいですが，次のような動詞型はありえません。
　誤 －① ➡ 正 －③
　①の動詞が受身になることはありえません（①は自動詞だからです）。

受身の動詞の後に目的語も補語も出ないときは－③です。

誤－② C ➡ 正－⑤ C

②の動詞が受身になることはありえません（②は自動詞だからです）。

受身の動詞の後に補語が出るときは－⑤です。

誤－③ O ➡ 正－④ O

受身の動詞の後に目的語が出るときは－④です。

誤－④ O O

受身の動詞の後に目的語が２つ出ることはありえません。

誤－⑤ O C

受身の動詞の後に目的語と補語が出ることはありえません。

....

§23　受身の動詞の活用

　F.o.R. では，受身を考えるとき，be と過去分詞（過去分詞は p.p. と表示します。これは past participle の略です）を分けずに，be + p.p. の全体を１つの動詞として扱います。だとすると，この動詞の活用はどう考えたらいいのでしょうか？

　F.o.R. では，受身の動詞の活用は **be** の形によって決定します。

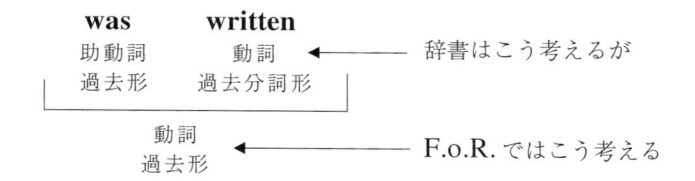

```
    was       written
   助動詞      動詞      ◀────── 辞書はこう考えるが
   過去形     過去分詞形
   └─────────────┘
         動詞
         過去形       ◀────── F.o.R. ではこう考える
```

　したがって，F.o.R. の捉え方をすると，was written の原形は be written です。現在形は is written, 過去分詞形は been written, ing 形は being written となります。活用は F.o.R. の基本（＝英文の構造を認識するために常に使う道具）です。したがって，受身の動詞の活用について，辞書の捉え方，F.o.R. の捉え方，どちらでも自由自在にできなければいけません。少し練習してみま

しょう。

> 問　下線部の語の品詞と活用を答えなさい。
> <u>is lent</u> ／ <u>be</u> <u>felt</u> ／ <u>was seen</u> ／ <u>being made</u> ／ <u>being</u> <u>given</u>
> 　(1)　　(2)　(3)　　(4)　　　　(5)　　　　(6)　　(7)
> <u>be driven</u> ／ <u>been</u> <u>killed</u> ／ <u>been killed</u>
> 　(8)　　　　(9)　(10)　　　(11)
>
> 答　(1) 動詞・現在形 (2) 助動詞・原形 (3) 動詞・p.p. (4) 動詞・過去形 (5) 動詞・ing 形 (6) 助動詞・ing 形 (7) 動詞・p.p. (8) 動詞・原形 (9) 助動詞・p.p. (10) 動詞・p.p. (11) 動詞・p.p.

……………… §24 の前に (6) の英文を勉強してください ………………

§24　完了

現在形の助動詞 have の後に過去分詞形の動詞を置いた形（have + p.p.）を現在完了といいます。現在完了は，あくまでも主語が現在どういう状態にあるかということを表現するための形です。したがって，その点で，現在完了が表す内容と 現在形の動詞 および 現在形の助動詞＋原形の動詞 （この2つを合わせて「単純な現在形」と呼ぶことにします）が表す内容とはなんら変わりません。単純な現在形と現在完了の違いは，単純な現在形が現在の動作・状態を直接的に表現するのに対し，現在完了は，現在の状態を生みだす原因になった過去の動作・状態を表現することによって，現在の状態を間接的に伝える点にあります。簡単にいえば，次のようになります。

| 単純な現在形 | 現在の動作・状態は，ズバリ言って，こうなんですよ。 |
| 現在完了 | 現在の状態を生み出す原因になったのは過去のこういう動作・状態なんですよ。だとすると，今どんな状態かは言わなくてもわかりますよね。 |

（単純な現在形）	I don't have the watch. S　　　③　　　O 私は今その時計を持っていません。 （do は助動詞の現在形, n't は副詞の not の短縮形, have は動詞の原形です）
（現在完了）	I have lost the watch. S　aux　③　　　O 私はその時計をなくしてしまった。 （have は助動詞の現在形, lost は動詞の過去分詞形です）

　この2つの英文はどちらも「私が今その時計を持っていない」ことを読み手に伝えようとしているのです。（単純な現在形）はそのことをストレートに表現しています。それに対し，（現在完了）は「その時計をなくした」という過去の動作を表現することによって，「だから今は持っていないんですよ。わかるでしょ」といっているのです。

（単純な現在形）	I am free now. S　②　C　ad 私は今手があいています。
（現在完了）	I have just finished my work. S　aux　ad　③　　　O 私はちょうど仕事を終えたところだ。

　上の2つの英文はどちらも「私が今仕事から解放されている状態である」ことを読み手に伝えようとしているのです。（単純な現在形）はそのことをストレートに表現しています。それに対し，（現在完了）は「仕事を終えた」という過去の動作を表現することによって，「だから今は手があいているんですよ。わかるでしょ」といっているのです。現在完了の場合，現在の状態は直接的に表現されないので，筆者が伝えようとしている現在の状態は常に1つに決まるとは限りません。たとえば，今の文の場合は「ちょうど仕事を

終えたところだ。だから,今疲れているんです」かもしれませんし,「ちょうど仕事を終えたところだ。だから,完成した書類は今ここにあるよ」かもしれません。書き手が現在完了を使って伝えようとした「現在の状態」は現在完了の文を読んだだけでわかることもあれば,前後の文脈によってわかることもあるのです。

ところで,今の2つの現在完了の文を単純な過去形にしてみると,次のようになります。

(単純な過去形)	I lost the watch. S ③ O 私はその時計をなくした。
(単純な過去形)	I finished my work. S ③ O 私は仕事を終えた。

単純な過去形は過去の動作・状態を表現している点で現在完了と同じです。しかし,単純な過去形は「その過去の動作・状態が現在の状態を生み出した原因だ」とはいっていないのです。したがって,単純な過去形の文を読んでも,今どういう状態かはわかりません。

簡単にいえば,次のようになります。

単純な過去形	過去において,こういう動作・状態があったんですよ。
現在完了	過去において,こういう動作・状態があったんですよ。ところで,これが現在の状態の原因になっているんです。したがって,今どんな状態かは言わなくてもわかりますよね。

たとえば,I lost the watch. の場合,「その時計をなくした」といっているだけで,それが現在の状態の原因だとはいっていないわけですから,現在は,その時計がまた出てきて,使っているのかもしれません。また,I finished my work. の場合は，「仕事を終えた」といっているだけで，それが現在の状態の原因だとはいっていないわけですから，現在は，新たな仕事に取りかかって忙しくしているのかもしれません。

現在完了はわかりにくい表現ですが，単純な現在形および単純な過去形と比べることによって，その本質を理解してください。

....

§25　過去分詞の4つの可能性（その1）

英文中に過去分詞が出てくるときは必ず次の4つのどれかで使われています。これを過去分詞の4つの可能性といいます。

1．受身（be + p.p. の形で出てきます）
2．完了（have + p.p. または be + p.p. の形で出てきます）
3．過去分詞形容詞用法（p.p. に be も have もつかず，単独で出てきます）
4．分詞構文（p.p. に be も have もつかず，単独で出てきます）

このうち2．の be + p.p. の形で出てくる完了は§27で勉強します。また，3．の過去分詞形容詞用法と4．の分詞構文は§48で勉強します。とりあえずここでは，過去分詞の4つの可能性を暗記しておいてください。

....

§26　疑問形容詞

疑問の意味を表す形容詞を疑問形容詞といいます。形容詞の働きは名詞修飾か補語ですが，**疑問形容詞は補語になることは決してありません。必ず次の名詞を修飾**します。

What book are you reading?
　　a↷O　　S　　③

あなたはどんな本を読んでいるのですか。

```
Which train do you take?
    a ↪O   aux S    ③
```
あなたはどちらの列車に乗りますか。

What は疑問形容詞で（意味は「どんな」です）, book を修飾しています。

Which は疑問形容詞で（意味は「どちらの」です）, train を修飾しています。

························ §27の前に (7) の英文を勉強してください ························

§27　be の 5 つの可能性

be という語は動詞として用いられる場合と，助動詞として用いられる場合の 2 つがあります。その内訳は次の通りです。

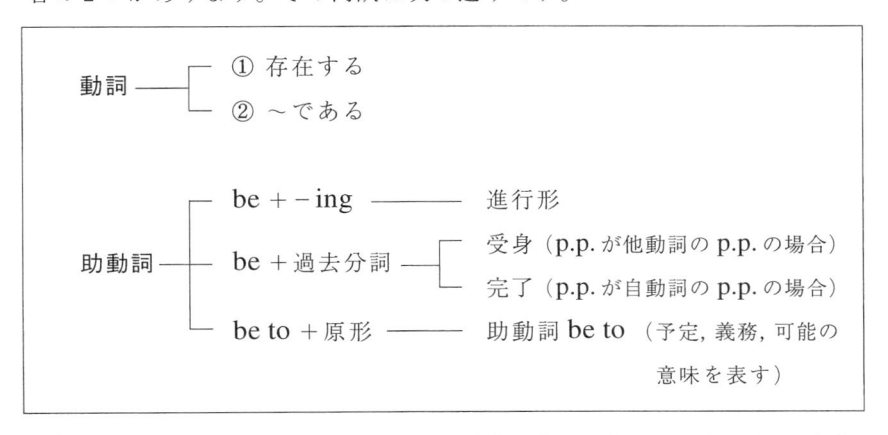

```
動詞 ─┬─ ① 存在する
      └─ ② ～である

助動詞 ─┬─ be + -ing ─────── 進行形
        ├─ be + 過去分詞 ─┬─ 受身 (p.p. が他動詞の p.p. の場合)
        │                 └─ 完了 (p.p. が自動詞の p.p. の場合)
        └─ be to + 原形 ─── 助動詞 be to （予定，義務，可能の
                                          意味を表す）
```

be は動詞として用いられる場合は必ず①か②のどちらかで用いられます。そして①のときは「いる，ある，存在する」という意味を表し，②のときは「～である」という意味を表します。次の例文を見てください。

```
The  dog  is  in  the  garden.
      S   ①↩    ad
```
その犬は庭にいます。

> The old man was the head of the tribe.
>   a ↪ S   ②   nC ↪ a
> その老人は一族の長であった。

beは助動詞として用いられる場合は，後に動詞のing形か過去分詞形かto＋原形のどれかを従えます。

be＋−ingは進行形と呼ばれ「−している」という意味を表します。

be＋過去分詞は，過去分詞が他動詞（目的語を伴う動詞で，③④⑤のことです）のときは，受身になります。しかし，過去分詞が自動詞（目的語を伴わない動詞で，①②のことです）のときは，受身にはなりません。自動詞は受身を作れないからです（受身の定義を思い出してください）。be＋自動詞のp.p.は動作が完了した状態「−してしまっている」を表します。動作が完了した状態はhave＋p.p.でも表せますから，結局，自動詞の場合は動作が完了した状態の表し方にhave＋p.p.とbe＋p.p.の2つの形があることになります。be＋p.p.で動作が完了した状態を表すのは，主として，go, come, arrive, returnなどの往来・発着を表す自動詞です。次の例文を見てください。

> Winter is gone and spring is come.
>   S   aux ①   ＋   S   aux ①
> 冬は去り，春が来ている。

be to＋原形はbeとtoの部分を合わせて1つの助動詞として扱うのが普通です。助動詞 be to はいろいろな意味を表しますが，大きく分けると予定「−する予定である」，義務「−すべきである」，可能「−できる」の3つになります。

はじめにあげたbeの内訳は限定列挙（これですべて，他にはないという列挙の仕方）で，**be**は英文中で必ず上の5つの可能性のどれかで用いられます。

························ §28の前に（8）の英文を勉強してください ························

§28 進行形

助動詞の **be** の後に動詞の ing 形を置いた形（**be ＋─ ing**）を進行形といい、「─している」という意味を表します。F.o.R. では（中学・高校の文法＝学校文法でも）進行形は be と ─ ing を分けずに、be ＋─ ing の全体を 1 つの動詞として扱います（受身の場合と同じ考え方をするのです）。そして、この動詞の活用は be の形によって決定します。したがって、たとえば、be speaking はこれ全体が 1 つの動詞で、活用は原形です。is speaking は現在形、was speaking は過去形、been speaking は過去分詞形となります。ing 形は、理屈では being speaking となりますが、実際にはこれは使われません。

なお、進行形の動詞は原則として述語動詞になりますが、絶対に述語動詞になるとはいえません。進行形不定詞（＝ **to be - ing**）といって、準動詞になることもあるからです。

....

§29　2つの V のルール

> 1つの主語に2つの述語動詞があるときは、原則として等位接続詞がなければつなげない。

この原則を「2つの V のルール」といいます。ここで、「原則として」といっているのは、後の述語動詞が前の述語動詞の言い換えになっていて、2つの述語動詞が同じ内容を表している場合や、2つの述語動詞が同性質の内容を列挙している場合には、例外的に 2 つの述語動詞をコンマでつなぐことがあるからです。

ところで、英文を読んでいるとき、自分の読み方がこのルールに違反する場合には、次の 2 つのルートで正解をさぐらなければなりません。

> ルート 1．どちらかは述語動詞ではないのではないか？
> ルート 2．どちらも述語動詞だとすれば、主語が異なるのではないか？

この頭の働かせ方によって、自分の力で自分の読み方の誤りを発見・修正し、正解に戻るのです。

具体的にやってみましょう。次のような英文を見たら、皆さんはどう考えるでしょうか？

> The decrease in the number of job offers for women …

offers を動詞と考え、その主語を The decrease にすると、offers の s は 3 単現の s ということになります。意味は「仕事の数の減少は、女性に対して … を提供する」となります。ところが、women の次にいきなり is が出たらどうでしょう。

> The decrease in the number of job offers for women is …

is は疑いもなく現在形＝述語動詞ですから、この英文は The decrease という 1 つの主語に対して offers と is という 2 つの述語動詞が出て、しかも、この 2 つの述語動詞をつなぐ等位接続詞がないことになります。つまり「2 つの V のルール」に違反するわけです。このことが、読んでいる人に、「何か変だ！」と感じさせるのです。そこで、「ルート 1. どちらかは述語動詞ではないのではないか？」と考えて、offers の品詞を動詞から名詞に切り替えるのです（is は活用から考えて絶対に述語動詞ですから、offers の捉え方を変更するしかないのです。活用がいかに重要か＝役に立つか、認識してください）。つまり、「offers の s は複数形の s である」と考えるわけです。すると、job offers はこれ全体が「仕事の提供＝求人」という意味の 1 つの名詞になります。こうすれば、The decrease に対する述語動詞は is だけですから、「2 つの V のルール」に違反しないですむわけです。これがルート 1 で、実際、これで正解に戻っています。この英文を最後まで見てみましょう。

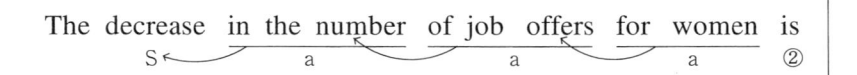

> The decrease in the number of job offers for women is
> S   a   a   a   ②

unexpectedly sharp.
　　　ad ⌢→ C

女性に対する求人数の減少は予期した以上に激しい。

　offer は名詞でも使いますから,品詞を切り替えれば(＝動詞をやめて名詞にすれば),「2つのVのルール」を満足させることができます。

　それでは,offers と is ではなく,ate と is だったらどうでしょうか。ate「食べた」には動詞以外の品詞はなく,しかも,ate の活用は eat – ate – eaten ですから,ate は絶対に過去形＝述語動詞です。したがって,この場合には「どちらかは述語動詞ではないのではないか？」と考えることはできません。そこで,「ate と is は主語が異なり,かつ,どちらかは従属節の内の語なので,間に等位接続詞がないのではないか？」と考えざるをえないのです。これがルート2です。ルート2を使うためには,従属節がわかっていなければなりません。そこで,ルート2は§36で勉強することにします。(☞ p.209)

··

§30　等位接続詞 (その2)

　等位接続詞は,主語を共通にする複数の述語動詞をつなぐことができます。この場合,つながれる述語動詞の動詞型は違っていても差し支えありません。したがって,1つの主語に2つの述語動詞があり,その2つの動詞型が①と－④であっても,等位接続詞でつなぐことができます。なお,当然のことですが,等位接続詞がつなぐのは述語動詞だけではありません。他にも,主語と主語,修飾要素と修飾要素など,構造上同じ働きをしているいろいろな要素をつなぎます。また,S＋V(＝文)とS＋Vが対等な関係にある(＝一方が主節で,他方が従属節という関係にない)ときも,等位接続詞でつなぎます。

·············· §31の前に(9)の英文を勉強してください ··············

§31　ing形の4つの可能性

ing形はまず大きく「動名詞」と「現在分詞」に分かれます。動名詞は主語・動詞の目的語・前置詞の目的語・補語として働くだけですが，現在分詞はさらに「進行形」「現在分詞形容詞用法」「分詞構文」の3つに分かれます。したがって「ing形＝現在分詞」と考えてはいけません。また，現在分詞の使い方を聞かれて「まず，進行形です。それ以外に3つあります。動名詞，形容詞用法，分詞構文です」という答え方も間違いです。現在分詞と動名詞は形は同じing形ですが，あくまでも文法的には別物として扱われているのです。

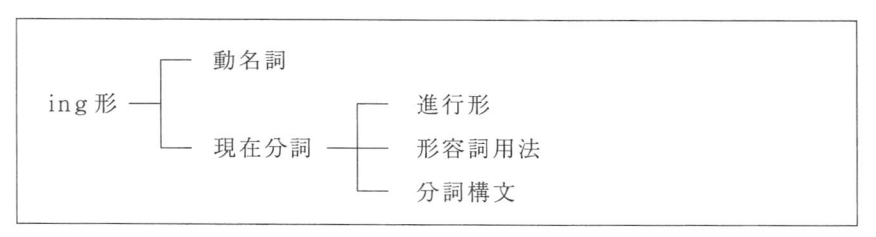

```
ing形 ─┬─ 動名詞
       └─ 現在分詞 ─┬─ 進行形
                    ├─ 形容詞用法
                    └─ 分詞構文
```

英文中にing形が出てくるときは必ず次の4つのどれかで使われています。これをing形の4つの可能性といいます。

---

1. **進行形**
   前に助動詞のbeが付いた形で出てきます。
   進行形不定詞（= to be - ing）の場合以外は必ず述語動詞です。

2. **動名詞**
   前に助動詞のbeが付かず，単独で出てきます。
   動詞の働き以外に名詞の働きを兼ねる準動詞です。

3. **現在分詞形容詞用法**
   前に助動詞のbeが付かず，単独で出てきます。
   動詞の働き以外に形容詞の働きを兼ねる準動詞です。

4. **分詞構文**
   前に助動詞のbeが付かず，単独で出てきます。

> 動詞の働き以外に副詞の働きを兼ねる準動詞です。

　以上の説明から明らかなように，英文中に **ing** 形が単独で（＝助動詞の **be** が付かないで＝進行形にならずに）出てきたときは必ず準動詞です。助動詞が付いていない状態を「裸」と呼ぶことにすると，このルールは「裸の **ing** は準動詞である」ということができます。

（1） The sun is setting below the horizon.
　　　 S　　①　　　　 a d

　　　太陽が地平線の下に沈みつつある。

---

is setting は進行形です。活用は現在形（＝述語動詞）です。

（2） You must avoid making the injury worse.
　　　 S　 aux　　③　O ⑤　　　　O　　 ᵃC

　　　（直訳）君はその傷を悪化させることを避けなければならない。
　　　（意訳）君はその傷を悪化させないようにしなければいけない。

---

　making は裸の ing で準動詞です。前の avoid に対しては名詞の働きをして，目的語になっています。それと同時に，後の the injury worse に対しては動詞（この文では⑤＝不完全他動詞）の働きをして，the injury を目的語，worse を補語として従えています。このように making は動詞と名詞の1人2役をしているので**動名詞**と呼ばれます。動名詞は必ず準動詞です。

（3） I know the man driving that car.
　　　 S　③　　　　 O　a ｜ ③　 a　 O

　　　私はあの車を運転している男を知っている。

---

　driving は裸の ing で準動詞です。前の the man に対しては形容詞の働きをして，the man を修飾しています。それと同時に，後の that car に対しては動詞（この文では③＝完全他動詞）の働きをして，that car を目的語として

従えています。この driving のように，動詞と形容詞の１人２役をしている **ing** 形を現在分詞形容詞用法と呼びます。現在分詞形容詞用法は必ず準動詞です。

> (4) The boys marched on, singing merrily.
>   S   ① ad ad ①   ad
>   少年たちは，愉快に歌いながら，行進していった。

singing は裸の ing で準動詞です。前の marched に対しては副詞の働きをして，marched を修飾しています。それと同時に，後の merrily に対しては動詞（この文では①＝完全自動詞）の働きをして，merrily を修飾要素として従えています。この singing のように，動詞と副詞の１人２役をしている **ing** 形を現在分詞の分詞構文と呼びます（普通は，たんに分詞構文と呼んでいます）。分詞構文は必ず準動詞です。

なお，準動詞の働きのうち，名詞または形容詞または副詞の働きを準動詞の「前の働き」と呼び，☆│ の☆印の部分に記入することにします。それに対し，動詞の働き（動詞型＝番号のことです）を準動詞の「後の働き」と呼び，│★ の★印の部分に記入することにします。

....

§32　**been p.p.** と **being p.p.**

been p.p. は受身の動詞の過去分詞形です。過去分詞の４つの可能性は「受身・完了・過去分詞形容詞用法・分詞構文」ですが，been p.p. はこのうち「完了」でしか用いられません。

詳しく検討してみましょう。まず，been p.p. はこれ自体が受身の動詞ですから，前に be を付けて │be│＋│been p.p.│（＝ be ＋過去分詞）で受身にすることなどありえません。been p.p. のままですでに受身を表しているからです。次に，完了ですが，この場合は │have│＋│been p.p.│ にしなければなりません。been を入れずに have ＋ p.p. にすると受身の意味が出ないからです。

たとえば have been stolen なら「盗まれてしまった」という意味になりますが, have stolen では「盗んでしまった」という能動の意味になってしまいます。次に, 過去分詞形容詞用法と分詞構文ですが, この場合には been を付けずに p.p. のままで使います。「これで (= be を付けないで) 受身の意味がわかるのか？」という疑問が生じますが, 「他動詞の p.p. を単独で (= be も have も付けないで) 使ったときは受身の意味を表す」というルールがあるので, 支障は生じないのです。このルールについては§48で勉強します。とりあえず, 現段階では「**been p.p. は完了 (= have been p.p.) でしか使わない**」のだということを覚えておいてください。

being p.p. は受身の動詞の ing 形です。ing の4つの可能性は「進行形・動名詞・現在分詞形容詞用法・分詞構文」です。being p.p. はこの4つのどれでも用いられます。分詞構文の場合は being を付けないで p.p. のままで使う (= p.p. を単独で使う) ことが多いのですが, 「受身の状態 (= ～されていた)」ではなく, 「受身の動作 (= ～された)」をはっきり表したいときは being を付けて, being p.p. という形の分詞構文にするのです。ともかく現段階では「**being p.p. は4つすべての可能性がある**」のだということを覚えておいてください。

······················· §33の前に (10) の英文を勉強してください ·······················

§33　前置詞＋動名詞

動名詞が前置詞の目的語になっているときは, 次の (1) のような構造になります。しかし, (1) の構文の書き方は煩雑なので, 簡略化して (2) の書き方で書くことにしましょう。

---

(1)　He　is　good　at　telling　lies.
　　　S　②　　C　　前名│③　　O
　　　　　　　　　　　ad

　　彼は嘘をつくのが上手だ。

---

(2)　He is good at telling lies.
　　　S　②　　C　　ad｜③　 O

　つまり，動名詞が前置詞の目的語になっているときは，前置詞＋動名詞の下に ┬ を書き，前の働きにaまたはadのどちらかを書き，後の働きに動詞の番号を書くわけです。

....

§34　動詞型（その2）

　動詞型は，目的語や補語が付いているか否かという角度から動詞を分類したものです。それに対して，述語動詞・準動詞は1人1役か1人2役かという角度から動詞を分類したものです。**F.o.R.は常にこの2つの角度から動詞に光を当て，それによって，動詞の実態を正確につかもうとするのです**。そして，**活用は述語動詞か準動詞かを判断するときの最大の指標**なのです。

　ところで，動詞は，どんな動詞にも①〜⑤のすべての使い方があるというわけではありません。むしろ①〜⑤のどれでも使える動詞はまれで，「この動詞は①でしか使えない」とか「この動詞は必ず③か⑤で使う」というように，動詞によって使える動詞型が決まっているのです。しかも，多くの場合「この動詞は③で使うとAという意味を表し，⑤で使うとBという意味を表す」というように，動詞型に応じて表す意味が限定されるのです。「ある動詞が何番で使えて，そのときはどんな意味を表すか」ということは，辞書に詳しく書いてあります。英文を読む人は，この辞書の制約に従って，構文を判断し，意味を考えなければいけないのです。

　これに対して，述語動詞・準動詞にはそのような制約はありません。すべての動詞が，述語動詞・準動詞のどちらでも使えます。したがって①〜⑤，−③〜−⑤の動詞型が準動詞として用いられる場合も当然あるわけです。その場合には次の8つになります。これは準動詞の型ですから，準動詞型です。

　次の図で用いた ┬ の記号は，その動詞が準動詞として用いられ，動詞と名詞，動詞と形容詞，動詞と副詞の1人2役の働きをしていることを表

しています。

```
    準 動 詞
  n  │ ①
  a  │ ②    C
  ad │ ③    O
     │ ④    O  O
     │ ⑤    O  C
     │ ─③
     │ ─④   O
     │ ─⑤   C
```

·················· §35の前に (11) の英文を勉強してください ··················

§35　可算名詞と不可算名詞

　英語では名詞を数えられる名詞（＝可算名詞）と数えられない名詞（＝不可算名詞）に二分し，それぞれ違う使い方をすることになっています。辞書では可算名詞は C （countable の頭文字です）と表示され，不可算名詞は U （uncountable の頭文字です）と表示されています。

　可算名詞と不可算名詞の使い方の違いは次の通りです。

可算名詞

1. 複数形にできる。
2. 不定冠詞を付けられる。
3. 数量を表わすときは many, a lot of, few, a few などを付ける。

不可算名詞

1. 複数形にできない。
2. 不定冠詞を付けられない。
3. 数量を表わすときは much, a lot of, little, a little, a piece of などを付ける。

> 4．常に単数名詞として扱う。

　さて，不可算名詞は今説明したように，複数形にできず，不定冠詞も付けられないのですから，単数・無冠詞（この状態を「裸」といいます）で使うことができます。たとえば poetry「詩歌」は不可算名詞ですから裸で使って Poetry comes naturally to some people.「詩が自然にわいてくる人がいる」というような文を作ることができます。

　それに対して，可算名詞は特別な例外以外は裸で使うことができません。単数形なら冠詞を付けなければならないし，無冠詞で使うなら複数形にしなければなりません。たとえば job「仕事」は可算名詞ですから，a job, the job, jobs, the jobs のどれかで使わなければならないのです。

　ところで，英語には限定詞（= determiner）と呼ばれる一群の語があります。これは定冠詞（= the），不定冠詞（= a, an），所有格，数詞，this, that, these, those, some, any などです。実は，いま単数・無冠詞の状態を「裸」と定義したのですが，これは少し不正確な定義なのです。本当は無冠詞であっても，これらの限定詞のどれかが付いていれば，その名詞は「裸」とはされないのです。ですから「名詞が裸だ」というのは正確には「単数形で，限定詞がついていない状態だ」ということになります。したがって，job は先ほどの4つ以外に my job や this job や some job でも使えるわけです。

> 可算名詞は原則として裸では使えない。

　この規則は英語を書くときはもちろん，読むときにも頭の動きをしばる重要なルールです。（☞ p.209）

....

§36　従属節

1．従属節と主節

　従属節というのは S＋V（＝構造上の主語＋述語動詞）という構成を持

った語群（＝文）が全体で名詞，形容詞，副詞の働きをする現象をいいます。

名詞の働きをする S＋V を名詞節といい，［四角いカッコ］でくくることにします。

形容詞の働き（ただし，この場合は必ず名詞修飾です）をする S＋V を形容詞節といい，（丸いカッコ）でくくることにします。

副詞の働きをする S＋V を副詞節といい，〈三角のカッコ〉でくくることにします。

これに対して，従属節を主語，動詞の目的語，前置詞の目的語，補語，修飾要素として従えている S＋V を主節といいます。

2．従属節を作る語

S＋V はそのままでは従属節になれません。S＋V を従属節にするには次の2つのどちらかの手順を踏みます。

（1）従属節を作る語を S＋V の前に付ける。
（2）従属節を作る語を S＋V の中で文の要素（＝主語，動詞の目的語，前置詞の目的語，補語，修飾要素）として用いる。

（1）のタイプの「従属節を作る語」の代表は従属接続詞です。

（2）のタイプの「従属節を作る語」の代表は関係詞と疑問詞です。

3．大黒柱

従属節と主節はそれぞれ一つの文ですから，当然それぞれに述語動詞があることになります。このうち特に**主節の述語動詞**を「大黒柱」と呼び，英文**を構成する各語の中で構造上最重要の語**として別格の扱いをします。従属節が複雑に絡みあった文は，大黒柱がどの動詞であるかを意識しなければ正確に読むことができません。

4．外側と内側

従属節の構造は外側と内側の2つに分けて認識します。

外側とは，「どこからどこまでが何節で，構造上どういう働きをしているか」という問題です。

内側とは,「節の中がどういう構造の文になっているか」という問題です。以上の4点を具体的な英文で確認してみましょう。

> (1) One doctor tells me [that the most moderate smoking is injurious.]
> 　　 a ⤴S　　④　　O O接　　ad ⤴ a ⤴ S　　②
> 　　　　　　　　　　　　　　　　　　　　　　　　　　　C
>
> ピリオドがカッコの中に入っていますが,ピリオドは従属節の一部ではありません。これ以降も同様です。
>
> ある医者は私に最も適度な喫煙でさえ有害だと言う。

1. that the most moderate smoking is injurious は「最も適度な喫煙でさえ有害だ,ということ」という意味の名詞節で, tells の直接目的語になっています。それに対して, One doctor tells me は主節です。
2. この名詞節を作っているのは従属接続詞の that です(従属接続詞の that には名詞節を作る働きがあるのです)。that は従属節を作る働きをしているだけで,節の中で文の要素(＝主語,動詞の目的語,前置詞の目的語,補語,修飾要素)としては働いていません。すなわち, that は従属節を作る語(1)のタイプです。
3. tells と is はどちらも現在形＝述語動詞です(tells の s は 3 単現の s ですから, tells はつづりを見ただけで現在形だとわかります)。しかし, F.o.R. ではこの 2 つの述語動詞を徹底的に差別的な目で見ます。tells は主節の述語動詞で,この英文を支える最重要語です。この英文は tells に主語や目的語(ただし,直接目的語は名詞節です)が付くことによって,成り立っているのです。そこで, tells を大黒柱と呼びます。それに対して, is は述語動詞には違いありませんが,従属節の述語動詞で,構造上 tells よりも一段格下の扱いをうけます。
4. 「that から injurious までが名詞節で, tells の直接目的語になっている」これが外側です。「that は従属接続詞。most は副詞で moderate にかかる。moderate は形容詞で smoking にかかる。smoking は主語。is は②。injurious は補語」これが内側です。

> (2) She is the woman (whom I met yesterday.)
>   S ②   C   O   S ③   ad
>   彼女は，私が昨日会った女性です。

1. whom I met yesterday は「その女性に私は昨日会った」という意味の形容詞節で，the woman を修飾しています。それに対して，She is the woman は主節です。
2. この形容詞節を作っているのは関係代名詞の whom で（関係代名詞には形容詞節を作る働きがあるのです），whom は節の中で動詞の目的語として働いています（met の目的語です）。すなわち，whom は従属節を作る語 (2) のタイプです。関係代名詞については§44で詳しく勉強します。
3. is は主節の述語動詞，すなわち大黒柱です。それに対して，met は従属節の述語動詞です。この英文の中心は is で，これに主語や補語が付くことによって，文が成り立っているわけです。
4. 「whom から yesterday までが形容詞節で，the woman を修飾している」これが外側です。「whom は met の目的語。I は主語。met は③。yesterday は副詞で met にかかる」これが内側です。

> (3) ⟨When he was asked his opinion,⟩ he remained silent.
>   接   S   －④   O   S   ②   C
>   彼は，意見を尋ねられたとき，黙ったままだった。

1. When he was asked his opinion は「彼が意見を尋ねられたときに」という意味の副詞節で，remained を修飾しています。それに対して，he remained silent は主節です。
2. この副詞節を作っているのは従属接続詞の When です（従属接続詞はすべて，副詞節を作る働きがあるのです）。When は従属節を作る働きをしているだけで，節の中で文の要素（＝主語，動詞の目的語，前置詞の目的語，補語，修飾要素）としては働いていません。すなわち，When は従属節を作る語 (1) のタイプです。

3. was asked は従属節の述語動詞です。それに対して, remained は主節の述語動詞（＝大黒柱）です。この英文の中心は remained で, これに主語や補語や修飾要素（この文の場合は副詞節）が付くことによって, 文が成り立っているわけです。
4. 「When から opinion までが副詞節で, remained を修飾している」これが外側です。「When は従属接続詞。he は主語。was asked は－④。his opinion は目的語」これが内側です。

....

§37 従属接続詞

because, though, if, whether, unless などを従属接続詞といいます。従属接続詞は完全な S＋V（＝主語, 動詞の目的語, 前置詞の目的語, 補語に関して足りない要素がない S＋V）の前に付けて, 名詞節または副詞節を作ります。従属接続詞自体は, 節の中で文の要素（＝主語, 動詞の目的語, 前置詞の目的語, 補語, 修飾要素）にはなりません。ですから, 完全な S＋V の前に付けなければならないのです。

たとえば, that the most moderate smoking is injurious （最も適度な喫煙でさえ有害だ, ということ）の that は名詞節の中で文の要素になっていません。そして, その後に続く the most moderate smoking is injurious は足りない要素のない完全な S＋V（S ② C）です。また, when he was asked his opinion（彼が意見を尋ねられたときに）の when は副詞節の中で文の要素になっていません。そして, その後に続く he was asked his opinion は足りない要素のない完全な S＋V（S －④ O）です。

従属接続詞はいろいろありますが, そのどれもが副詞節を作ります。それに対して, 名詞節を作る従属接続詞は, that と if と whether の3つだけです。したがって, **that** と **if** と **whether** は副詞節と名詞節の両方を作り, その他の従属接続詞は副詞節だけを作ることになります。

that と if と whether は名詞節を作る場合と, 副詞節を作る場合とでは次

のように意味が違います。

```
名詞節を作る場合
  [that    S + V]        S + V ということ
  [if      S + V]        S + V かどうか
  [whether S + V]        S + V かどうか
副詞節を作る場合
  ⟨that    S + V⟩        S + V なほど, なので, だなんて
  ⟨if      S + V⟩        もし S + V なら
  ⟨whether S + V⟩        S + V であろうとなかろうと
```

§38 従属接続詞 that の省略

　従属接続詞の **that** が名詞節を作り，その名詞節が動詞の目的語になっているときは，**that** は省略することができます。

```
They told me [ she was ill. ]
 S   ④   O O S   ②   C
彼らは私に，彼女は病気だと言った。
```

　2つの S + V（= They told と she was）が間に等位接続詞もコロンもセミコロンもダッシュもなしに連続していますから，「2つの S + V のルール」から，2つの S + V は対等ではない（＝どちらかは従属節だ）と考えざるをえません。しかし，この文には従属節を作る言葉が見当たりません。このことが読む人に従属接続詞 that の省略をわからせます。she was ill の前に that が省略されていて，that she was ill は名詞節で told の直接目的語になっているのです。次の文は they の前に that が省略されています。

```
They thought [ they would be able to find work in London. ]
 S    ③    O S   aux   ②   C   ad  ③   O      ad
```

> 彼らはロンドンへ行けば仕事を見つけることができるだろうと考えた。

　なお，I am afraid of 〜. 「私は〜を心配している」の〜に that 節が入った場合，of と that の両方が省略されて，I am afraid S + V. になることがあります。この省略は afraid に限らず，sure, sorry, desirous などの後でも起こります。これは§77で詳しく勉強します。名詞節を作る that が省略されるのは原則として上の2つの場合です。この2つの形に当てはまらないかぎり，that を補って名詞節にすることはできないと考えてください。

........................§39の前に（12）の英文を勉強してください........................

§39　2つの S + V のルール

　1つの英文（＝大文字で始まり，ピリオドで終わる一続きの語群）の中に2つの S + V（＝文）があり，この2つの S + V が対等な関係にある（＝一方が主節で，他方が従属節という関係にない）ときは，原則として間を等位接続詞・コロン（：）・セミコロン（；）・ダッシュ（——）のどれかでつながなければなりません。これを簡単に言い換えると，次のようになります。

> 　2つの S + V を対等につなぐには，原則として間に，等位接続詞・コロン・セミコロン・ダッシュのいずれかが必要である。

　この原則を「2つの S + V のルール」といいます。ここで「原則として」といっているのは，後の S + V が前の S + V の言い換えになっていて，2つの S + V が同じ内容を表している場合や，2つの S + V が同性質の内容を列挙している場合には，例外的に2つの S + V をコンマでつなぐことがあるからです。

　原則通りに書かれた文を1つ見てみましょう。

> 　The book is being printed and it will be published in a fortnight.
> 　　S　　　V　　　　　　＋　S　　　V

> その本は現在印刷中で，2週間後に出版されます。

ところで，英文を読んでいるとき，自分の読み方がこのルールに違反する場合には，次の2つのルートで正解をさぐらなければなりません。

> ルート1．どちらかは S＋V ではないのではないか？
> ルート2．どちらも S＋V だとしたら，どちらかは従属節ではないか？

この頭の働かせ方によって，自分の力で自分の読み方の誤りを発見・修正し，正解に戻るのです。

具体的にやってみましょう。次のような英文を見たら，皆さんはどう考えるでしょうか？

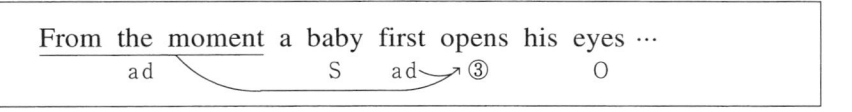

> From the moment a baby first opens his eyes …
>   ad   S   ad ③   O

From the moment を副詞句にして，opens にかけると，「その瞬間から，赤ん坊は，初めて目を開く」という意味になります。ところが，eyes の次に he is learning が続いて，しかも間がコンマだけだったらどうでしょう。

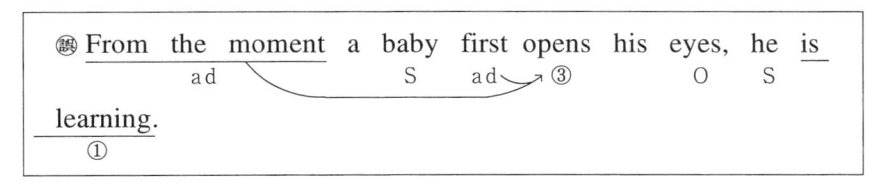

> 誤 From the moment a baby first opens his eyes, he is learning.
>   ad   S   ad ③   O   S   ①

読み方を変えないと，「その瞬間から，赤ん坊は初めて目を開き，ものを学んでいる」という意味になります。いかにも正しい読み方のようですが，これでは，2つの S＋V がコンマだけで対等につながれていることになり，「2つの S＋V のルール」に違反します。そこで，「ルート1．どちらかは S＋V ではないのではないか？（たとえば，どちらかの動詞は述語動詞ではなく，準動詞ではないか？）」と考えます。しかし，opens と is learning は

どちらも確実に現在形で（opens の s は 3 単現の s です），述語動詞に確定しています。そこで，「ルート 2. どちらも **S＋V** だとしたら，どちらかは従属節ではないか？」と考えます。これが，a baby first opens his eyes を形容詞節に見せるのです。次の読み方が正解です。

> ㊣ From the moment (a baby first opens his eyes,) he is
>   ad   S   ad   ③   O   S
> learning.
> ①
>
> 赤ん坊は，初めて目を開いた瞬間から，ものを学んでいる。

the moment と a baby の間には形容詞節を作る語である，関係副詞の when（従属接続詞の when とつづりは同じですが，違う言葉です）が省略されています。この省略されている when の働きで，a baby first opens his eyes が形容詞節になり，the moment を修飾しているのです。a baby opens という S＋V と，he is learning という S＋V は対等ではなく，従属節と主節の関係にあるので，間はコンマだけなのです。

　この説明には，まだ勉強していない関係副詞という言葉が出てきましたが，これは §70 で詳しく解説します。また，ルート 1 で正解に戻る具体例も後のセクションで出てきます。ともかくここでは「2 つの S＋V のルール」によって従属節の存在に気付くメカニズムを理解してください。

....

§40　2 つの **V** のルール，2 つの **S＋V** のルールの例外

　1 つの主語に 2 つの述語動詞が付いているとき，その 2 つの述語動詞が「言い換え」や「同性質の内容の列挙」になっている場合は，例外的にコンマだけでつながれることがあります。次の文を検討してください。

> Until the age of five or six the child is almost ex-
>   ad   a   S   ①   ad

```
clusively under his mother's influence for much of the
  ad          ad                         ad        a
day, is both dependent on her for his needs and pleasures
      ②    C       ad            ad
and subject to her discipline.
 +   C       ad
```

子供は 5, 6 才になるまで, 一日の大半をもっぱら母親の影響を受けてすごす。すなわち, 自分の必要や楽しみを母親に頼り, 同時に母親のしつけに従うのである。

is both … her discipline は, is almost … the day の言い換えになっています。そのため, 2 つの V (= is と is) はコンマだけでつながれています。2 番目の is の補語は dependent と subject で, この 2 つの補語が both ～ and でつながれています。both A and B「A と B どちらも」は, A と B を both ～ and で対等につないだ形で, both ～ and を合わせて 1 つの等位接続詞として扱います。

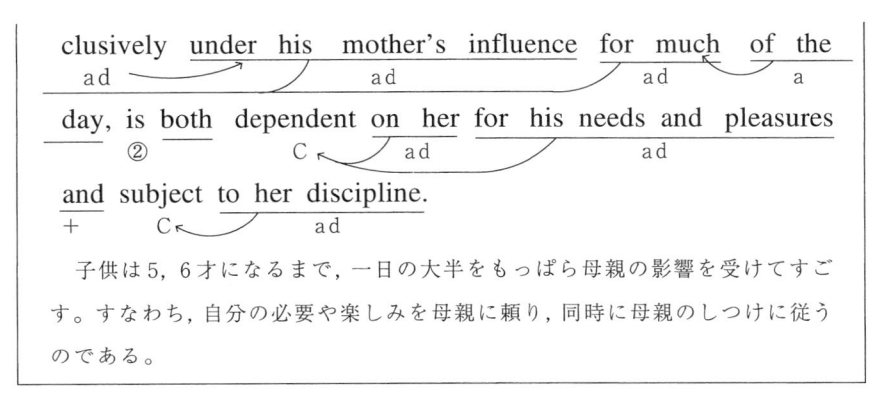

今度は「2 つの S + V のルール」の例外を見てみましょう。

```
The event confirmed his conviction [that almost anything
   S        ③         O  └同格┘ 接   ad      S
was possible, almost anything (that could be imagined) could
 ②   C        ad       S      S    aux    -③       aux
be done.]
 -③
```

その事件によって, 彼は, ほとんどどんなことでも可能なのだ, 人間が想像できることはほとんど何でも達成できるのだという自分の確信をますます強めた。

後半の almost … done は前半の almost … possible の言い換えになっています。そのため, 2 つの S + V はコンマだけで対等につながれています。that 節は直前の his conviction を詳しく言い換えたもので, 同格の that

節と呼ばれます（☞§65）。almost は副詞ですが，名詞も修飾できる例外的な副詞の1つです。この文では主語の anything を修飾しています。

....

§41　間接疑問文

　疑問詞に導かれた疑問文は，語順を平叙文の語順に換えるだけで**全体が名詞節になります**（この名詞節を間接疑問文と呼びます）。別の言い方をすれば，疑問詞には他の語の助けを借りずに名詞節を作る働きがあるのです。たとえば，Where does he live ?「彼はどこに住んでいますか」を where he lives とすると，全体が名詞節になります（意味は「彼がどこに住んでいるか，ということ」です）。そこで，これを動詞の目的語にすると，次のような文を作ることができます。

```
I  don't  know  where  he  lives.
S           ③    O  ad    S  ①
```
私は，彼がどこに住んでいるか知りません。

　ところで，疑問詞に導かれた疑問文は必ず疑問詞から始まるとは限りません。疑問詞の前に前置詞があって，その前置詞から疑問文が始まることもあります。したがって，**疑問詞が作る名詞節（＝間接疑問文）も，必ず疑問詞から始まるとは限りません。疑問詞の前に前置詞があって，その前置詞から名詞節が始まることもあるのです。**次の文を見てください。

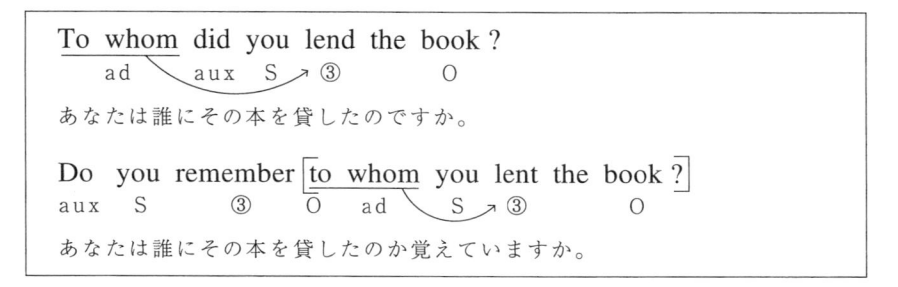

```
To whom  did  you  lend  the book ?
  ad      aux  S    ③       O
```
あなたは誰にその本を貸したのですか。

```
Do  you  remember  to whom  you  lent  the book ?
aux  S       ③        O  ad   S    ③      O
```
あなたは誰にその本を貸したのか覚えていますか。

whom が作る名詞節は whom の前の to から始まっています。なお, whom は, 主格・目的格・所有格のつづりが違う代名詞で, 主格が who, 目的格が whom, 所有格が whose です。この文で, 目的格の whom を使っているのは, もちろん直前の前置詞 to の目的語だからです。

....

§42 内外断絶の原則

　従属節の「内の語」と「外の語」は原則として, 構造上のつながりを持ちません。これを「内外断絶の原則」といいます。この原則をもう少し詳しくいうと, 次のようになります。

> 　従属節の「内の語」が「外の語」に対して文の要素や修飾語になったり, 従属節の「外の語」が「内の語」に対して文の要素や修飾語になったりすることはない。

この原則を具体的な英文で確認してみましょう。

> 1. He asked me ｜how earnestly I had done it.｜
> 　　S　④　　O　O ad　　　 ad　　S aux　③　O
> 　　彼は私に, どれくらい真剣にそれをやったのか尋ねた。

　He asked me が「外の語」で, how earnestly I had done it が「内の語」です。「how から it までが名詞節で, asked の直接目的語になっている」が「外側」で, 「how は副詞で earnestly にかかる。earnestly は副詞で done にかかる。I は主語。had は助動詞。done は③。it は動詞の目的語」が「内側」です。「外の語」「内の語」「外側」「内側」という概念の違いを正確に理解してください。「内外断絶の原則」の「内外」は「内の語」と「外の語」を指しています。

　さて, how earnestly I had done it は「私がどれくらい真剣にそれをやったかということ」という意味の名詞節（＝間接疑問文）で, asked の直接目

的語になっています。この名詞節を作っているのは疑問副詞の how で, how は内側で earnestly にかかっています。had done は, 助動詞の had (＝助動詞 have の過去形) ＋動詞の過去分詞形という形で, 過去完了と呼ばれます。この文では, asked よりもさらに時間的に過去であること (＝それをやったのが尋ねた時よりも前であること) を表しています。ところで, earnestly は従属節の内の語です。したがって, これを外の語である asked にかけて,「彼は私に … を真剣に尋ねた」と訳すのは,「内外断絶の原則」に違反する重大な誤りです。

---

2. He asked me earnestly [how I had done it.]
　　 S　④←　O　ad　　O ad　S　aux　③　O
　　彼は, 私がどうやってそれをやったのか真剣に尋ねた。

He asked me earnestly が「外の語」で, how I had done it が「内の語」です。「how から it までが名詞節で, asked の直接目的語になっている」が「外側」で,「how は副詞で done にかかる。I は主語。had は助動詞。done は③。it は動詞の目的語」が「内側」です。

how I had done it は「私がどうやってそれをやったかということ」という意味の名詞節 (＝間接疑問文) で, asked の直接目的語になっています。この名詞節を作っているのは疑問副詞の how で, how は内側で done にかかっています。ところで, この文の場合 earnestly は従属節の外の語です。したがって, これを内の語である done にかけて,「… どれくらい真剣にそれをやったのか …」と訳すのは,「内外断絶の原則」に違反する重大な誤りです。

§29で勉強した「2つのVのルール」と§39で勉強した「2つのS＋Vのルール」は従属節の存在を判断する重要な指標でした。それに対して, この「内外断絶の原則」は従属節の範囲 (＝どこからどこまでが従属節か) を判断する重要な指標です。従属節の範囲は,「内外断絶の原則」に違反しないように決めるのです (これが, この原則を考える実益です)。具体的にやっ

てみましょう。

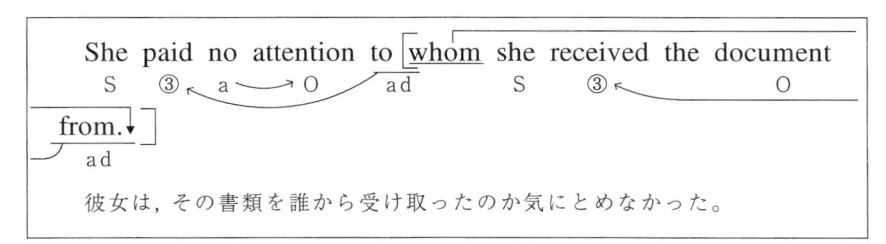

> She paid no attention to whom she received the document from.
> 彼女は, その書類を誰から受け取ったのか気にとめなかった。

「この英文で whom という目的格の疑問代名詞を使っているのは, 直前の前置詞 to の目的語だからである」と考えると, 名詞節 (＝間接疑問文) の範囲は to から from までとなります。つまり to whom she received the document from が名詞節になるわけです。ところが, これでは内側で, 前置詞 from の目的語が足りなくなってしまいます。また, 外側で, この名詞節の働きは paid の直接目的語になります。つまり, paid が④で, no attention が間接目的語で, to 以下の名詞節が直接目的語となるわけです。しかし, pay を④で使うときは, pay ＋人間＋物事「人間に物事を払う, 与える」という形で使うことになっていて, 間接目的語は必ず人間です (このことは辞書に出ています)。no attention (これは人間ではありません) が間接目的語にくることはありえません。つまりこの読み方 (＝従属節の範囲の決め方) は, 主節・従属節ともに破綻しているのです (この状態を「主従ともにデタラメ」といいます)。したがって, 間違いです。

そこで, 考え方を変えて, whom から名詞節にしてみましょう。すると, whom she received the document from が名詞節で, from の目的語は whom になります。目的格の whom を使っているのは, 直前の to ではなく, 文末の from の目的語だからです。to は外の語であり, whom は内の語ですから,「内外断絶の原則」によって, to と whom は構造上全く無関係なのです。to の目的語は whom から from までの名詞節です。つまり, この英文は, pay no attention to ～「～に注意を払わない」という表現の～に名詞節が入っているのです。この読み方 (＝従属節の範囲の決め方) は, 主節・従属節ともに完璧に構文が成立し (この状態を「主従ともに完璧」といいます), か

つ意味も通ります。したがって，正解です。

このように，従属節の範囲を考えるときは，「内外断絶の原則」に基づいて，「主従ともに完璧」を目指すのです。

·················· §43の前に（13）と（14）の英文を勉強してください ··················

§43　不定詞の4つの可能性

原形の前に to を付けた形（to＋原形）を to 不定詞（あるいは，ただ単に不定詞）といいます。to 不定詞は，ought to 原形や used to 原形のように，to が助動詞の一部に組み込まれる（ought to, used to はそれぞれ1つの助動詞です）場合には，to の後の原形動詞は述語動詞になります。しかし，これ以外はすべて準動詞です。名詞の働きを兼ねるものを不定詞名詞用法といい，形容詞の働きを兼ねるものを不定詞形容詞用法といい，副詞の働きを兼ねるものを不定詞副詞用法といいます。to 不定詞は英文中で，この4つのどれかで用いられます。

1．助動詞の一部＋述語動詞

He ought to pay his debts.
S　　aux　　③　　O

彼は借金を払うべきだ。

pay は原形・述語動詞・③

2．不定詞名詞用法

To climb steep hills requires slow pace at first.
S ｜ ③　a→O　　③←a→O　ad

急な丘を登ることは，最初はゆっくりとしたペースを必要とする。

To climb は原形・準動詞・③／requires は現在形・述語動詞・③

不定詞名詞用法は3人称・単数として扱われます（＝it と同じように扱われます）。ですから，requires には3人称・単数・現在の s が付いているのです。

3．不定詞形容詞用法

This is a book to be enjoyed by every one.
　S　②　　C　a　 －③　　　　　ad

これは誰にでも楽しまれる本です。

is は現在形・述語動詞・②／to be enjoyed は原形・準動詞・－③

4．不定詞副詞用法

He worked hard to earn much money.
　S　①　　ad　ad　③　　a　　O

彼はたくさんのお金を稼ぐために一生懸命働いた。

worked は過去形・述語動詞・①／to earn は原形・準動詞・③

……………… §44の前に（15）の英文を勉強してください ………………

§44　関係代名詞

英語には「まず名詞を先に出して，次にそれがどんな名詞かを文で説明する」という仕組みがあります。つまり 名詞 ＋ 名詞を説明する文 という書き方をするわけです。

ところで，文であればどんな文でも「名詞を説明する説明文」になれるわけではありません。文が「名詞を説明する説明文」として働くためには次の3つの条件を満たしている必要があります。

条件1　説明される名詞と同じ名詞を含んでいること。
条件2　その名詞が関係代名詞という特別な語に置き換わっていること。
条件3　関係代名詞が説明文の先頭に移動していること（ただし，関係代名詞が前置詞の目的語になっているときは，先頭とは限らない）。

具体的に考えてみましょう。次の4つの英文を見てください。a song が説明される名詞で，カッコの中が説明文です。

> 1. 誤 She sang a song (he didn't know the car).
> 2. 誤 She sang a song (he didn't know the song).
> 3. 誤 She sang a song (he didn't know which).
> 4. 正 She sang a song (which he didn't know).

1. の he didn't know the car は説明される名詞（＝ song）と同じ名詞を含んでいません。そのために，この文を読んでも，それがどんな歌なのかさっぱりわかりません。したがって，この文は説明文の役目を果たしません。

それに対し，2. の he didn't know the song は，説明される名詞（＝ song）と同じ名詞を含んでいます。そのために，この文を読むと，それがどんな歌なのかわかります（「彼が知らなかった歌」だな，とわかります）。したがって，この文は説明文の役目を果たします。しかし，これをそのまま説明される名詞の後に置いたのでは，何の目印もないので，これが普通の文ではなく名詞を説明する特殊な文だということが読者にはすぐわかりません。そこで，このことを読者にわからせるために，説明される名詞と同じ名詞（＝ the song）を関係代名詞という特別な言葉（この場合は中身が人間ではないので which）に換えるのです。すると 3. の he didn't know which になります。こうすると，読者は関係代名詞（この場合は which）を見た瞬間に「あ！これは名詞を説明する説明文だな」とわかります。つまり，**関係代名詞は説明文の存在を知らせる目印になるのです。**

ところで，he didn't know which は，which を見れば説明文であることがわかりますが，逆にいえば which を見るまで，そのことはわからないわけです。また，which を見て，これが説明文だとわかっても，説明文がどこから始まっているのか，すぐにはわかりません。そこで，ここからが説明文であることを読者にわからせるために，関係代名詞を説明文の先頭に動かすのです。すると 4. の which he didn't know になります。こうすると，読者は関係代名詞を見た瞬間に「あ！ここからは名詞を説明する説明文だな」とわかります。つまり，**関係代名詞を動かすのは説明文の開始点を知らせるため**

なのです。

　さて，この 4. が正しい英文です。この文の読者は which を見た瞬間に「あ！ここからは a song を説明する説明文だ。普通の文を読むときと同じように丁寧に読もう」と思います。ところで，「普通の文を読むときと同じように」といっても，which he didn't know は普通の文ではありません（説明文という特殊な文です）。そこで，読者は頭の中でこれを普通の文に直して読まなければなりません。どうするかというと，関係代名詞（which）に説明される名詞（a song）を代入し，それを know の後に動かして，he didn't know the song という文（これが普通の文です）にし，これを丁寧に読んで，a song がどんな歌なのかを理解するのです。この頭の働きを，詳しく再現してみましょう。

　She sang a song which he didn't know.
　She sang a song ➡「彼女は歌を歌った」➡ どんな歌を歌ったのだろう？➡ which ➡ あ！ここからは説明文だ。普通の文に直して，それを丁寧に読もう。which に a song を代入すると the song になる。the song は「その歌」だ。➡ he didn't know ➡「彼は知らなかった」➡ なるほど，彼女はそういう歌を歌ったのか。わかった！

もう 1 回別の文でやってみましょう。

The book which is lying on the desk is mine.
　The book ➡［その本］➡ どんな本だろう？➡ which ➡ あ！ここからは説明文だ。普通の文に直して，それを丁寧に読もう。which に the book を代入すると「その本」だ。➡ is lying on the desk ➡「机の上に横たわっている」➡ なるほど，そういう本か。わかった！ところで，それがどうしたんだろう？➡ is mine ➡「私のものです」

　ところで，先ほど「中身が人間ではないので関係代名詞は which を使

う」といいましたが，逆にいえば，中身が人間なら which ではなく who や whom を使うのです。なぜこのような面倒なことをするのでしょうか？そこで，仮に関係代名詞を xxx ということにして次の英語を考えてみましょう。

> an employee of the company（xxx I put my confidence in）

こうなると，説明文は an employee を説明しているのか（意味は「その会社の私が信頼している社員」となります），それとも the company を説明しているのか（意味は「私が信頼している会社の社員」となります）わからなくなります。これは別の言い方をすれば，xxx（＝関係代名詞）の中身が the employee（＝人間）なのか，the company（＝人間以外のもの）なのかわからないということです。そこで，xxx の中身が人間のときは who か whom を使い，xxx の中身が人間以外のもののときは which を使うことにします。すると，次のようになり，説明される名詞がどれかはっきりわかります。

> an employee of the company（whom I put my confidence in）
>
> an employee of the company（which I put my confidence in）

つまり，関係代名詞は説明文がどの名詞を説明しているかを示す働きをするわけです。

さて，以上の説明をまとめると，次のようになります。

> 名詞を説明する説明文を読むときは，
> 1．どこからどこまでが説明文で，どの名詞が説明される名詞かを確認する。
> 2．説明文の中で，関係代名詞の本来の位置はどこなのかを確認する。

正式な文法用語では，説明文を形容詞節，説明される名詞を先行詞といいます。そして，形容詞節は普通の文の中の名詞を関係代名詞に置き換えて作

るのですから，関係代名詞は形容詞節の中で名詞の働き（すなわち主語，動詞の目的語，前置詞の目的語，補語）のどれかで働くわけです。そこで，今まとめた英語の読み方を文法用語を使って言い直すと次のようになります。

関係代名詞が出てきたら，必ず次の2点を確認しなければならない。
1. 外側　どこからどこまでが形容詞節で，どの名詞が先行詞なのか。
2. 内側　関係代名詞は形容詞節の内側で $\boxed{S}$ $\boxed{動詞のO}$ $\boxed{前置詞のO}$ $\boxed{C}$ のいずれの働きをしているのか。

今の2つの文で確認すると，次のようになります。

She sang a song (which he didn't know.)
　S　③　　O　　　O　　S　　　③

彼女は，彼が知らない歌を歌った。

---

1. 外側　which から know までが形容詞節で，a song を修飾している。
2. 内側　which は目的語，he は主語，know は③。

The book (which is lying on the desk) is mine.
　S　　　　S　　①　　　ad　　　②　C

机の上にある本は私のものです。

---

1. 外側　which から desk までが形容詞節で，The book を修飾している。
2. 内側　which は主語，is lying は①，on the desk は副詞句で is lying を修飾している。

....

§45　前置詞＋関係代名詞

　関係代名詞は形容詞節の先頭に移すのが原則ですが，関係代名詞が前置詞の目的語になっているときは，前置詞＋関係代名詞をまとめて形容詞節の先頭に出すことができます。

こうすると，形容詞節は前置詞から始まることになり，関係代名詞は形容詞節の開始点を示さないことになります。しかし，その代わり，形容詞節の内側で関係代名詞が前置詞の目的語になっていることは一目瞭然になります。つまり，この書き方は，**外側（＝形容詞節がどこから始まるか）のわかりやすさを犠牲にして，内側（＝形容詞節内における関係代名詞の働き）のわかりやすさを優先させた書き方**なのです。

　もっとも，関係代名詞が形容詞節の開始点を示さないといっても，… 前置詞＋関係代名詞 … という形のとき，関係代名詞から形容詞節が始まるとすると，前置詞の目的語（これは必ず名詞です）が足りなくなってしまいます。そこで，この形のときは，いつもとは違い，関係代名詞のさらに前から形容詞節が始まっていることは明らかです。したがって，先頭に関係代名詞が来なくても差し支えないのです。

　具体的に見てみましょう。

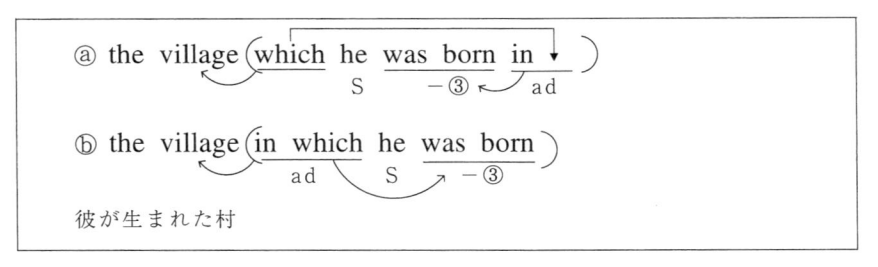

ⓐ the village (which he was born in ↓)
　　　　　　　　　S　 　−③　 ad

ⓑ the village (in which he was born)
　　　　　　　　ad　 S　 　−③

彼が生まれた村

　ⓐとⓑはどちらも正しい英語です。the village「村」を He was born in the village.「彼はその村で生まれた」という文で説明しているのです。ⓐは関係代名詞だけを前に動かしています。これは，内側のわかりやすさを犠牲にして，外側のわかりやすさを優先した書き方です。それに対して，ⓑは前置詞＋関係代名詞をまとめて前に動かしています。これは，逆に，外側のわかりやすさを犠牲にして，内側のわかりやすさを優先した書き方です。

　前に出すのは前置詞＋関係代名詞だけとは限りません。**前置詞＋関係代名詞が形容詞句で前の名詞を修飾しているときは名詞＋前置詞＋関係代名詞をまとめて形容詞節の先頭に出すことができます**。次の３つを見てくださ

い。

> ⓑ a mountain (which the top of is covered with snow)
>   　　　　　　　　S　　　　a　　　－③　　　ad
>
> ⓒ a mountain (of which the top is covered with snow)
>   　　　　　　　a　　　　　S　　－③　　　ad
>
> ⓓ a mountain (the top of which is covered with snow)
>   　　　　　　　S　　　a　　　　－③　　　ad
>
> 頂上が雪で覆われた山

　上の3つはいずれも，a mountain を The top of the mountain is covered with snow.「その山の頂上は雪で覆われている」という文で説明しているのです。ⓑは関係代名詞だけを前に動かしています。その結果，前置詞が形容詞節の途中に取り残されています。前置詞＋関係代名詞で，関係代名詞だけを前に動かすときは，前置詞の後に副詞以外の語句が来てはいけません（たとえば，ⓐは前置詞が形容詞節の末尾に来ていて，後に何も続いていません）。ⓑは，前置詞の後に述語動詞が来ています。ですから，誤りなのです。ⓒは前置詞＋関係代名詞を前に動かして，被修飾語の名詞（＝ the top）を後に残しています。ⓓは名詞＋前置詞＋関係代名詞をまとめて形容詞節の先頭に置いています。

　さらに，**前置詞＋関係代名詞によって修飾される名詞が前置詞の目的語の場合には，前置詞＋名詞＋前置詞＋関係代名詞をまとめて前に動かすことができます**。次の英語を見てください。

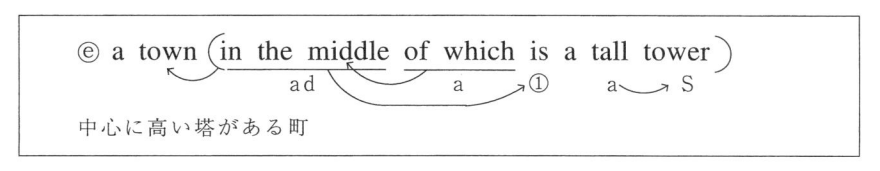

> ⓔ a town (in the middle of which is a tall tower)
>   　　　　　　ad　　　　　a　　①　　a　　S
>
> 中心に高い塔がある町

　この英語は a town を In the middle of the town is a tall tower.「その町の中心に高い塔がある」という文（これは，述語動詞と主語がひっく

り返った倒置の文です）で説明しています。the town を which に換えただけで，which の位置を動かさなくても，全体が形容詞節になるのは，前置詞＋名詞＋前置詞＋関係代名詞をまとめて前に置けるからです。特に，場所や手段を表す副詞句の場合には，必ずこの4つをまとめて前に置かなければなりません。したがって，a town of which in the middle is a tall tower としては誤りです。

いうまでもありませんが，ⓓとⓔの書き方は外側（＝形容詞節がどこから始まるか）のわかりやすさを犠牲にして，内側（＝形容詞節内の構造）のわかりやすさを極度に優先させた書き方です。

さて，以上の説明をまとめると，次のようになります。

1．… 名詞＋前置詞＋関係代名詞 … という形は次の2つの可能性がある。
 (1) … 名詞（前置詞＋関係代名詞 …）
    　　　　　　a または ad
 (2) …（名詞＋前置詞＋関係代名詞 …）
    　　　　　　　　　a

2．… 前置詞＋名詞＋前置詞＋関係代名詞 … という形は次の2つの可能性がある。
 (1) … 前置詞＋名詞（前置詞＋関係代名詞 …）
    　　 a または ad 　　 a または ad
 (2) …（前置詞＋名詞＋前置詞＋関係代名詞 …）
    　　 a または ad 　　　　　a

---

§46 （名詞＋of＋which …）

名詞＋前置詞＋関係代名詞から形容詞節が始まる英文を2つ研究しましょう。

> It had stirred up in him an excitement (the like of which he
> S aux   ③ ad   ad   O   O   a   S
> had never felt before.)
> aux ad ③   ad
>
> それが彼の中にかきたてた興奮たるや，それまでにそれに似た興奮を一度も感じたことがないほどのものであった。
>
> The present economic situation is full of difficulties and
>   a   a   S   ② C   ad
> problems (the solution of which is of vital importance to
>   S   a   ②   aC
> our future well-being.)
>   ad
>
> 現在の経済状況は困難と問題でいっぱいであり，それらの解決は我々の将来の福利にとって非常な重要性を持っている。

··

§47 形容詞節の訳し方

今度は，形容詞節を訳すときの手順を研究しましょう。そのためには，まず日本語の仕組みを知らなければなりません。

英語と違い，日本語では説明文は名詞の前に置きます（説明文＋名詞という順序にするわけです）。そして，説明文から説明したい名詞と同じ名詞を削除します（英語では関係代名詞に置き換えます）。その際，その名詞に付く助詞（テニヲハ）も一緒に削除するのです。具体的にやってみましょう。

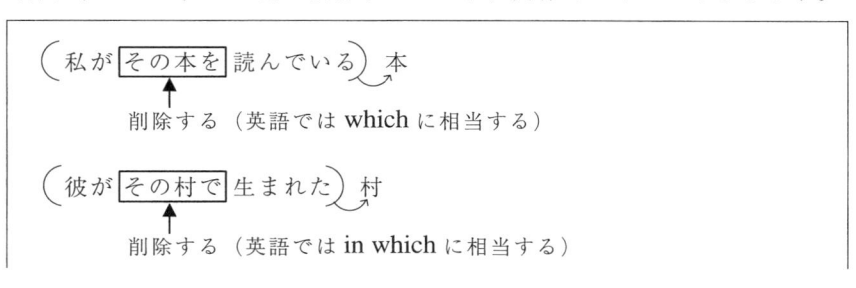

> （私が その本を 読んでいる）本
>   ↑
>   削除する（英語では which に相当する）
>
> （彼が その村で 生まれた）村
>   ↑
>   削除する（英語では in which に相当する）

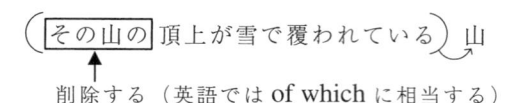

その山の 頂上が雪で覆われている 山
　　　　↑
　　　削除する（英語では of which に相当する）

　さて，形容詞節を訳すということは，英語の仕組みを日本語の仕組みに変えるということです。上で研究した日本語の仕組みに基づいて，その手順をまとめると次のようになります。

形容詞節を訳す手順
（1）形容詞節から訳し上げる。
（2）関係代名詞は訳出しない。
（3）関係代名詞に前置詞が付いているときは，前置詞が日本語の助詞に相当することが多いので，前置詞も原則として訳出しない。

次の英語と日本語を対照してください。

---
the village in which he was born
彼が生まれた村（in which は訳していません）
a mountain the top of which is covered with snow
頂上が雪で覆われた山（of which は訳していません）
a town in the middle of which is a tall tower
中心に高い塔がある町（of which は訳していません）

　なお，上の例はいずれも前置詞＋関係代名詞を訳出していませんが，これはいつでも必ずそうするというわけではありません。意味が曖昧になるときは，訳文を工夫して前置詞を訳出しなければならないこともあります。次の英文を見てください。

All suffering has limits beyond which the heart is insensible.
　a　　　S　　　③　　O　　　　ad　　　　　S　②　　C
ある限度を超えると心が無感覚になる，そういう限度があらゆる苦悩にある。

この文は limits を The heart is insensible beyond the limits.「その限度を超えると心が無感覚になる」という文で説明しています。原則に従って，beyond which を無視して訳すと「心が無感覚になる限度」となります。これでも意味がわからないわけではありませんが，舌足らずの感は否めません。そこで beyond を表に出して，はっきり内容がわかるように訳すと，上のようになります。こういうこともあるので，機械的に処理してはいけません。

·················|§48の前に（16）の英文を勉強してください|·················

§48　過去分詞の4つの可能性（その2）

英文中に過去分詞が出てくるときは必ず次の4つのどれかで使われています。これを過去分詞の4つの可能性といいます。

---

1. 受身（be + p.p. の形で出てきます）
2. 完了（have + p.p. または be + p.p. の形で出てきます）
3. 過去分詞形容詞用法（p.p. に be も have もつかず，単独で出てきます）
4. 分詞構文（p.p. に be も have もつかず，単独で出てきます）

このうち受身と完了は過去分詞に be あるいは have という助動詞を付けて用いています。それに対して形容詞用法と分詞構文は，過去分詞に助動詞を付けず，過去分詞だけで単独に用いています。be や have を付けないで単独で用いられた過去分詞を裸の過去分詞と呼ぶことにすると，形容詞用法と分詞構文はまとめて次のようにいうことができます。

裸の過去分詞は形容詞または副詞の働きをする。

これは，英語構文全体を通じて最もわかりにくいルールの1つであり，同時に最も重要なルールの1つでもあります（裸の過去分詞は **Frame of Reference** の真髄である，といっても過言ではありません）。それだけに，

すぐには理解できないかもしれませんが，いったんわかってしまえば二度と過去分詞で（もっと思い切っていえば，英語構文で）悩むことはなくなります。頑張って勉強してください。

....

§49 裸の過去分詞

「裸の過去分詞は形容詞または副詞の働きをする」このルールをさらに詳しく研究することにしましょう。そのためには，まず「助動詞と動詞型の関係」を確認する必要があります。

1．助動詞と動詞型の関係

動詞の働き（＝動詞型）は，主語の有無や助動詞の有無によっては変化しません。たとえば，I can drive the car. から主語の I と助動詞の can を取って Drive the car. にしても，Drive の動詞型（＝③）は変わりません。

同様に，A man is driving the car. から助動詞の is を取って A man driving the car にしても，driving の動詞型（＝③）は変わりません。ただし，driving は裸の ing になるので準動詞（＝動名詞，現在分詞形容詞用法，分詞構文のどれか）になります。現在分詞形容詞用法と考えると次のようになります。

ⓐ A man is driving the car.
　　S　　　③　　　　O

ⓑ A man driving the car ….
　　S⤺a｜③　　　O

その車を運転している男は …

2．「裸の過去分詞」と「着物を着ている過去分詞」の関係

次に「裸の過去分詞」と「着物を着ている過去分詞（受身と完了）」の関係（＝一方が他方の前提になるという関係）を確認しましょう。これについては，「裸の過去分詞」が前提で，それに着物（＝助動詞の be と have）を着せ

ると「着物を着ている過去分詞」になる，ということも理屈の上では考えられます。しかし，現実は逆で，**「着物を着ている過去分詞」が前提で，それから着物をはがすと裸の過去分詞になるのです**。そこで，「着物を着ている過去分詞」を考えてみましょう。「着物を着ている過去分詞」は次の3つのどれかです。

（1） have ＋自動詞の過去分詞
（2） have ＋他動詞の過去分詞
（3） be ＋他動詞の過去分詞

厳密には「be ＋自動詞の過去分詞」もあります（☞ § 27）が，これは（1）と基本的に同じですから，ここでは除外して考えます。

この3つのパターンから助動詞を剥ぎ取ると「裸の過去分詞」になるのです。

3．裸の過去分詞

（1）「**have ＋自動詞の過去分詞**」から **have** を取った場合

「have ＋自動詞の過去分詞」は自動詞の完了形で，動詞型は①か②です。ここから have を取って，自動詞の過去分詞を裸にすると次のようになります。

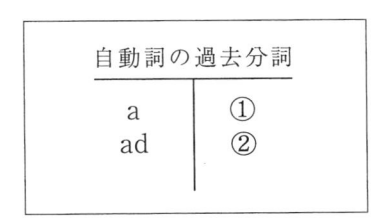

自動詞の過去分詞	
a	①
ad	②

この形はありえます。ただし，すべての自動詞がこのように使えるわけではありません。①の過去分詞を裸で使えるのは原則として往来・発着を表わす動詞（go, come, arrive, return など）と happen, fall, retire などに限られます。また，②の過去分詞を裸で使えるのは become と turn に限られています。それでは，return の過去分詞を裸にしてみましょう。

The soldiers have returned from the battlefield. から助動詞の have を

取って The soldiers returned from the battlefield にしても，returned の動詞型（＝①）は変わりません。ただし，returned は裸の過去分詞になるので準動詞（＝過去分詞形容詞用法か分詞構文のどちらか）になります。過去分詞形容詞用法と考えると次のようになります。

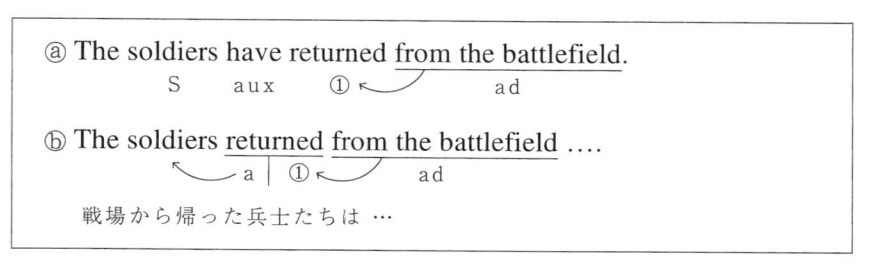

ⓐ The soldiers have returned from the battlefield.
　　S　　aux　　①　　　　　ad

ⓑ The soldiers returned from the battlefield ….
　　　　　　　 a　 ①　　　　　ad

　　戦場から帰った兵士たちは …

このように，自動詞の過去分詞を裸で使うことは，一部の動詞に限られますが，ありえます。そして，その場合，動詞型は①か②で，かならず完了の意味（＝～してしまった）を表わします。

（2）「**have**＋他動詞の過去分詞」から **have** を取った場合

「have＋他動詞の過去分詞」は他動詞の完了形です。動詞型は③か④か⑤です。ここから have を取って，他動詞の過去分詞を裸にすると次のようになります。

他動詞の過去分詞	
a ad	③ ④ ⑤

ところが，この形はありえません。他動詞の完了形から have を取って過去分詞を裸にすることは英語では一切できないことになっているのです。ですから，たとえば，次のようなことは絶対にできません。

誤り　The villagers have begun a new business. から助動詞の have を取って The villagers begun a new business … にしても，begun の

動詞型（＝③）は変わらない。ただし, begun は裸の過去分詞になるので準動詞（＝過去分詞形容詞用法か分詞構文のどちらか）になる。過去分詞形容詞用法と考えると次のようになる。

ⓐ The villagers have begun a new business.
　　S　　aux　　③　　　　　　O

ⓑ The villagers begun a new business ….
　　　　　　 a ③　　　　　 O
　新しい商売を始めた村人たちは …

このⓑは間違いです。なぜなら, have ＋他動詞の過去分詞から have を取ることはできないからです。したがって, 裸の過去分詞の動詞型が③, ④, ⑤になることは絶対にありません。

（3）「**be**＋他動詞の過去分詞」から **be** を取った場合

「be＋他動詞の過去分詞」は受身形で, 動詞型は－③か－④か－⑤です。ここから be を取って, 他動詞の過去分詞を裸にすると次のようになります。

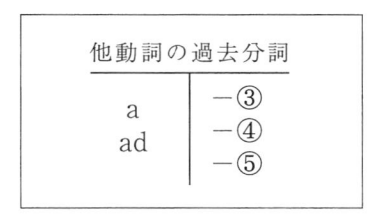

他動詞の過去分詞	
a	－③
ad	－④
	－⑤

この形はありえます。すべての他動詞がこのように使えます。具体的にやってみましょう。

The baby was named John by them. から助動詞の was を取って The baby named John by them にしても named の動詞型は変わりません（動詞型は助動詞の有無によっては変化しないからです）。依然として named は－⑤で John は補語です。意味は「彼らによってジョンと名付けられた」です。ただし, named は裸の過去分詞になるので準動詞（＝過去分詞形容詞用法か分詞構文のどちらか）になります。過去分詞形容詞用法と考えると次のよう

になります。

ⓐ The baby was named John by them.
　　S 　　　－⑤ 　　 C 　　 ad

ⓑ The baby named John by them ….
　　　　　　 a｜－⑤　 C　　　ad
　　彼らによってジョンと名付けられた赤ん坊は …

このように，他動詞の過去分詞を裸で使うことはありえます。そして，その場合，動詞型はかならず－③か－④か－⑤で，受身の意味（＝～される，～された）を表わします。

したがって，さきほどの The villagers begun a new business …. は begun を裸で使ったから間違いなのではありません（自動詞でも他動詞でも過去分詞を裸で使うことはありうることです）。裸の過去分詞である begun を③で使った（もっと正確にいえば，③と考えた）から間違いなのです（裸の過去分詞の動詞型が③になることは絶対にありえません）。ということは，begun を①，②，－③，－④，－⑤のどれかと考えれば，この英語は正しいことになります。begun の後に名詞（＝ a new business）が続いているので，考えられる可能性は次の３つしかありません。

ⓒ The villagers begun a new business ….
　　　　　　　　 a｜②　　　　 C

ⓓ The villagers begun a new business ….
　　　　　　　　 a｜－④　　　　 O

ⓔ The villagers begun a new business ….
　　　　　　　　 a｜－⑤　　　　 C

ところが辞書を調べると，begin を②，④，⑤で使う用法は出ていません。つまり，begin は②，④，⑤では使えないのです。したがって，begun を②，－④，－⑤で使うこともできません。だとすると，上のⓒⓓⓔはいずれも成

立しません。結局, The villagers begun a new business .... はどのようにしても構文が成立しません。したがって, 間違った英語である, ということになります。これが, 裸の p.p. の考え方なのです。

さて, 最後に以上の説明をまとめてみましょう。

---
1. 裸の過去分詞はかならず準動詞で, 形容詞または副詞の働きをし, 動詞型は① ② ―③ ―④ ―⑤ のどれかである。
2. 自動詞の過去分詞を裸で使ったときは完了の意味を表す。
3. 他動詞の過去分詞を裸で使ったときは受身の意味を表す。

これを記号で書くと次のようになります。

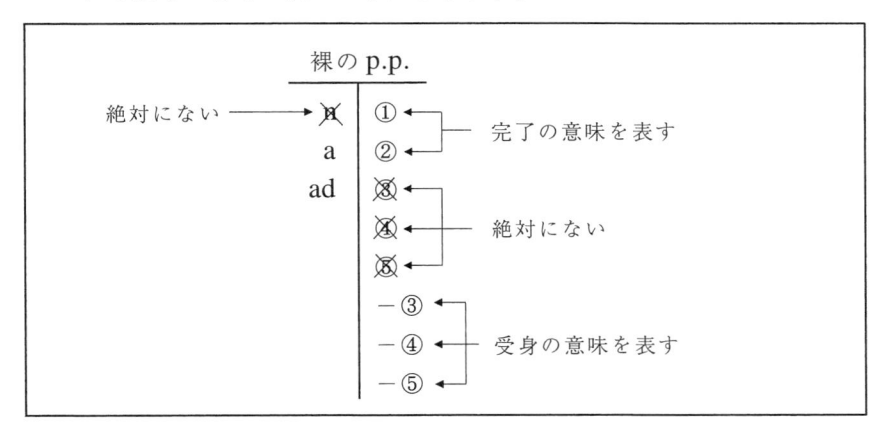

```
                     裸の p.p.
                        │
絶対にない ─────────→ ❌│← ①  ┐
                      a │       ├─ 完了の意味を表す
                      ad│← ②  ┘
                        │← ❌  ┐
                        │← ❌  ├─ 絶対にない
                        │← ❌  ┘
                        │─ ③  ┐
                        │─ ④  ├─ 受身の意味を表す
                        │─ ⑤  ┘
```

この表で表されている「裸の **p.p.** の枠組み」はいかなる英文でも厳密に守り抜かれます。この枠組みから少しでもはずれれば, それは正しい英語ではありません。したがって, 私たちは, 英文を読むときは, 必ずこの枠組みの中で頭を働かせるようにしなければなりません。

....

§50　自動詞の裸の過去分詞

　自動詞の過去分詞を裸で使うのは比較的稀で, 特定の動詞に限られるといって差し支えありません。①の場合は **come**, **go**, **arrive**, **return** といった

往来・発着を表す動詞が基本で，他に **happen**, **fall**, **retire** などがあります。②の場合は **turn** と **become** の2つだけです。具体的に研究してみましょう。

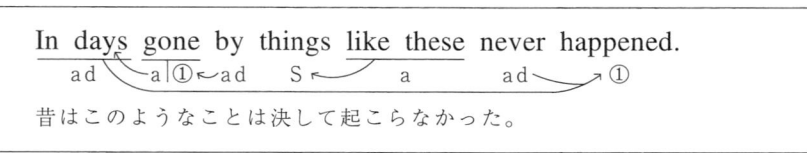

> In days gone by things like these never happened.
> ad　a ①　ad　S　　a　　　ad　　①
> 昔はこのようなことは決して起こらなかった。

gone は，go‒went‒gone という不規則活用ですから，つづりから過去分詞形に決まります。前に be も have も付いていないので裸の p.p. です。したがって，必ず準動詞で，前の働きは形容詞か副詞の働きです。副詞（＝分詞構文）の場合は文頭に置くか，そうでなければ前にコンマを置くのが原則です。したがって，文中で，しかも前にコンマがないときは形容詞（＝過去分詞形容詞用法）を先に考えます。gone は過去分詞形容詞用法で days を修飾しています。後の働き（＝動詞型）は①です。①の過去分詞を裸で使っているので，完了の意味を表し，「行ってしまった」という意味になります。直後の by は「過ぎ去って」という意味の副詞で，gone を修飾しています。したがって，days gone by は，直訳すると「過ぎ去って行ってしまった日々」となり，これを簡単に「昔」と意訳するのです。

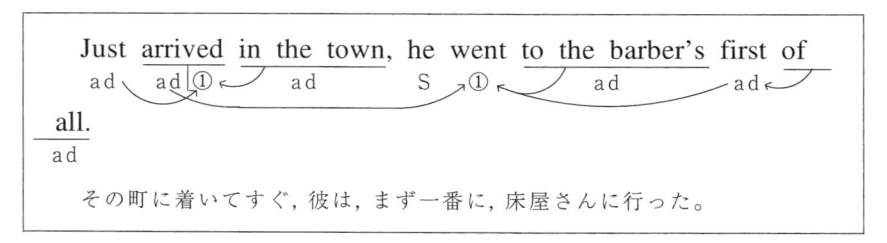

> Just arrived in the town, he went to the barber's first of
> ad　ad ①　　ad　　　S　①　　　ad　　　ad
> all.
> ad
> その町に着いてすぐ，彼は，まず一番に，床屋さんに行った。

arrived を過去形＝述語動詞と考えた場合，まず，構造上の主語が見つかりません。後に出てくる he を強引に arrived の主語にしても，went は絶対に過去形＝述語動詞で，主語は he ですから，1つの主語（＝ he）に2つの述語動詞（＝ arrived と went）があり，間につなぐ等位接続詞がないので，「2つの V のルール」に違反してしまいます。このことから arrived は過去分詞形に確定します。

そもそも，過去形＝述語動詞が文頭に出て主語が後に回るということは普通はないので，**過去形か過去分詞形かつづりからではわからない動詞が文頭に来たら，まず過去分詞形と考えて差し支えありません。**

arrived は裸の p.p. で，前の働きは副詞の働き（＝分詞構文）です。後の働きは①です。①の過去分詞を裸で使っているので，完了の意味を表し，「着いてしまった」という意味になります。したがって, just arrived in the town は，直訳すると「ちょうどその町に着いてしまった時に」となり，これを簡単に「その町に着いてすぐ」と訳すのです。

He is a Christian turned Buddhist.
S　②　　　C　　a ②　　C

彼はキリスト教徒から仏教徒に改宗した人だ。

---

is は現在形＝述語動詞で，主語は He です。したがって，turned を過去形＝述語動詞と考え，主語を He にすると，間につなぐ等位接続詞がないので，「2つの V のルール」に違反します。このことから turned は過去分詞形に確定します。

Christian と turned の間に主格の関係代名詞 who が省略されていると考え，turned を過去形＝述語動詞，who をその主語にする人がいますが，これは誤りです。関係代名詞が省略されるのは目的格の場合で，主格は原則として省略できません（関係代名詞の省略は §54 で勉強します）。

turned は裸の p.p. で，前にコンマがないので形容詞用法と考えるのが自然です。前の働きは形容詞の働きで，Christian にかかります。後の働きは②です。turn は②のときは「～になる」という意味で，これを裸の p.p. で使ったのですから，turned は完了の意味を表し，「～になってしまった」という意味になります。したがって, a Christian turned Buddhist は，直訳すると「仏教徒になってしまったキリスト教徒」となります。仏教徒とキリスト教徒を兼ねることはできませんから，これは「以前はキリスト教徒だったのだが，その後改宗して，今は仏教徒になっている人」という意味です。日

本語でも,「彼は元キリスト教徒です」といえば, 今はキリスト教徒ではありません。この「元」に相当するのが turned Buddhist の部分で, 単に「元」といっているだけでなく「今は仏教徒になってしまっている」といっているのです。

なお, turn を②で使い補語に名詞を置くときは, その名詞は単数・無冠詞にするのが語法上のルールです。それで, Buddhist には冠詞が付いていないのです。

.... §51の前に (17) の英文を勉強してください ....

§51 他動詞の裸の過去分詞

　他動詞の過去形の動詞型は③か④か⑤のどれかです。それに対し, 他動詞の過去分詞形を裸で使った場合の動詞型は－③か－④か－⑤のどれかです。ところで, 一部の不規則活用の動詞を除いて, 過去形と過去分詞形のつづりは同じ (規則活用の場合は, 原形＋ed) です。そこで, 英文を読んでいるときは, 次のような頭の切り替えが絶えず起こっています。

　… sent a book …

　もし sent が過去形だとすると, 述語動詞で, 動詞型は③で, a book が目的語で, 意味は「本を送った」となる。

　もし sent が裸の過去分詞だとすると, 準動詞で, 動詞型は－④で, a book が目的語で, 意味は「本を送られる, 送られた」となる。

　… made a practice …

　もし made が過去形だとすると, 述語動詞で, 動詞型は③で, a practice が目的語で, 意味は「1つの習慣を作った」となる。

　もし made が裸の過去分詞だとすると, 準動詞で, 動詞型は－⑤で, a practice が補語で, 意味は「1つの習慣にされる, された」となる。

要するに，同じつづりの動詞（ただし他動詞です）であっても，活用を過去形から過去分詞形（ただし裸の過去分詞です）に切り替えると次の2点が変わるのです。

> 1．述語動詞が準動詞になる。
> 2．動詞型が能動（＝③／④／⑤）から受動（－③／－④／－⑤）になる。

このような読み方の変更が自由自在にできることが実力です。具体的な英文で練習してみましょう。

> 1. My father left a large fortune to us.
>   S　　③　　　a　　　O　　ad
> 父は私たちに莫大な財産を残してくれた。

left は過去形＝述語動詞で，動詞型は③です。a large fortune は left の目的語です。それでは，to us の代わりに did not work throughout his life を置いたらどうなるでしょうか？

> 2. My father, left a large fortune, did not work throughout his life.

left を過去形と考えると，述語動詞で，主語は My father です。work は原形ですが，did という過去形の助動詞が付いているので絶対に述語動詞で，主語は My father です。すると，1つの主語（＝ My father）に2つの述語動詞（＝ left と work）があり，間を等位接続詞でつないでいないことになるので，「2つの V のルール」に違反します。そこで，「ルート1．どちらかは述語動詞ではないのではないか？」と考えます。work は絶対に述語動詞ですから，left の捉え方を変えるしかありません。left を過去形ではなく過去分詞形と考えると，裸ですから準動詞になります。これで「2つの V のルール」はクリアできます。

裸の p.p. の前の働きは形容詞か副詞ですが，前にコンマがあるときは副詞（＝分詞構文）から先に検討します。left は過去分詞の分詞構文で, did not work を修飾しています。

　では，後の働き（＝動詞型）はどうなるでしょうか？徹底的に考えてみましょう。裸の p.p. の動詞型は①／②／－③／－④／－⑤のどれかです。left が①だとすると，①は目的語も補語も伴いませんから，後に出てくる a large fortune の説明がつきません（働きが決まらないのです）。したがって，①ではありません。

　裸の p.p. の動詞型が②になるのは become と turned の 2 つだけですから，②でもありません。

　では，－③はどうでしょうか。－③は目的語も補語も伴いませんから，①のときと同じように a large fortune の説明がつきません。したがって，－③でもありません。

　－④はどうでしょうか。－④は目的語を 1 つ伴う動詞型ですから，a large fortune を目的語と考えればつじつまが合います。しかし，これで結論を出すのは早計です。いくら－④＋Oで説明がつくといっても，leave（left の原形は leave です）がそもそも④で使えない動詞なら，この読み方は捨てざるを得ません。そこで，辞書を調べます。すると，出ています。leave を④で使ったときは, leave A B で「A に B を残す」という意味です。これを受身にすると，A is left B「A が B を残される」となります（A は主語, is left は－④, B は目的語です）。この is left と B の関係（－④＋O）と同じ関係が，この文の left と a large fortune の間にあるのです。そこで，これに基づいて直訳すると，「私の父は，莫大な財産を残されたので，一生働かなかった」となります。構文も意味も完璧に成立していますから，これを正解と考えてよいのですが，念のために（というよりも練習のために）最後の可能性を検討してみましょう。

　left が－⑤だとすると, a large fortune は補語になります。leave を⑤で使ったときは, leave A B で「A を B の状態にほっておく」という意味で

す。これを受身にすると，A is left B 「A が B の状態にほっておかれる」となります（A は主語，is left は－⑤，B は補語です）。この is left と B の関係（－⑤＋C）と同じ関係が，この文の left と a large fortune の間にあるのです。そこで，これに基づいて直訳すると，「私の父は，莫大な財産の状態にほっておかれたので，一生働かなかった」となります。これでは意味が通りません。つまり，left を－⑤とした場合，構造は成立しますが，意味が成立しないのです。したがって，誤りです。正解は次のようになります。

My father, left a large fortune, did not work
　S　　　 ad｜－④　a⌒→O　aux　ad⌒→①
throughout his life.
⌒　　　 ad

私の父は，莫大な財産を残してもらったので，一生働かなかった。

ところで，「is left を－④というのは理解できるが，is がつかない left を－④というのは納得できない」という人がいます。これは動詞型という概念の性質がよくわかっていないからです。**動詞型というのは，その動詞が他の語に対してどういう関係にあるかということを表した，相対的な概念なのです**（もっと広くいえば，動詞型を含めて，『働き』という概念がそのような，語と語の相対的な関係を表した概念なのです ☞ p.281）。たとえば，leave the room 「その部屋を出ていく」は③＋O です。ところが leave the room vacant 「その部屋を空けておく」となると，同じ leave でも，今度は⑤＋O＋C になります。つまり，動詞型は，動詞の外形的な形を表す概念ではなく，動詞と他の語との間にある関係を表す概念なのです。したがって，is left a fortune の is left と a fortune の関係（「財産を残される」という関係です）と，left a fortune の left と a fortune の関係（left が裸の p.p. の場合には，「財産を残される」という関係です）がもし同じなら，is left と left は，たとえ外形が違っていても（＝一方には is が付いていて，他方には is が付いていなくても），動詞型は同じになるのです。

> 3. The villagers invited to the party a young man born in England.
>   S   ③ ad   a   O a −③
>   ad
>
> 村人たちはイギリス生まれの青年をパーティーに招待した。

　invited は過去形＝述語動詞で, 動詞型は③です。a young man が invited の目的語です。born は, bear − bore − born という不規則活用ですから, 過去分詞形で, しかも裸です。前にコンマがないので, 形容詞用法から先に検討します。born は過去分詞形容詞用法で, a young man を修飾しています。動詞型は①／②／−③／−④／−⑤のどれかですが, bear は通常他動詞で使い, born の後には目的語も補語も出ていませんから (in England は born にかかる副詞句です), −③です。そこで, a young man born in England を直訳すると「イギリスで生まれた青年」となります。それでは a young man born in England の代わりに sang some regional songs を置いたらどうなるでしょうか？

> 4. The villagers invited to the party sang some regional songs.

　invited を過去形と考えると, 述語動詞で, 主語は The villagers です。sang は, sing − sang − sung という不規則活用ですから, 過去形＝述語動詞で, 主語は The villagers です。すると, 1つの主語 (＝ The villagers) に2つの述語動詞 (＝ invited と sang) があり, 間を等位接続詞でつないでいないことになるので,「2つのVのルール」に違反します。そこで,「ルート1. どちらかは述語動詞ではないのではないか？」と考えます。sang は絶対に述語動詞ですから, invited の捉え方を変えるしかありません。invited を過去形ではなく過去分詞形と考えると, 裸ですから準動詞になります。これで「2つのVのルール」はクリアできます。

　invited は過去分詞形容詞用法で, The villagers を修飾しています。動詞

型は①／②／－③／－④／－⑤のどれかですが，invite は通常他動詞で使い，invited の後には目的語も補語も出ていませんから（to the party は invited にかかる副詞句です）－③です。そこで，The villagers invited to the party を直訳すると「パーティーに招待された村人たち」となります。結局，正解は次のようになります。

> The villagers invited to the party sang some regional songs.
>   S   a｜-③   ad   ③   a   a   O
> パーティーに招待された村人たちはその土地の歌を何曲か歌った。

> 5. A doctor called Alex and told him the result of the X-ray examination.
>   S   ③   O + ④ O   O   a
> 1人の医者がアレックスに電話をして，X線検査の結果を告げた。

この文は，1つの主語（= A doctor）に対して，2つの過去形＝述語動詞があり（= called と told），2つの述語動詞は等位接続詞でつながれています。つまり，2つのVのルールに違反していません。それでは，この文から and を削除したらどうなるでしょうか？

> 6. A doctor called Alex told him the result of the X-ray examination.

もし読み方を変えなければ，1つの主語に対して，2つの述語動詞が等位接続詞なしで連続することになり，「2つのVのルール」に違反します。そこで，「ルート1．どちらかは述語動詞ではないのではないか？」と考えます。つまり，called と told のどちらかを準動詞＝裸の p.p. にするのです。called と told はどちらも過去形と過去分詞形のつづりが同じなので，どちらにも過去分詞形の可能性があります。そこで，まず「called を過去形，told を過去分詞形」と考えてみましょう。すると，told の動詞型は①／②／－③／

－④／－⑤のどれかになります。しかし, told の後には him と the result という2つの名詞が連続しています。①／②＋C／－③／－④＋O／－⑤＋C は, どれもこのこと（＝後に2つの名詞が出ること）を説明できません。したがって, told を裸の過去分詞にすることはできません。これで決まりました。「called が過去分詞形, told が過去形」なのです。

　よく「なぜ, 裸の過去分詞は③④⑤で使えないのですか？」という質問を受けます。その理由は一言でいうと, 「**過去形（＝述語動詞＝英文の中心となる最重要語）と裸の過去分詞（＝準動詞＝形容詞用法で補語になる場合以外は単なる修飾要素）の識別が容易になるから**」です。

　具体的に考えてみましょう。もし, 裸の過去分詞が③④⑤で使えるとすると, この英文の told を過去分詞形容詞用法にして, Alex にかけることができることになります。この場合は called が過去形＝述語動詞です。しかし, 同時に, これから検討するように, called を過去分詞形容詞用法にして, told を過去形＝述語動詞に読むこともできます。つまり, 1つの英文を2通りに読むことができ, どちらが正解かは, 意味を考えなければ決まらないことになります。ところが, 裸の過去分詞は③④⑤では使えないことにしておくと, この英文の told は裸の過去分詞の可能性は全くなく, 100％過去形＝述語動詞に決まります。つまり, 意味を考えるまでもなく, 構造から英文の読み方が1つに決まるのです。これが, 「裸の過去分詞が③④⑤で使えない」理由（というよりも実益）です。

　さて, told が過去形＝述語動詞ということになると, これに連動して called は準動詞, すなわち裸の p.p. になります。前の働きは形容詞（＝過去分詞形容詞用法）で, A doctor を修飾しています。

　では, 後の働き（＝動詞型）はどうなるでしょうか？徹底的に考えてみましょう。裸の p.p. の動詞型は①／②／－③／－④／－⑤のどれかです。called が①だとすると, ①は目的語も補語も伴いませんから, 後に出てくる Alex の説明がつきません。したがって, ①ではありません。

　裸の p.p. の動詞型が②になるのは become と turned の2つだけですから,

②でもありません。

　では，−③はどうでしょうか。−③は目的語も補語も伴いませんから，①のときと同じようにAlexの説明がつきません。したがって，−③でもありません。

　−④はどうでしょうか。−④は目的語を1つ伴う動詞型ですから，Alexを目的語と考えればつじつまが合います。しかし，callはそもそも④で使う動詞でしょうか。使うとして，どういう意味でしょうか。これを辞書で調べなければなりません。すると，出ています。callを④で使ったときは，call A B で「A（のため）にBを呼んでやる」という意味です。He called me a porter. 「彼は私に赤帽を呼んでくれた」というように使うわけです。これを受身にすると，B is called A 「BがA（のため）に呼ばれる」となり（Bは主語，is calledは−④，Aは目的語です），このis calledとAの関係（−④＋O）と同じ関係が，この文のcalledとAlexの間にあることになります。直訳すると，「アレックス（のため）に呼ばれた1人の医者」です。ところが，大きな辞書を見ると，「通常，④のcallは受身形では用いられない」と書いてあります。これは「callは④では使うが，−④では使わない」ということです。つまり，A porter was called me. 「赤帽が私のために呼ばれた」という文は使われないのです。こういいたいときは，A porter was called for me. というのです（構造は，A porterが主語，was calledが−③，for meが副詞句でwas calledにかかります）。したがって，called Alex を，−④＋Oと読むのは無理です。「アレックス（のため）に呼ばれた1人の医者」なら，A doctor called for Alex … というはずなのです。

　それでは，最後の可能性を検討してみましょう。calledが−⑤だとすると，Alexは補語になります。callを⑤で使ったときは，call A B で「AをBと呼ぶ」という意味です。これを受身にすると，A is called B 「AがBと呼ばれる」となります（Aは主語，is calledは−⑤，Bは補語です）。このis calledとBの関係（−⑤＋C）と同じ関係が，この文のcalledとAlexの間にあるのです。そこで，これに基づいて直訳すると，「アレックスと呼ば

れる1人の医者」となります。これが正解です。結局, 全文は次のようになります。

```
A doctor called Alex told him the result of the X-ray
S     a －⑤   C    ④  O         O           a
examination.
```
アレックスと呼ばれる1人の医者が彼にX線検査の結果を告げた。

いかがでしょう。これが英文の構造を考えるということなのです。面倒なようですが, きちんと英文が読めるようになった人は, 意識的あるいは無意識的に, 苦もなくこのように頭を働かせています。また, **辞書の使い方にも注目してください。意味を調べるだけでなく, 絶えず語の働きに注意を払って, 辞書に書いてある（あるいは書いてないという）制約に従って自分の読み方をコントロールしています。**このメカニズムは, 目に見えないところで（＝頭の中で）働いているので, 言葉で説明するのがとても難しいのです。皆さんは, 以上の説明を熟読して, 英文を読むとき, 頭の中で何が起こるのかを理解してください。

·················· §52の前に（18）の英文を勉強してください ··················

§52 仮主語, 仮目的語の **it**

主語または動詞の目的語が「不定詞名詞用法・動名詞・名詞節」のとき, 主語または動詞の目的語の位置に it を置いて「不定詞名詞用法・動名詞・名詞節」を文末に回すことがあります。この場合の **it** を仮主語・仮目的語と呼び, 文末に回った「不定詞名詞用法・動名詞・名詞節」を真主語, 真目的語と呼びます。

```
I know [what it is to be poor.]
S   ③   O C 仮S② 真S② C
```
私は, 貧乏をすることがどういうことか知っている。

What fun it was running around with those puppies!
　　a　C　仮S　②　真S｜①　　ad　　　　　ad

その仔犬たちと走り回るのはなんと楽しいことだったろう。

It matters much to a man's character [where he is born.]
仮S　①　　ad　　　ad　　　　　真S ad　S　－③

人がどこで生まれるかは性格にとって非常に重要である。

I have long had it on my mind to propose [that we should
S aux　ad　③ 仮O　　ad　　　　真O｜③　O接　S　aux

part company.]
③　　O

私は，あなたと別れることを提案しようと前から思っていた。

He found it great fun teaching English to them.
　S　⑤　仮O a　C　真O｜③　　O　　ad

彼らに英語を教えるのは大変愉快だと彼は思った。

He made it known [that he had no intention to marry her.]
　S　⑤　仮O C｜－③　真O　S　③　a　　O　　a｜③　O

彼は，彼女と結婚する意志がないことを公表した。

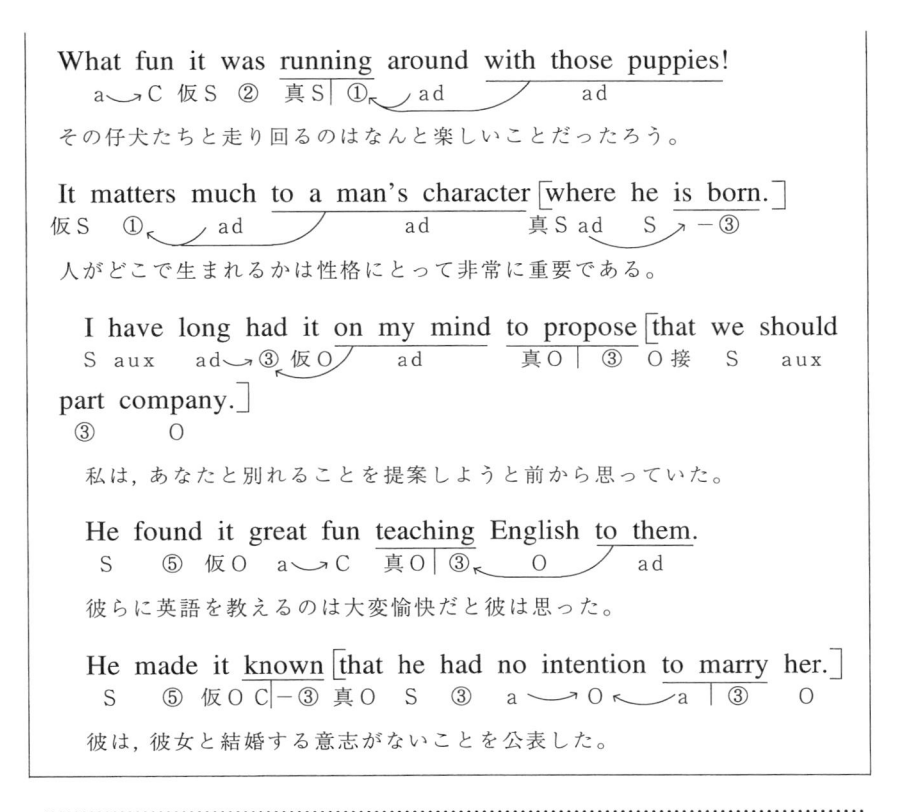

§53　意味上の主語

　準動詞によって表される動作・状態の主体を表す名詞を「意味上の主語」といいます。意味上の主語には次の3つのタイプがあります。

（1）意味上の主語になる名詞が文中でそれ以外の働きをしているタイプ
　これは意味上の主語になる名詞が主語（＝構造上の主語）・動詞の目的語・前置詞の目的語・補語のどれかの働きをしている場合です。

He spoke loudly enough to be heard above the music.
　S　　①　　ad　　ad　 ad　｜－③　　　ad

（直訳）彼は，音楽を超えて聞かれるのに十分なほど大きな声で話した。

> （意訳）彼は音楽の音にかき消されないように大声で話した。

to be heard（＝不定詞副詞用法＝準動詞）によって表される動作（＝聞かれる）の主体は He です。He は spoke の構造上の主語であると同時に, to be heard の意味上の主語を兼ねています。

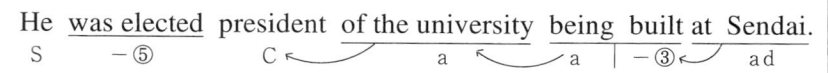

> He was elected president of the university being built at Sendai.
> S   －⑤   C   a   a   －③   ad
> （直訳）彼は仙台に建設されつつある大学の学長に選ばれた。
> （意訳）彼は仙台に建設中の大学の学長に選ばれた。

being built（＝現在分詞形容詞用法＝準動詞）によって表される動作（＝建設されつつある）の主体は the university です。the university は of の目的語であると同時に, being built の意味上の主語を兼ねています。

> He is a young man newly come to our town.
> S ②   a   C   ad   a ①   ad
> 彼は, 今度私たちの町にやって来た青年です。

come（＝過去分詞形容詞用法＝準動詞）によって表される動作（＝やって来た）の主体は man です。man は補語であると同時に, come の意味上の主語を兼ねています。

（2）意味上の主語になる名詞が文中でそれ以外の働きをしていないタイプ

　これは意味上の主語の働きだけをする名詞を準動詞に付加している場合で, 構造を表示するときは S′ と記入します。このタイプの意味上の主語は, 準動詞の種類に応じて, 次のように付加することになっています。

> 　不定詞は直前に「**for ＋名詞**」を置きます。
> 　動名詞は直前に「所有格の名詞・代名詞または目的格の名詞・代名詞」を置きます。現在の英語では, 名詞の場合, 主格と目的格の語形（＝つづり）の違いはありません。したがって, 名詞の場合は所有格にする

かまたはそのままの形で置けばいいのです。しかし, 現実には, わざわざ所有格にするのは稀です。

現在分詞・過去分詞は直前に「主格の名詞・代名詞」を置きます。

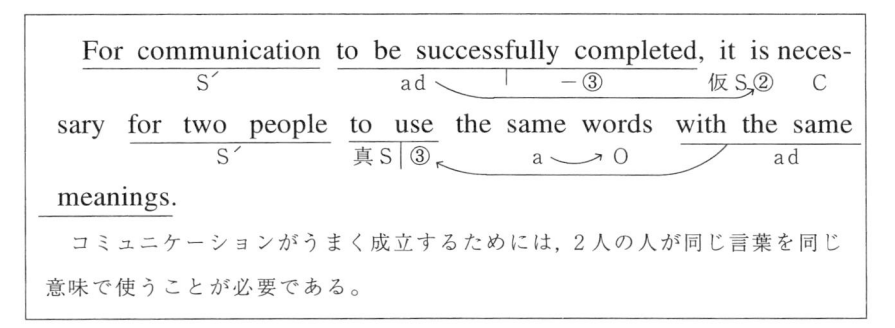

For communication to be successfully completed, it is necessary for two people to use the same words with the same meanings.
S´ ad ③ 仮S ② C
S´ 真S ③ a O ad

コミュニケーションがうまく成立するためには, 2人の人が同じ言葉を同じ意味で使うことが必要である。

For communicationはto be completedの意味上の主語です。for two peopleはto useの意味上の主語です。

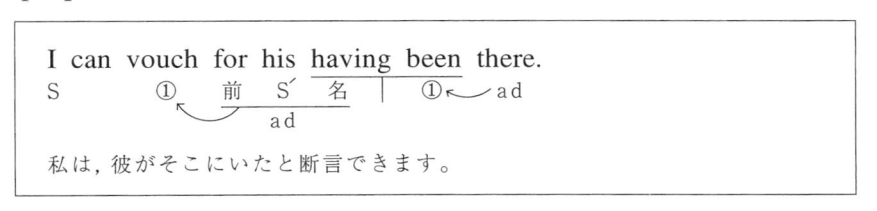

I can vouch for his having been there.
S ① 前 S´ 名 ① ad
　　　　　ad

私は, 彼がそこにいたと断言できます。

hisはhaving beenの意味上の主語です。having beenは完了動名詞で, 前置詞forの目的語です。完了動名詞は§58で勉強します。

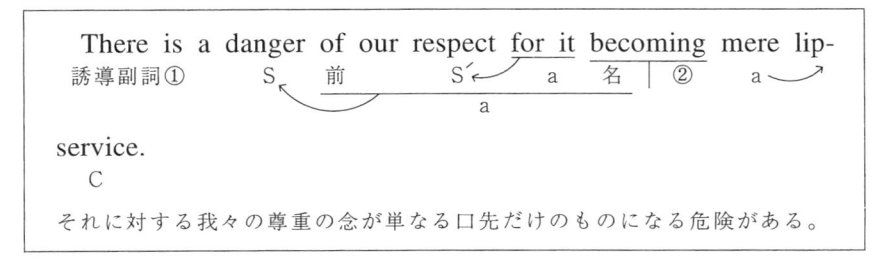

There is a danger of our respect for it becoming mere lip-service.
誘導副詞① S 前 S´ a 名 ② a
　　　　　　　　　a
C

それに対する我々の尊重の念が単なる口先だけのものになる危険がある。

respectはbecomingの意味上の主語です。becomingは前置詞ofの目的語です。誘導副詞のthereは§68で勉強します。

> He asked a question, the investigator in him operating auto-
> matically.
> 詮索したい気持ちが自然に生じて、彼は質問した。

investigator は operating の意味上の主語です。operating は現在分詞の分詞構文です。

> This done, they all dispersed.
> これがすんだので、彼らは皆散っていった。

This は done の意味上の主語です。done は過去分詞の分詞構文です。同格というのは「名詞を他の名詞で言い換えること」で、§59 で勉強します。

(3) 意味上の主語になる名詞が文中に出ていないタイプ

意味上の主語が話者（＝その文を言ったり、書いたりしている人）や一般の人の場合には、文中に明示しないことがあります。

> Studying English is no easy task.
> 英語を勉強するのは決してたやすい仕事ではない。

Studying の意味上の主語は一般の人で、文中には明示されていません。

.... §54 の前に (19) の英文を勉強してください ....

§54 関係代名詞の省略

内側で（＝形容詞節の中で）動詞の目的語または前置詞の目的語になっている関係代名詞を目的格の関係代名詞といいます。**関係代名詞が形容詞節の先頭にあり、しかも目的格の場合には省略することができます。**具体的に検討してみましょう。

```
(1)  the village (which he was born in ↓ )
                   S      −③      ad

(2)  the village (he was born in     )
                   S   −③      ad
```

　(1)の which は内側で前置詞 in の目的語になっているので，目的格の関係代名詞です。そして，which は形容詞節の先頭に来ています。したがって，この which は省略できます。which を省略すると，(2)になります。(2)の構造を考えるとき，in の目的語を the village と考えてはいけません。the village は従属節の外の語であり，in は従属節の内の語です。「内外断絶の原則」によって，the village と in の間には構造上の関係は全くありません。「in の目的語は？」と問われたら，「village と he の間に省略されている，関係代名詞の which です」と答えなければいけません。それでは，次の(3)を見てください。

```
(3)  the village (in which he was born)
                  ad    S     −③
```

　(3)の which も目的格の関係代名詞ですが，形容詞節の先頭に来ていません（形容詞節の先頭は in です）。したがって，この which は省略できません。この which を省略した，the village in he was born は誤りです。
　ところで，関係代名詞を省略したとき，省略箇所にコンマを置くことはありません。したがって，**名詞の後にコンマなしでS＋Vが続き，しかも，そのS＋Vの後に動詞の目的語か前置詞の目的語が足りないときは，関係代名詞が省略されている可能性が高い**と考えて差し支えありません。また逆に，関係代名詞の省略と考えて，英文の一部を形容詞節にしたときは，必ず内側で動詞の目的語か前置詞の目的語が足りないことを確認しなければなりません。この確認ができなければ，関係代名詞の省略（つまり，形容詞節，つまり（丸いカッコ）でくくる）という考えは撤回しなければならないのです。
　なお，内側で主語になっている関係代名詞は原則として（＝特別な例外を

除いて）省略できません。内側で補語になっている関係代名詞は省略できますが，これはここでは扱わないことにします。

§55　前から名詞を修飾する分詞

分詞が前から名詞を修飾する形は次の4つです（構造は左の書き方が正式ですが，簡略化して右の書き方で書くことにします）。

1.　　－**ing**　名詞　　⟶　　－**ing**　名詞
　　　　　a｜①　　　　　　　　　①-ing

①-ing が前から名詞を修飾するときは次の2つのタイプがあります。

(1) ①している名詞

これは「今①しつつある名詞」という意味で，進行中を表しています。

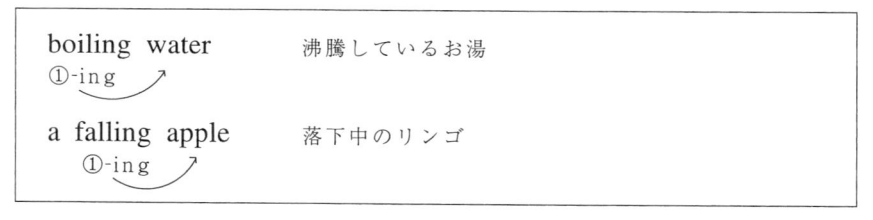

```
boiling water        沸騰しているお湯
  ①-ing

a falling apple      落下中のリンゴ
    ①-ing
```

(2) ①する名詞

これは，名詞を①するものと，①しないものに分けて，「①する方の名詞」という意味で，分類的特徴を表しています。

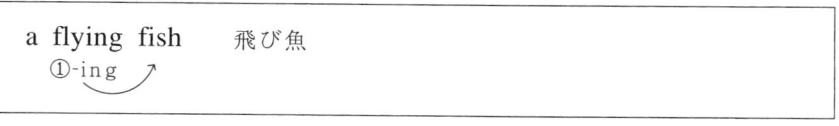

```
a flying fish     飛び魚
    ①-ing
```

これは，魚を「飛ぶ魚」と「飛ばない魚」に分類して，飛ぶ方の魚（＝飛び魚）といっているのです。したがって，a flying fish が水の中を泳いでいても差し支えないわけです。また，flying を「進行中」の意味に取れば，「今空中を飛びつつある魚」という意味になります。しかし，普通 a flying fish

は「飛び魚」という意味で使います。

> a moving staircase 　動く階段（＝エスカレーター）
> 　①-ing

これは，階段を「動く階段」と「動かない階段」に分類して，動く方の階段という意味です。したがって，a moving staircase が停電で止まっていても差し支えないわけです。

英文で練習してみましょう。

> I was awakened by a barking dog.
> S 　－③　　　　　　ad
> 私は犬の吠え声で目が覚めた。

barking は①-ing で，dog を修飾しています。この barking は「進行中」を表していて，a barking dog は「吠えている犬」という意味です。

> Barking dogs seldom bite.
> 　①-ing 　S 　　ad 　①
> 吠える犬はめったに咬まない。

この Barking は「分類的特徴」を表しています。犬を，「よく吠える犬」と「あまり吠えない犬」に分類して，よく吠える方の犬という意味です。これは「大言壮語する人は怖くない」という意味のことわざです。

2. 　－ing 名詞 　　　→ 　　－ing 名詞
　　　a｜③ 　　　　　　　　　③-ing

③-ing は目的語を伴わないで，現在分詞形容詞用法として使われる場合があります。その場合には「O´（＝意味上の目的語）を③するような性質をもっている」という意味を表します。

> an exciting game　　興奮する試合
> 　　　③-ing

　exciteは「人を興奮させる」という意味の③の動詞です（exciteには「興奮する」という自動詞の意味はありません）。したがって，excitingは③のing形ですから，当然目的語が必要です。ところが，このexcitingには目的語が付いていません（gameはexcitingの目的語ではなく，excitingによって修飾される被修飾語です）。つまり，このexcitingは③-ingが目的語を伴わずに形容詞の働きをして，名詞を修飾しているのです。こういう場合には，読者が前後の文脈からexcitingの意味上の目的語（O′と表示します）を推測して，「意味上の目的語を興奮させるような性質をもっている」という意味に読むのです。この場合は，被修飾語がgame「試合」ですから，意味上の目的語は「観客」と考えるのが自然です。したがって，an exciting gameは「観客を興奮させるような性質をもっている試合」という意味で，これを簡単に「興奮する試合」と訳すのです。こう訳したからといって，決して，試合が興奮するわけではありません。

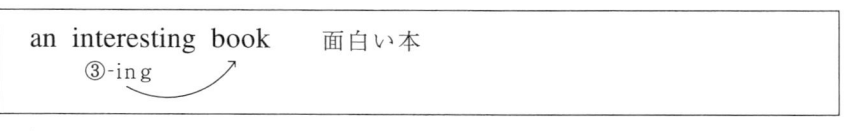

> an interesting book　　面白い本
> 　　　③-ing

　interestは「人に興味を持たせる」という意味の③の動詞です。したがって，interestingは③-ingで，しかも目的語が付いていないので，「O′に興味をもたせるような性質をもっている」という意味です。被修飾語がbook「本」なので，O′は「読者」と考えるのが自然です。そこで，an interesting bookは「読者に興味をもたせるような性質をもっている本」という意味になり，これを簡単に「面白い本」と訳すのです。

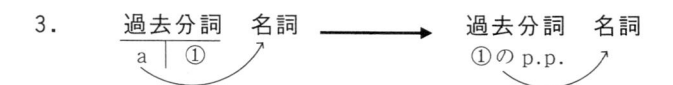

3.　　過去分詞　名詞　　——→　　過去分詞　名詞
　　　　a｜①　　　　　　　　　　①のp.p.

　①の過去分詞を裸で使ったときは「①してしまって，今もその状態である」

という「完了」の意味を表します。

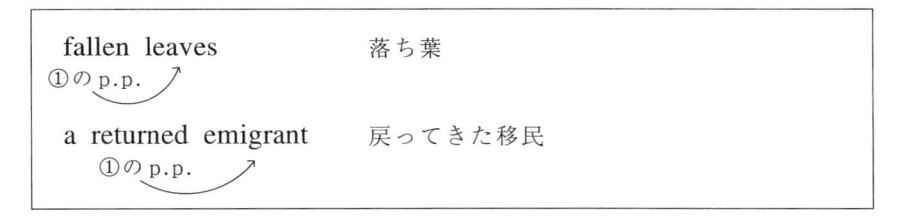

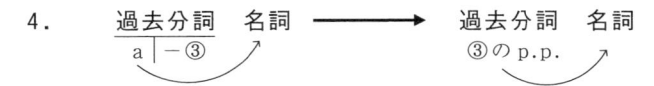

---

fallen leaves　　　　　　落ち葉
　①のp.p.

a returned emigrant　　戻ってきた移民
　①のp.p.

4.　　過去分詞　名詞　　───→　　過去分詞　名詞
　　　　a｜-③　　　　　　　　　　　③のp.p.

③の過去分詞を裸で使ったときは「③される（された）」という「受身」の意味を表します。

---

an invited guest　　　　招待されたお客
　③のp.p.

a stolen handbag　　　　盗まれたハンドバッグ
　③のp.p.

さて，この４つの形で用いられている現在分詞と過去分詞は（動詞と形容詞の１人２役をしているので）もちろん準動詞です。しかし，このように**前から名詞を修飾する分詞は，後に目的語や補語を伴うことは決してありません**（名詞修飾の分詞に目的語や補語が付いているときは，その分詞は必ず名詞の後に置きます）。したがって，前から名詞を修飾する分詞の動詞型（＝動詞の番号）を考えることは，意味の点では非常に重要ですが，構文の点では実益がないのです。ですから，構文を表示するとき，普通の準動詞のように ┬ の記号を下に書き，前の働き，後の働きをきちんと書くということをしないで，簡略な書き方ですませるのです。そこで，**本書において英文中の動詞の数を数えるときは，前から名詞を修飾する分詞は勘定に入れないことにします**。

　したがって，(20) の英文の場合は，使われている動詞が burned, were replaced, supported, increasing, grazing の５つですから，本当は動詞型も５つなのですが，increasing と grazing は前から名詞を修飾する分詞なので

除外して, 動詞の数は3つということにします。ただし, increasing と grazing はもちろんれっきとした準動詞ですから, 「準動詞を指摘せよ」といわれたら, この2つを答えなければなりません。

最後に次の2つの違いに注意しましょう。

a sleeping baby	眠っている赤ん坊
a sleeping car	寝台車

上は baby と sleeping の間に意味上の主語・述語関係（＝「赤ん坊が眠る」という関係）が成立しています。このような場合の sleeping は現在分詞形容詞用法です（1.の(1)です）。それに対して, 下は car と sleeping の間に意味上の主語・述語関係（＝「車が眠る」という関係）が成立していません。car と sleeping の関係は「眠るための車」です。このような場合の sleeping は動名詞です。つまり, a sleeping car は「眠ること」という名詞と「車」という名詞を組み合わせて「寝台車」という1つのまとまった名詞を作っているのです。したがって, a sleeping car はこれ全体が1つの名詞として扱われます（§12 名詞＋名詞 を参照してください）。もちろん, この sleeping も英文中の動詞の数を数えるときは勘定に入れないことにします。

·····················|§56の前に(20)の英文を勉強してください|·····················

§56　原形不定詞

see, hear, watch, feel, make, have, let などの動詞を⑤で使い, 補語に不定詞を置くときは, **to ＋原形**ではなく, **to** の付かない原形動詞そのものを置きます。この原形動詞を原形不定詞といいます。原形不定詞は, to が付いていませんが, to 不定詞と同じように扱います。すなわち, 準動詞で, 前の働きは補語です。この原形不定詞の用法をしいていえば, 不定詞形容詞用法ですが, これにこだわることは実益がありません。前の働きが補語だということがわかれば, それで十分です。

> I saw him enter the house.
> S ⑤   O   C|③   O
>
> 私は彼が家に入るのを見た。
>
> He made me clean his room.
> S   ⑤   O   C|③   O
>
> 彼は私に彼の部屋を掃除させた。

　なお、see, hear, watch, feel などを知覚動詞と呼びます。また、make, have, let はこのような使い方をした場合（＝補語に原形不定詞を置いて、⑤で使われた場合）使役動詞と呼ばれます。

·················· §57の前に（21）の英文を勉強してください ··················

§57　副詞的目的格

　名詞の働きは、「主語・動詞の目的語・前置詞の目的語・補語」ですが、これは基本的働きであって、すべてを挙げ尽くしているわけではありません。名詞の働きには、この**基本的働き**以外に、**例外的働き**が2つあり、基本的働き4つと例外的働き2つを合わせて6つですべてを挙げ尽くしたことになります。その例外的働き2つとは「**同格**」と「**副詞的目的格**」です。

　「同格」というのは、名詞を別の名詞で言い換えることで、先に出て来る名詞は基本的働きのどれかになっていますが、後に出て来る、言い換えの名詞は基本的働きのどれにも該当しません。この名詞の働きを「同格」といいます。「同格」は§59で詳しく勉強します。

　「副詞的目的格」というのは、名詞に前置詞を付けず、名詞のままで副詞の働きをさせる現象です。名詞に副詞の働きをさせたいときは、前置詞を付けて副詞句にするのが原則です（この場合の名詞の働きは「前置詞の目的語」です）。ところが、**時間、距離、数量、様態**（＝姿、形、方法）を表す一部の名詞は前置詞を付けずに、そのままで副詞の働きをさせることができます。この名詞の働きを「副詞的目的格」というのです。具体的に検討しましょう。

```
You should do it in this way.
  S            ③  O    ad
あなたはこのやり方でそれをするべきだ。
```

in this way は前置詞＋名詞の副詞句で，way の働きは「前置詞の目的語」です。

```
You should do it this way.
  S            ③  O 副詞的目的格
```

this way は前置詞なしで副詞の働きをしています。意味は上の文と同じです。この way の働きを副詞的目的格といいます（this は形容詞で way を修飾しています）。表している意味は「様態（の中の方法）」です。

```
All his life he lived in London.
副詞的目的格  S   ①       ad
生涯彼はロンドンで暮らした。
```

「生涯」というのは期間ですから，前置詞の for を付けて For all his life としたいところですが，かえってこれでは誤りになります。For を付けず，All his life だけで副詞の働きをさせるのが正しい英語です。したがって，life は「時間」を表す副詞的目的格です（All と his は形容詞で life を修飾しています）。

```
He had to walk quite a way.
 S  aux   ①    副詞的目的格
彼は，かなりの距離を歩かなければならなかった。
```

have to 原形「原形しなければならない」は，本当は「動詞の have ＋ to 不定詞」なのですが（その証拠に，ing 形＝ having to 原形，になったり，不定詞＝ to have to 原形，になったりします），学校文法では have to をまとめて１つの助動詞として扱います。一応それに従うことにしましょう。quite a way は「距離」を表す副詞的目的格です。正確には way が副詞的目的格

で, quite は a way を修飾する副詞です。quite は名詞を修飾できる特別な副詞の1つで, quite a 名詞は「なかなかの名詞」という意味を表します。たとえば, You have done quite a job.「君はなかなかの仕事をしたね」のようになります。

```
The child was five years old.
 S      ②  副詞的目的格  C
その子供は5歳だった。
```

この英文の骨格は The child was … old.「その子供は生まれてから … の時間が経過していた」という第2述語動詞型で (この old は「老いている」という意味ではありません), 生まれてからどれくらいの時間が経過しているかを five years で表しているのです。old は形容詞ですから, five years は形容詞を修飾する副詞的目的格です (正確には years が副詞的目的格で, five は years を修飾する形容詞です)。意味は「数量」を表しています。このように, **形容詞や副詞を修飾する副詞的目的格は必ず被修飾語 (の形容詞や副詞) の直前に置く**のがルールです。それに対して, 動詞を修飾する副詞的目的格は, 動詞の前に置くこともあれば, 後に置くこともあります。

……………………… §58の前に (22) の英文を勉強してください ………………………

§58 完了準動詞

完了 (have + p.p.) には次の2つの特殊性があります。
1. have は助動詞だが, 後には原形ではなく過去分詞形の動詞が来る。
2. have は助動詞だが, 不定詞 (to have p.p.) や動名詞・現在分詞 (having p.p.) になる。

不定詞・動名詞・現在分詞は, 本来, 動詞がなるものですから, 上の2番目の特殊性は, 助動詞の have が動詞と同じ扱いを受けていると考えることができます。そこで, 学校文法では, have + p.p. が不定詞・動名詞・現在分詞になるときは, have と p.p. をまとめて1つの動詞として扱います。つ

まり, **to have p.p.** は全体を1つの不定詞として扱い（完了不定詞と呼ばれます）, **having p.p.** は全体を1つの動名詞・現在分詞として扱うのです（完了動名詞・完了現在分詞と呼ばれます）。構文を表示するときは, to have p.p. および having p.p. の下に ─┬─ を書き, 前の働き, 後の働きを記入することにします。

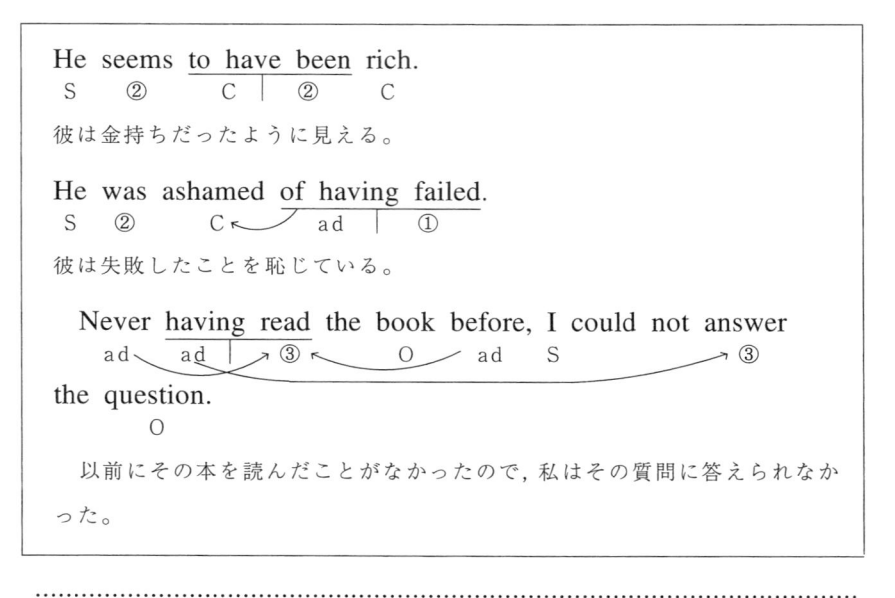

He seems to have been rich.
S　②　　C │ ②　　C

彼は金持ちだったように見える。

He was ashamed of having failed.
S　②　　C　　ad │ ①

彼は失敗したことを恥じている。

Never having read the book before, I could not answer the question.
ad　ad │ ③　　O　　ad　S　　　　③
　　　　　　　　　　　　　　　　　　　O

　以前にその本を読んだことがなかったので, 私はその質問に答えられなかった。

---

§59　同格

　my father, John 「私の父, ジョン」のように, 名詞を別の名詞で言い換えることがあります。この場合, 原則として, 先に出た名詞（この場合は my father）が基本的働き（＝主語, 動詞の目的語, 前置詞の目的語, 補語）のどれかになり, 後に出た名詞（この場合は John）は基本的働きのどれにも該当しません。この, 後に出た名詞の働きを「同格」といいます。本来,「同格」は2つの名詞が言い換えの関係になっていることを表す文法用語です。したがって,「my father と John は同格（の関係）だ」というように使います。しかし, それと同時に, 後に出た, 言い換えの名詞の働きも一般に「同格」と

呼んでいます。したがって,「John の働きは同格だ」という言い方もするわけです。

………………… §60の前に(23)と(24)の英文を勉強してください …………………

§60　名詞＋that＋動詞

コンマなしで … 名詞＋that＋動詞 … という形が出てきたときは,**that** は直後の動詞の主語になる関係代名詞と考えて差し支えありません。つまり, that 以下が形容詞節になるわけです。それでは, that の先行詞はどうなるでしょうか？これには次の３つのタイプがあります。

---
(1) 直前の名詞が先行詞になるタイプ
　　… 名詞 (that　動詞 …)
　　　　　　　S　　V

(2) 直前の名詞よりもさらに前にある名詞が先行詞になるタイプ
　　… 名詞 …… 名詞 (that　動詞 …)
　　　　　　　　　　　S　　V

(3) 前方に **It is** があり, その **It** が先行詞になるタイプ
　　It is 名詞 (that　動詞 …)
　　S ②　C　　　S　　V

具体的な英文で考えてみましょう。

An account is a written or spoken report (that gives you
　S　　②　　　③のp.p.　　　　→C　　　S　　④　O

the details of something (that has happened.))
　O　　　　　a　　　　　　S　aux　　①

account とは, 起こったことの詳細を人に伝える文書または口頭での報告である。

この文の that はいずれも(1)のタイプです。

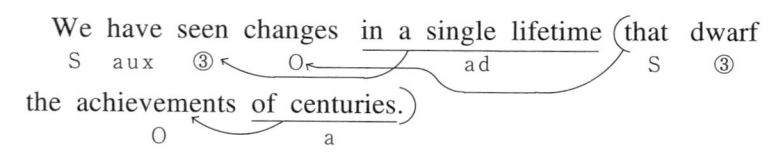

> We have seen changes in a single lifetime (that dwarf
> S aux   ③   O   ad   S   ③
> the achievements of centuries.)
>   O   a

我々は人の一生ほどの期間のうちに，それまで何世紀もかけて人間が成し遂げてきた業績を小さく見せてしまうような様々な変化を目撃してきた。

この文の that は (2) のタイプです。もし that の先行詞が直前の lifetime だとすると，that の中身（= lifetime）は3人称・単数の名詞ですから，それを受ける現在形の動詞 dwarf には3人称・単数・現在の s がつくはずです（= dwarfs になるはずです）。dwarf に s がついていないことは，that の先行詞が lifetime ではないことをわからせてくれます（§19のパターン2を見てください）。

that の先行詞は，lifetime よりもさらに前にある名詞 changes です。これだと，that の中身（= changes）は複数形の名詞ですから，それを受ける動詞 dwarf には3人称・単数・現在の s はつきません。

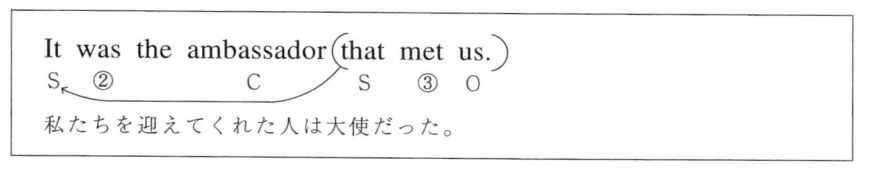

> It was the ambassador (that met us.)
> S ②   C   S ③ O

私たちを迎えてくれた人は大使だった。

この文の that は (3) のタイプです。**It is … 関係代名詞の that が導く形容詞節.** という形の文で，that の先行詞が It の場合，これを「**It is … that の強調構文**」と呼びます。この場合の先行詞である **It** は，人でも物でも場所でも時間でも，文脈に応じて何でも表せることになっています。上の文の that の先行詞は It で，It はこの文では「人 = the person」を表しています。したがって，上の文は The person that met us was the ambassador. と同じ意味を表しています。この文の The person を It に変えて，that met us を文末に回したのが上の文（=強調構文）だと考えても差し支えありません。

ところで，It is … that の強調構文は，中学・高校の文法（＝学校文法）では，「It は先行詞で，that は関係代名詞である」という捉え方（＝上で説明した捉え方）はしないことになっています。学校文法では「**It is と that は，間の … を強調するための単なる枠組みにすぎない**」と捉え，「**It is と that を取ってしまって，残った部分だけで，完全な英文になる**」と考えるのです。この考え方（＝学校文法の考え方）に基づいて，上の文の構造を表示すると次のようになります。

```
It was the ambassador that met us.
          S              強調  ③  O
わたしたちを迎えてくれたのは大使だった。
```

現実の英語には，学校文法の捉え方（＝枠組み的な捉え方）では説明がつかない文も出てくるのですが，一応 F.o.R. で構文を表示するときは，学校文法の捉え方に従うことにしましょう。したがって，(3) のタイプの that は以後「関係代名詞の that」とは呼ばずに「強調構文の that」と呼ぶことにします。なお「**It is … that の強調構文**」では，It is と that の間（＝…の部分）に入るのは必ずしも主語に限るというわけではありません。動詞の目的語，前置詞の目的語，副詞要素を間に入れて強調することが可能です（ただし，補語は強調できません）。

```
It was the Second World War that brought about the
          S                    強調        ③
momentous changes (that affect us all.)
     a      O      S    ③    O 同格
我々のすべてに影響を与える重大な変化を引き起こしたのは第二次世界大戦であった。
```

最初の that は (3) のタイプ（＝強調構文の that）です。2 番目の that は (1) のタイプ（＝関係代名詞の that）です。bring about は 2 語が一緒になって 1 つの③の動詞として働きます（意味は「～ を引き起こす」です）。

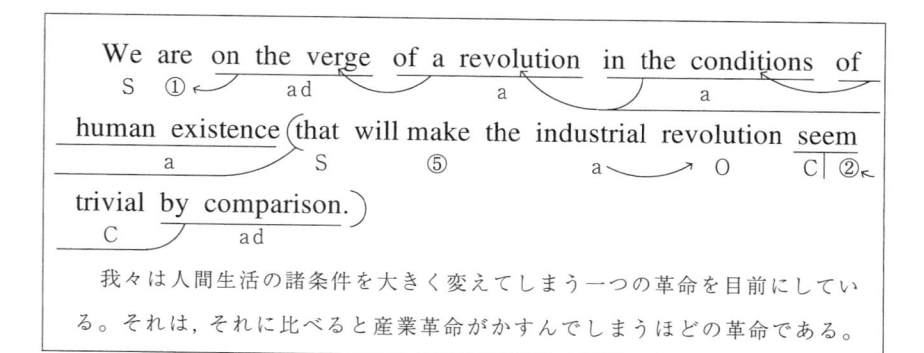

> We are on the verge of a revolution in the conditions of human existence (that will make the industrial revolution seem trivial by comparison.)
>
> 我々は人間生活の諸条件を大きく変えてしまう一つの革命を目前にしている。それは，それに比べると産業革命がかすんでしまうほどの革命である。

名詞 + that + 動詞という語順で，前方に It is がありませんから，that は関係代名詞です。that の先行詞は human existence, conditions, revolution, verge の４つのどれかです。内容から考えて，revolution を先行詞にします。したがって，この that は（2）のタイプです。

....

§61 so ～ that S + V

「それほど，そのように」という意味の副詞 so の具体的内容を，従属接続詞の that が作る副詞節で表すことがあります。これは次のような形になります。

> so ～ ⟨that S + V⟩　（程度）　S が V するほど，それほど ～
> 　　　　　　　　　　　　　　　非常に ～ なので，S が V する
> 　　　　　　　　　（様態）　S が V するように，そのように ～

～には形容詞か副詞か動詞が入ります。

so が程度（＝それほど）を表しているときは，普通は直訳「S が V するほど，それほど ～」は使わないで，前から訳し下ろす意訳「非常に ～ なので，S が V する」を使います。

so が様態（＝そのように）を表しているときは，直訳「S が V するように，そのように ～」で訳します。

～ に動詞が入るときは、so が「様態」を表すことが多いのですが、必ず「様態」に決まるわけではありません。change「変化する」のように「程度」の観念を入れられる動詞の場合には、so が「程度」を表すこともあります。

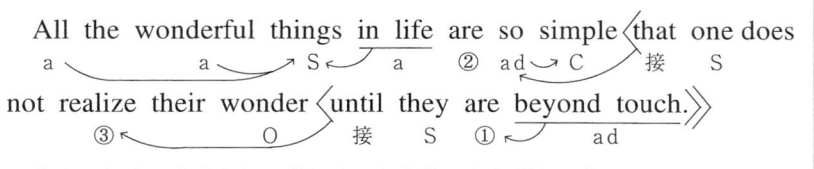

> All the wonderful things in life are so simple that one does not realize their wonder until they are beyond touch.
>
> 人生における素晴らしい事柄はみな非常にさりげないものなので、人は、それが手の届かないところに行ってしまって初めて、その素晴らしさに気がつくのである。

　この文を直訳すると次のようになります。「人生におけるすべての素晴らしい事柄は、それらが手の届かないところに行ってしまうまで、人がその素晴らしさに気がつかないほど、それほど単純なのだ」

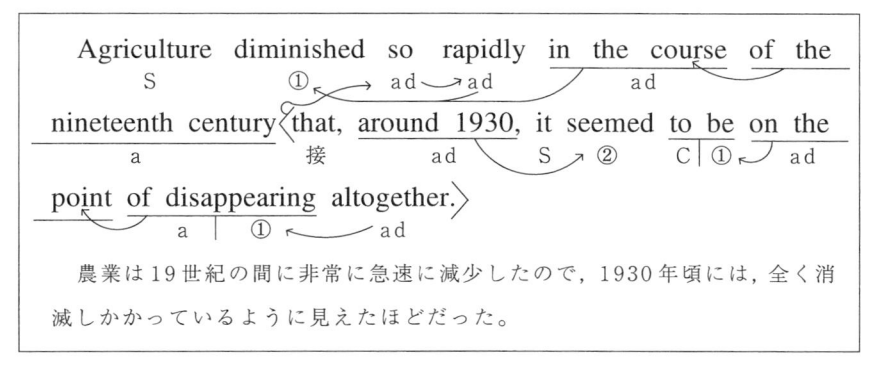

> Agriculture diminished so rapidly in the course of the nineteenth century that, around 1930, it seemed to be on the point of disappearing altogether.
>
> 農業は19世紀の間に非常に急速に減少したので、1930年頃には、全く消滅しかかっているように見えたほどだった。

　この文を直訳すると「農業は、1930年頃には、全く消滅しかかっているように見えたほど、それほど急速に19世紀の間に減少した」となります。

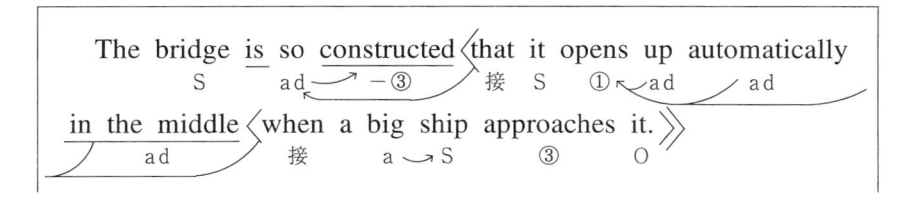

> The bridge is so constructed that it opens up automatically in the middle when a big ship approaches it.

> その橋は，大きな船が近づくと中央が自動的に開くように作られている。

この文の so は様態（＝そのように）を表しています。したがって，直訳で訳しています（＝構造通りに，後から訳し上げています）。どうしても前から訳し下ろしたければ，次のようにします。「その橋の構造は，大きな船が近づくと中央が自動的に開くようになっている」

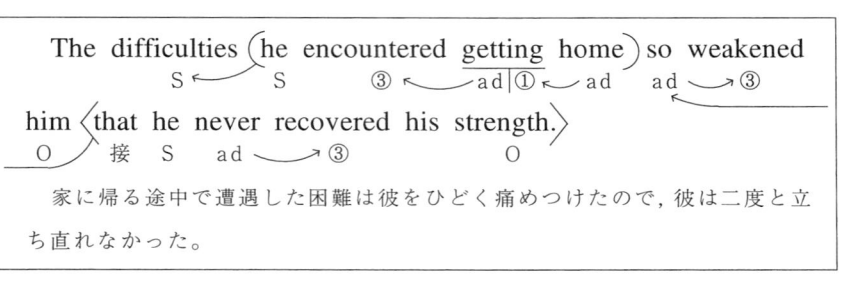

> The difficulties (he encountered getting home) so weakened him ⟨that he never recovered his strength.⟩
> 家に帰る途中で遭遇した困難は彼をひどく痛めつけたので，彼は二度と立ち直れなかった。

この文は「so 動詞 that S + V」ですが，so は様態ではなく程度を表しています。したがって，前から訳し下ろしています。

························ §62の前に (25) の英文を勉強してください ························

§62　have + O + p.p.

have を⑤で使い，補語に過去分詞（形容詞用法）を置いた形（= have + O + p.p.）は次の4つの意味を表します。

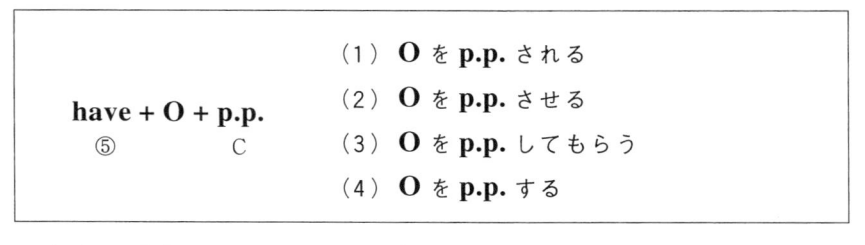

have + O + p.p. ⑤　　　　C	(1) O を p.p. される (2) O を p.p. させる (3) O を p.p. してもらう (4) O を p.p. する

(1) の「**O を p.p. される**」は **O** に直接手を下して **p.p.** の状態にする人（これを「直接実行者」と呼ぶことにします）が主語ではなく別の人で，かつ，その行為が主語の意志とは無関係に行われる場合です。

```
He had his wallet stolen in the train.
 S   ⑤        O      C─③       ad
```
彼は列車の中で財布をすられた。

直接財布をすった人は主語の He（＝財布の持ち主）ではなく，スリです。そして，その行為（＝スリが his wallet を盗む行為）は，He の意志とは無関係に行われた行為です。

(2)の「O を p.p. させる」と(3)の「O を p.p. してもらう」は直接実行者が主語ではなく別の人で，かつ，その行為が主語の意志に基づいて行われる場合です。

```
I had my baggage carried by the porter.
S ⑤     O        C─③        ad
```
私は赤帽に荷物を運ばせた。

直接荷物を運んだ人は主語の I ではなく，the porter です。そして，その行為（＝ the porter が my baggage を運ぶ行為）は，I の意志に基づいて行われた行為です。

```
She had her piano tuned yesterday.
 S  ⑤    O     C─③    ad
```
彼女は昨日ピアノを調律してもらった。

直接ピアノを調律した人は，主語の She ではなく，おそらくピアノ調律師です。そして，その行為（＝ピアノ調律師が her piano を調律する行為）は，She の意志に基づいて行われた行為です。

(4)の「O を p.p. する」は，直接実行者が主語でかつ，その行為（＝主語が O を p.p. の状態にする行為）が主語の意志に基づいて行われる場合です。

```
⟨Since he was going to graduate soon,⟩ the student was
 接   S   aux      ①       ad          S      ②
```

> anxious to have a position secured as soon as possible.
>   C ← ad｜⑤   O   C｜－③← ad   ad
>
> その学生は，もうじき卒業することになっていたので，できるだけ早く就職先を確保したいと切望していた。

直接就職先を確保する人は主語の the student です。そして，その行為（＝ the student が a position を確保する行為）は the student の意志に基づいて行われる行為です。be going to は全体で 1 つの助動詞として扱います。as ～ as possible「できるかぎり～」は全体で，～を修飾する 1 つの副詞として扱います。

....

§63　関係代名詞 ＋ S ＋ have ＋ p.p.

関係代名詞が作る従属節の中に have ＋ p.p. が出てきたときは，完了（この場合の have は助動詞です）と have ＋ O ＋ p.p.（この場合の have は⑤の動詞です）の 2 つの可能性があります。

> 先行詞（関代　S　have　p.p.↓）　　完了
>
> 先行詞（関代　S　have↓ p.p.）　　have ＋ O ＋ p.p.

> That's the third telephone call (that he has received↓
> S ②   a   C   O S aux   ③←
> this morning.)
> └ 副詞的目的格
>
> あれで，今朝彼にかかってきた電話は 3 回目です。

> He sent his daughter for the medicine (that he had
> S ③←   O   ad   the medicine   O S aux

```
had ┆ compounded.
 ⑤    C  | -③
```
　　彼は，調合してもらった薬を娘に取りにやらせた。

　had compounded を過去完了にすると，最初の had の説明がつきません。これは had had が過去完了（＝助動詞 have の過去形＋動詞 have の過去分詞形）で，compounded は過去分詞形容詞用法で，働きは had の目的格補語です。

```
This is the watch (which I am anxious to have ┆ mended.)
 S  ②    C      C↶  O  S ②     C ↶ad| ⑤   C |-③
```
　　これが，私が直してもらいたいと思っている時計です。

　「切望している」という意味の anxious はこれから行われる動作や状態について用いられるので，後に完了不定詞（＝ to have p.p.）を伴うことは原則としてありません。

```
This is the only way (that we have ┆ left.)
 S  ②    a↶ C       C↶  O  S  ⑤   C|-③
```
　　これは，我々に残された唯一の道だ。

　have left を現在完了にすると「我々が現在残している唯一の道」となります。これだと，我々が意識的に（＝わざと）残していることになります。それに対し，have ＋ O ＋ p.p. にすると「我々に残された唯一の道」となって，我々の意志とは無関係に，それしか残っていないことになります。厳密にいえば，どちらもありえますが，過去分詞が left のときは，have ＋ O ＋ p.p. の読み方をするのが原則です。

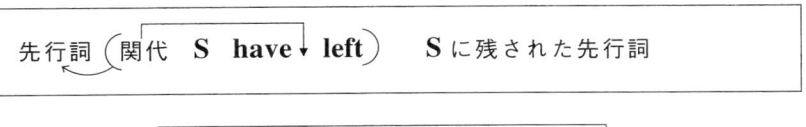

```
先行詞 (関代  S  have ┆ left)    S に残された先行詞
```

……………………§64 の前に（26）の英文を勉強してください……………………

§64　関係代名詞の what

先行詞と関係代名詞が融合して what になることがあります。この what を関係代名詞の what と呼びます。

ところで，先行詞と関係代名詞を融合する際には次の3つの問題が生じます。

> （1）先行詞と関係代名詞は「働き」が異なる場合がある（たとえば，先行詞が主語で，関係代名詞が動詞の目的語）。このような場合，この両者を1語（= what）にまとめると，2つの異なる働きの調整に困らないか？
> 　この問題は文法上次のように解決されます。
> 　関係代名詞の what が作る従属節を名詞節と考え，この名詞節に先行詞が果たす構造上の働きを担わせる。

> The thing (which he had done) made his father angry.
> 　S　　　　O　　S　aux　③　　⑤　　　　O　　C
>
> [What he had done] made his father angry.
> 　S　O　S　aux　③　　⑤　　　　O　　C
> 彼のやったことが父親を怒らせた。

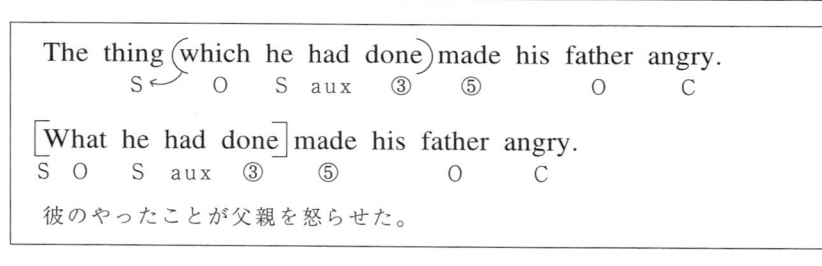

先行詞の The thing は主語です。関係代名詞の which は動詞の目的語です。そこで，The thing と which を融合して What にした場合，この2つの異なる「働き」（=主語と動詞の目的語）をどう調整するかが問題になります。学校文法は，この場合 What が作る従属節（= What he had done）を名詞節にして，この名詞節に先行詞（= The thing）が果たしていた「働き」（=主語）を担わせます。そして，関係代名詞（= which）が果たしていた「働き」（=動詞の目的語）はそのまま What に引き継がせます。このようにして，この問題を解決するわけです。

> （2）先行詞と関係代名詞は離れていることがある。このような場合，この両者を一語（= what）にまとめると，先行詞と関係代名詞の間にある

語の処理に困らないか？

　この問題は文法上次のように解決されます。

　先行詞と関係代名詞が離れているときは，1語（＝ **what**）にまとめることはできない。逆にいえば，先行詞と関係代名詞が接触しているときに限り1語（＝ **what**）にまとめることができる。

ⓐ　the thing (for which I am searching)
　　　　　　　　ad　　S　　①

ⓑ　the thing (which I am searching for ↓)
　　　　　　　　S　　①　　　　ad

　　私が探しているもの

ⓐでは先行詞の the thing と関係代名詞の which が離れています（間に for が入っています）。このような場合には the thing と which をまとめて what にすることはできません。したがって，次のような英語はありえません。

㊝　[for what I am searching]
　　　ad　　S　　①

　　私が探しているもの（what は関係代名詞）

それに対して，ⓑでは先行詞の the thing と関係代名詞の which が接触しています。したがって，the thing と which をまとめて what にすることができます。すると次のようになります。

㊣　[what I am searching for ↓]
　　　S　　①　　　　ad

　　私が探しているもの（what は関係代名詞）

このことから，次のルールが導き出されます。

　　関係代名詞の **what** は常に名詞節の先頭にくる（＝関係代名詞の **what**

が作る名詞節が，**what** より前の語から始まることはない）。

ところで，代名詞の what は常に関係詞（＝関係代名詞）とは限りません。疑問詞（＝疑問代名詞）のこともあります（意味は「何」です）。疑問詞は名詞節を作れますから，疑問代名詞の what も，関係代名詞の what と同じように，名詞節を作れます。しかし，**疑問代名詞の what が作る名詞節には「what が常に名詞節の先頭に来なければならない」というような制約はありません**（☞ § 41）。そこで，さきほどの for what I am searching も what が疑問代名詞であれば，正しい英語になります。

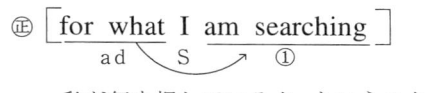

⑯ ［for what I am searching］
    ad   S   ①
私が何を探しているか，ということ（what は疑問代名詞）

（3）先行詞になる名詞は千差万別である。ところが，関係代名詞と融合すると常に what になってしまう。これでは読む人が困らないか？
　この問題は文法上次のように解決されます。
　関係代名詞と融合して1語（＝ **what**）にまとめることができる先行詞は原則として **the thing** に限る。ただし，従属節または主節の構造から先行詞がどんな名詞か推測できるときは，例外的に **the thing** 以外の先行詞でも **what** にまとめることができる。

「what に含まれる先行詞は原則として the thing である」と決めておけば，読む人は，あれこれ推測する必要がなくなります。関係代名詞の what が出てきたら，「(S が) V する<u>こと，もの</u>」と考えればよいわけです（「S が」がカッコに入っているのは，what が主語の場合＝［what ＋ V］があるからです）。しかし，逆にいえば，読む人が what に含まれている先行詞を容易に推測できるときは，必ずしも what に含まれる先行詞が the thing でなくても差し支えないわけです（読む人が困らないからです）。そこで，次のような英文が作れることになります。

```
At last, after what seemed to us an age, the lifeboat reached
ad       ad   S   ②    ad      C    S   ③
the drowning man.
    ①-ing     O
```
とうとう，我々には何年にも思われる時間がたった後で，救命ボートは溺れている人のところに着いた。

what seemed to us an age は S ② C で，しかも C は名詞です。第2述語動詞型（＝第2文型）で補語が名詞のときは，必ず S ＝ C が成立します。したがって，what ＝ an age が成立するので，このことから what に含まれている先行詞はおそらく「時間（＝ a time）」であろうと推測できます。つまり，what 節の内側の構造から，what に含まれている先行詞がどんな名詞であるか推測できるのです。こういうときは，先行詞が the thing でなくても，関係代名詞と合わせて what にすることができます。もちろん，この場合の what を訳すときは「こと・もの」ではなく，what に含まれている先行詞を表に出して訳さなければなりません。

```
She is what I consider refined.
 S  ② C O  S    ⑤      C
```
彼女は，私が洗練されていると思う女性です。

I consider X refined. は「私は X を洗練されていると思う」という意味で，これだけでは X の中身を推測できません（人なのか物なのかすらわかりません）。しかし，She is X. の場合は，X が名詞であれば She ＝ X が成立するので，X の中身は少なくとも「人間」で，しかも「女性」であることは確実です。つまり，この場合は，主節の構造から，what に含まれている先行詞（＝ a woman）を推測できるのです。したがって，この文の場合も先行詞＋関係代名詞（＝ a woman whom）を what にまとめることができます。

.... §65の前に（27）の英文を勉強してください ....

§65　言い換えの分詞構文

　分詞構文を含んだ文において，分詞構文以外の部分を主文と呼びます。ところで，主文だけでは説明が足りないときに，主文の後に分詞構文を置いて，主文をさらに詳しく言い換えることがあります。これを「言い換えの分詞構文」といいます。言い換えの分詞構文の前の働きは，しいていえば「主文全体を修飾する文修飾」ということになりますが，これを論じてもあまり実益はありません。それが，動名詞でも現在分詞形容詞用法でもなく，言い換えの分詞構文だ，ということがわかればそれで十分です。次の２つの文を検討してください。

Aristarchus put forward the correct idea that the earth is in motion, spinning like a top and also circling around the sun.

アリスタルコスは，地球は動いていて，コマのように回転し，同時に太陽のまわりを回っているという正しい考えを提示した。

---

spinning like a top and also circling around the sun は the earth is in motion（特に is in motion の部分）を詳しく言い換える「言い換えの分詞構文」です。that は従属接続詞で，that the earth … the sun は名詞節です。この名詞節は the correct idea を詳しく言い換えたものです。名詞（＝ idea）を名詞（＝ that 節＝名詞節）で言い換えているので，この名詞節の働きは「同格」です。同格の that 節は「Ｓ＋Ｖという（名詞）」と訳します。in motion は形容詞句で，直前の is の補語になっています。前置詞が in や of のときは，前置詞＋名詞が補語になることがよくあります。

Sailing along the coast of Australia, he had terrible

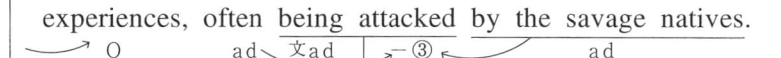

```
experiences, often being attacked by the savage natives.
   O        ad  文ad   ③         ad
```
オーストラリアの海岸沿いに航海したとき，彼は恐ろしい経験をした。野蛮な現地人にしばしば襲撃されたのだ。

Sailing along the coast of Australia は「時」を表す分詞構文です。often being attacked by the savage natives は he had terrible experiences（特に had terrible experiences の部分）を詳しく言い換える「言い換えの分詞構文」です。

....

§66　what 節の枠組み

　what が作る従属節の構造を外側と内側に分けて考えてみましょう。

　what の品詞は関係代名詞・疑問代名詞・関係形容詞・疑問形容詞・感嘆形容詞の5つです。このうち関係代名詞の what は名詞節と副詞節を作りますが，残りの4つは名詞節しか作りません。つまり what は形容詞節は作らないのです。また，関係代名詞の what が作る副詞節は形が決まっていて，通常は慣用的な表現として idiom（熟語）のように扱われています。そこで，この副詞節を除外して考えると「what が作る従属節は名詞節だけ」と考えて差し支えありません（次ページの表参照）。この what 節（＝名詞節）の働きは原則通り「主語・動詞の目的語・前置詞の目的語・補語・同格」のどれかになります。つまり「**what** 節は名詞節で，主語・動詞の目的語・前置詞の目的語・補語・同格のどれかの働きをする」のです。これが外側です。

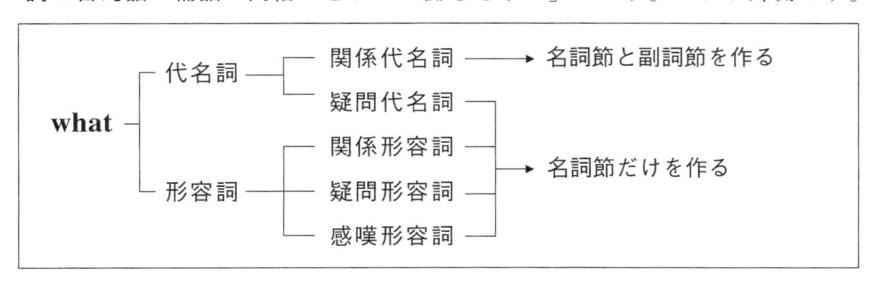

```
what ┬ 代名詞 ┬ 関係代名詞 ──→ 名詞節と副詞節を作る
     │       └ 疑問代名詞 ┐
     │                    │
     └ 形容詞 ┬ 関係形容詞 ┼─→ 名詞節だけを作る
             ├ 疑問形容詞 │
             └ 感嘆形容詞 ┘
```

関係代名詞・疑問代名詞の what は内側で名詞の基本的働き（＝主語・動詞の目的語・前置詞の目的語・補語）のどれかをします。それに対し，関係形容詞・疑問形容詞・感嘆形容詞の what は内側で形容詞の働き（＝名詞修飾か補語）のうちの名詞修飾の働きだけをします（形容詞の what は補語にはなりません。逆にいえば，補語の働きをしている what は必ず代名詞です）。つまり「**what は内側で名詞か形容詞のどちらかで，名詞のときは主語・動詞の目的語・前置詞の目的語・補語のどれかの働きをし，形容詞のときは名詞修飾の働きをする**」のです。これが内側です。

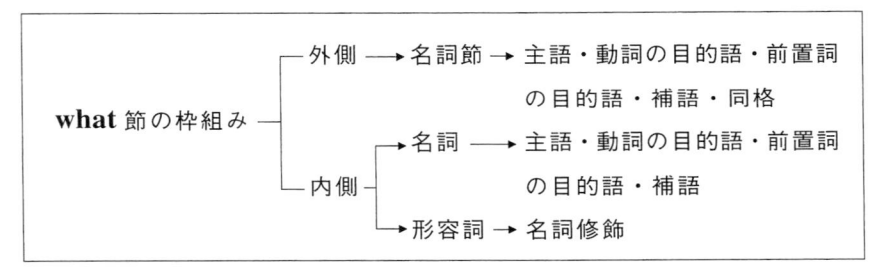

```
                    ┌─ 外側 ─→ 名詞節 ─→ 主語・動詞の目的語・前置詞
                    │                      の目的語・補語・同格
 what 節の枠組み ──┤           ┌─ 名詞 ─→ 主語・動詞の目的語・前置詞
                    │           │            の目的語・補語
                    └─ 内側 ──┤
                                └─ 形容詞 ─→ 名詞修飾
```

　what 節が出てきたら，必ず上の表の中で，外側と内側を確認してください。この練習を繰り返すと，しだいに上の表が頭の中に定着し，最後には特に意識しなくても頭の働きが上の表を逸脱しなくなります。具体的に練習してみましょう。

```
She is │what I consider refined.│
 S  ②  C  O  S     ⑤      C
彼女は，私が洗練されていると思う女性です。
```

　外側：補語　内側：動詞の目的語（what は関係代名詞）

```
Do you know │what his answer is ?│
aux  S  ③    O  C         S   ②
君は彼の答えが何であるか知っていますか？
```

　外側：動詞の目的語　内側：補語（what は疑問代名詞）

What he had done	made his father angry.
S O S aux ③ ⑤	O C

彼のやったことが父親を怒らせた。

外側：主語　内側：動詞の目的語（what は関係代名詞）

He showed the world what a great artist was capable of ↓.
S ④ O O a → S ② C ↶ ad

彼は，偉大な芸術家はどのようなことができるかを世界に示した。

外側：動詞の目的語　内側：前置詞の目的語（what は疑問代名詞）

At last, after what seemed to us an age, the lifeboat reached
ad　　ad S ② ad C S ③
the drowning man.
　①-ing　O

とうとう，我々には１年にも思われる時間がたった後で，救命ボートは溺れている人のところに着いた。

外側：前置詞の目的語　内側：主語（what は関係代名詞）

The sailors didn't know from what country silks and jewels
S ③ O ad S
had originally come.
aux ad ①

水夫たちは，絹や宝石がもとはどんな国からやって来たのか知らなかった。

外側：動詞の目的語　内側：名詞修飾（what は疑問形容詞）

⟨As Jackson senses the impact of what he is saying on the
接 S ③ O a O S ③
audience,⟩ he speaks even more forcefully.
　　a　　　S ①　ad　ad　ad

> ジャクソンは，自分の言葉が聴衆に感銘を与えているのを感じ取ると，さらにいっそう雄弁になる。

外側：前置詞の目的語　内側：動詞の目的語（what は関係代名詞）

what は（1）疑問文を作る，（2）感嘆文を作る，（3）名詞節を作る，のどれかで用いられます。このうち，（1）と（2）の what は，もちろん例外もありますが，たいてい文頭に来て大文字になっています。逆にいえば，小文字の what が出てきたときは，（3）である可能性が高いことになります。そこで，次のようなルールを作ることができます。

> 小文字の **what** は名詞節を疑え！

参考までに，関係代名詞の what が作る副詞節の例文をお目にかけましょう。

> He declared it openly, and ⟨what is more surprising,⟩ he did it.
> 　S　　③　O　 ad　 ＋　 S　 ②　ad　③-ing　　S　③　O
> 　　　　　　　　　　　　　　　　　　　　　　C
> 彼はそれを公言し，さらに驚いたことに，それを実行したのだ。

本当は，この what is more surprising は「さらに驚くべきこと」という意味の名詞節なのです。「さらに驚くべきこと」とは後に出てくる he did it のことです。つまり書き手は what is more surprising によって，he did it に対する自分の感想を先に述べているわけです。構造上は He declared it openly と he did it が and でつながれ，what is more surprising は余っています（＝主語・動詞の目的語・前置詞の目的語・補語のどれでも説明がつきません）。そこで，what is more surprising は副詞節で，he did it を修飾しているという説明がなされるわけです。

このような what が作る副詞節は，ほとんどの場合直前に等位接続詞があり，かつ，「内の語」に比較級または最上級が使われています。したがって，

・・・・・・・・・・・・・・・・・・・・・§67の前に（28）の英文を勉強してください・・・・・・・・・・・・・・・・・・・・・

§67　if 節，whether 節の枠組み

　従属接続詞の if は名詞節を作るときは「かどうか」という意味を表し，副詞節を作るときは「もしも」という意味を表します。従属接続詞の whether は名詞節を作るときは「かどうか」という意味を表し，副詞節を作るときは「であろうとなかろうと」という意味を表します。これを表にまとめると次のようになります。

---

if 節
- 名詞節 ──→ S＋V かどうか ─→ 主語（ただし真主語の場合に限る）
　　　　　　　　　　　　　　　動詞の目的語
- 副詞節 ──→ もし S＋V なら

whether 節
- 名詞節 ──→ S＋V かどうか ─→ 主語・動詞の目的語・前置詞の目的語・補語
- 副詞節 ──→ S＋V であろうとなかろうと

---

　if が作る名詞節は「真主語」と「動詞の目的語」にはなれますが，「普通の主語」と「前置詞の目的語」と「補語」にはなれません。それに対して，**whether** が作る名詞節にはそのような制約はありません。

I don't know [if he will come.]
S　　　③　　O　S aux　①
私は，彼が来るかどうか知らない。

〈If he comes,〉I will tell him.
接 S　　①　　S aux　③　O

もし彼が来たら，私は彼に話す。

```
[Whether you like it or not] is of no importance.
   S    接    S    ③   O  +  ad     ②      aC
```
君がそれを好きかどうかは重要ではない。

not は do not like it の省略形です。

```
⟨Whether you like it or not,⟩ it makes no difference.
    接    S    ③   O  +  ad   S    ③    a → O
```
君がそれを好きであろうとなかろうと，それによってなんの違いも生じない。

§68　誘導副詞の there

there が述語動詞を主語の前に引き出す働きをすることがあります。この **there** を「誘導副詞」といいます。誘導副詞の there は「場所」は表していないので，「そこに」と訳してはいけません。

　誘導副詞の there によって主語の前に引き出される述語動詞は①の be が多いのですが，be に限るわけではなく，一般動詞が引き出されることもあります。ただし，その一般動詞もその動詞自体が①か，そうでないときでも最終的には①に帰着する（＝ there によって引き出された一般動詞に準動詞が目的語または補語として付属していて，その準動詞の後の働きが①になる）必要があります。

　誘導副詞の there は述語動詞を引き出す働きをするだけでなく，疑問文の場合に主語と同じ扱いを受けたり，述語動詞を準動詞化する場合に準動詞の意味上の主語の扱いを受けたりします（これは発展事項ですから本書では扱っていません）。ここではとりあえず，述語動詞を主語の前に引き出す働きを確認しましょう。

```
There  may  be  some  sugar  in the jar.
誘導副詞        ①  ← a → S      ad
```

びんの中に砂糖が少しあるかもしれない。

There rose a thick column of smoke from the volcano.
誘導副詞　①　　a　　S　　　a　　　　ad

火山から厚い噴煙が立ち上っていた。

There seems to be some difference between them.
誘導副詞　②　　C｜①　a　　S　　　ad

それらの間には若干の違いがあるように思われる。

There has begun to be a lot of talk about the matter.
誘導副詞 aux　③　　O｜①　a　　S　　　ad

その問題について多くの議論がすでに生じ始めている。

a lot of については§78を見てください。

.... §69の前に(29)と(30)の英文を勉強してください ....

§69　such ～ that S + V

「それほどの、そのような」という意味の形容詞 **such** の具体的内容を、従属接続詞 **that** が導く副詞節で表すことがあります。これは次のような形になります。

---
such ～〈that S + V〉　　（程度）S が V するほど、それほどの～
　　a　　接　　　　　　　　　　　　非常に～なので、S が V する
　　　　　　　　　　　　　　　　（様態）S が V するような、そのような～

～には 名詞 または 形容詞＋名詞 が入ります。

such が程度（＝それほど）を表しているときは、普通は直訳「S が V するほど、それほどの～」は使わないで、前から訳し下ろす意訳「非常に～なので、S が V する」を使います。

such が様態（＝そのような）を表しているときは、直訳「S が V するような、そのような～」で訳します。～に 形容詞＋名詞 が入るときは、たいて

い such が「程度」を表すと考えて差し支えありません。

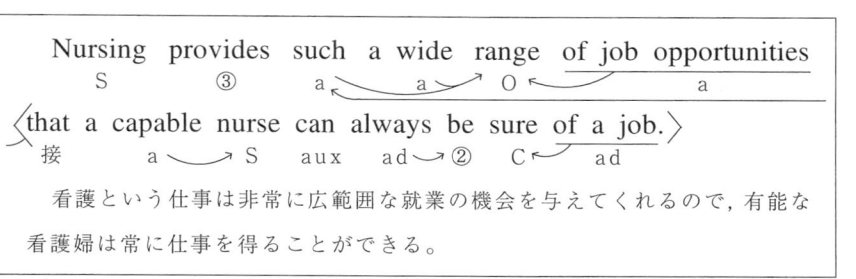

```
Nursing  provides  such  a  wide  range  of  job opportunities
   S        ③       a   a    a     O              a
⟨that  a  capable  nurse  can  always  be  sure  of  a  job.⟩
 接     a          S     aux   ad    ②   C       ad
```
看護という仕事は非常に広範囲な就業の機会を与えてくれるので、有能な看護婦は常に仕事を得ることができる。

この文を直訳すると次のようになります。「看護という仕事は、有能な看護婦は常に仕事を得ることができるほど、それほどの広い範囲の就業の機会を供給する」

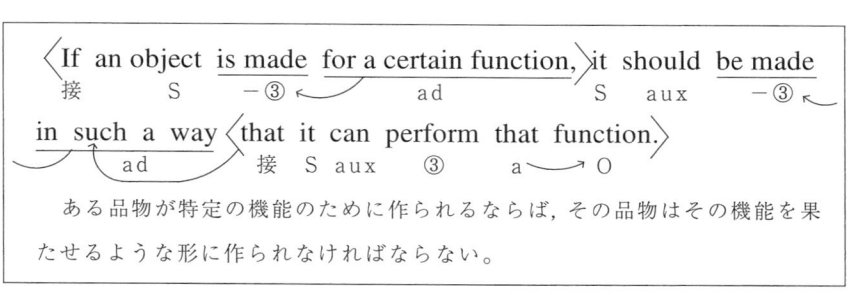

```
⟨If  an object  is made  for a certain function,⟩ it  should  be made
 接     S        -③          ad                  S   aux     -③
in such a way ⟨that  it  can  perform  that  function.⟩
   ad          接    S  aux     ③       a       O
```
ある品物が特定の機能のために作られるならば、その品物はその機能を果たせるような形に作られなければならない。

この文の such は様態（＝そのような）を表しています。したがって、直訳で訳しています（＝構造通りに、後から訳し上げています）。

....

§70　関係副詞

§44で関係代名詞の説明をした際「文が（名詞を説明する）説明文として働くためには次の３つの条件を満たしている必要がある」と書きました。

条件１　説明される名詞と同じ名詞を含んでいること。
条件２　その名詞が関係代名詞という特別な語に置き換わっていること。
条件３　関係代名詞が説明文の先頭に移動していること（ただし、関係代

> 名詞が前置詞の目的語になっているときは，先頭とは限らない）。

　ところが，関係代名詞に置き換えなくても説明文を作れる場合があるのです。どういう場合かというと，**説明される名詞と同じ名詞が前置詞の目的語になっていて，その前置詞＋名詞が「時間，場所，方法，理由のどれかを表す副詞句」として働いている場合**です。この場合は，その副詞句（＝前置詞＋名詞）を **when・where・how・why・that** という1語で置き換えて，**それを先頭に移動させれば全体が説明文（＝形容詞節）になる**のです。この5つの語は説明文（＝形容詞節）の中で副詞の働きをしているので関係副詞と呼ばれます。具体的に考えてみましょう。

　the village を He was born in the village. で説明する場合，関係代名詞を用いるなら，the village を which に変えて which he was born in とするか in which he was born とすれば，形容詞節になります。ところが in the village は場所を表す副詞句ですから，場所を表す関係副詞 where に置き換えることもできるのです。すると where he was born となります。これで形容詞節が完成です。先行詞（＝ the village）の後につなげると次のようになります。

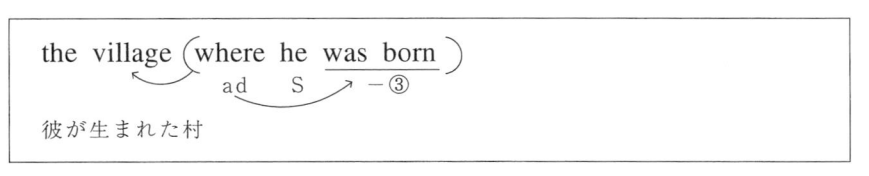

> the village (where he was born)
> 　　　　　　　ad　　S　　　－③
> 彼が生まれた村

　関係代名詞が作る形容詞節は，関係代名詞にそのまま先行詞を代入し語順を変えれば元の文に戻ります。ところが，以上の説明から明らかですが，関係副詞が作る形容詞節は関係副詞にそのまま先行詞を代入しただけでは元の文に戻りません。先行詞に適当な前置詞をつけて前置詞＋名詞で副詞句の形にして関係副詞に代入しなければなりません。したがって，where he was born を元の文に戻すときは，先行詞（＝ the village）に前置詞の in をつけて in the village にして，これを where に代入するのです。

また，副詞は主語にも目的語にも補語にもなりませんから，関係副詞の後に続くS＋Vは何1つ足りない要素がない完全な文になります。where he was bornでwhereの後に続くhe was bornはS＋－③の完全な文です。

　今度はthe dayをHe was born on the day. で説明してみましょう。on the dayは「時間」を表す副詞句ですから，時間を表す関係副詞whenに置き換えて，whenを先頭に動かせば説明文が完成します。これを先行詞（＝the day）の後につなげると次のようになります。

---

the day (when he was born)
　　　　　 ad　S　　－③

彼が生まれた日

　この英語を読むときは，眼でwhenを見ながら，頭の中ではon the day「その日に」と思っているのです。もっと詳しく頭の働きを再現すると次のようになります。

---

the day ➡「その日」だ。どんな日だろう？➡ when ➡あ！おそらく関係副詞だ。ここから形容詞節でthe dayを説明しようとしているんだな。その説明文をちゃんと読もう。➡ whenに先行詞を代入するとon the day「その日に」となる。その日にどうしたんだろう？➡ he was born ➡「彼が生まれた」➡なるほど，そういう日か。わかった。

Tell me the reason (why you cannot consent.)
　④　O　　O　　　　ad　S　　　　　①

君が同意できない理由をいいなさい。

この文を前から読むと次のようになります。

　Tell me the reason ➡「私にその理由をいいなさい」➡ why ➡先行詞を代入するとfor the reason「その理由で」となる➡ you cannot

> consent ➡「君は同意できない」➡ なるほど，それの理由か。わかった。

why you cannot consent を元の文に戻すと You cannot consent for the reason. となります。

That is the way. の the way を He accomplished it in the way. で説明してみましょう。in the way は「方法」を表す副詞句ですから，方法を表す関係副詞 how に置き換えて，how を先頭に動かせば説明文が完成します。これを先行詞（＝ the way）の後につなげると次のようになります。

> 誤　That is the way (how he accomplished it.)
>   S ②   C   ad S   ③   O
> それが，彼がそれを成し遂げた方法です。

ところがこれは誤りなのです。関係副詞の how には特別な語法上のルールがあって「**先行詞の the way と関係副詞の how は両方一緒に書いてはいけない（＝どちらかを省略しなければいけない）**」ことになっているのです。そこで，正しくは次のどちらかになります。

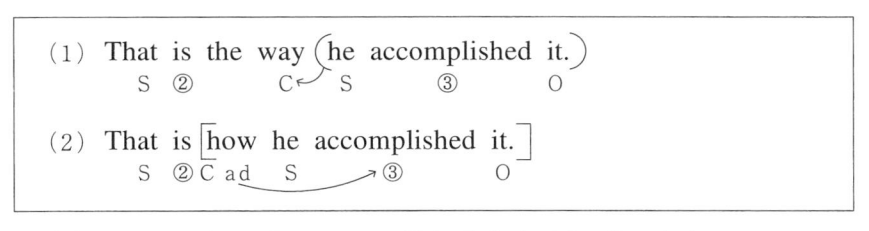

> (1) That is the way (he accomplished it.)
>   S ②   C   S   ③   O
> (2) That is [how he accomplished it.]
>   S ②C ad S ③   O

(2)において，how he accomplished it を形容詞節のままにしておくと，is の補語が足りなくなってしまいます。そこで，how he accomplished it を名詞節にして，この名詞節に省略された先行詞（＝ the way）の働き（＝補語）をさせるのです。これが「**先行詞が省略された関係副詞は名詞節を作る**」といわれる現象です。

ところで，関係副詞は how だけでなく，when や where や why の場合も先行詞または関係副詞が省略されることがあります（省略される先行詞は when

の場合は the time, where の場合は the place, why の場合は the reason です）。しかし, when や where や why の場合は how と違って先行詞を省略しなければならないということはありません。the time when, the place where, the reason why のように両方とも書いて差し支えありません。これらの関係副詞の場合も, 先行詞を省略したときは名詞節を作ります。たとえば次の文を見てください（関係副詞を省略した文は§39を参照してください）。

> It matters much to a man's character [where he is born.]
> 仮S　①　　ad　　　　　ad　　　　　真S ad　S　ー③
> 人がどこで生まれるかは性格にとって非常に重要である。

この文は§52で一度勉強した文です。この訳文は where を疑問副詞にしています。ところが, この where は先行詞 (= the place) が省略された関係副詞と捉えることもできるのです。すると和訳は次のようになります。「人が生まれる場所は性格にとって非常に重要である」構造は, 疑問副詞と捉えたときと同じです。

§71　that ＋完全な文

関係副詞の when・where・why・how はいずれも, that で代用されることがあります（ただし, when の代わりに that を使うのが一番多いようです）。この that を「関係副詞の that」といいます。

すると, that の後に何1つ足りない要素がない完全な文が続いたときは, 次の4つの可能性があることになります。

(1) … [**that** 完全な文]
　　　　 接

(2) … 〈 **that** 完全な文 〉　　　（…に so や such があります）
　　　　 接

(3) … 名詞 (**that** 完全な文)　　（thatの前に時間・場所・理由・
　　　　　　　 関副　　　　　　　　　方法を表わす名詞があります）

(4) |It is| … |that| 完全な文　　（…に副詞要素が入ります）
　　　強調

He received the news that the firm had gone bankrupt.
　S　　③　　　　O└同格┘接　　S　aux　②　　　C
彼は，その会社が倒産したという知らせを受け取った。

He cursed the day (that he was born.)
　S　　③　　　O　　ad　S　　－③
彼は自分の生まれた日を呪った。

|It was| on this very spot |that| I first met my wife.
　　　　　ad　　　　　強調　S　ad　③　　　O
私が初めて妻に会ったのは，まさにこの場所でした。

§72　whenever 節の枠組み

whenever には次の2つのタイプがあります。

(1) 関係副詞の **when + ever**
　　後に完全な S + V を伴って，副詞節を作る。
　　「S が V するときはいつでも」という意味を表す。
(2) 疑問副詞の **when + ever**
　　後に完全な S + V を伴って，副詞節を作る。
　　「いつ S が V しようとも」という意味を表す。

「S + V でないときは，主節ではない」が成立するときは (1) のタイプです。それに対して，「S + V でないときは，主節か主節でないかを，そもそも論じることができない」ときは (2) のタイプになります。ただし，この2つは常に截然と区別できるわけではありません。そこで，現実にはこの2つの訳し方を試してみて，どちらかより自然だと思われる方を採用すれば

よいのです。

　また，一般に学校文法では（1）と（2）の whenever を特に区別せず，どちらも「関係副詞の when + ever」にしています。そこで，F.o.R. でも一応これにならって，wh-word（what, which, who, when, where, how など）に ever がついた語はすべて関係詞 + ever と呼ぶことにします。本当は疑問詞 + ever と関係詞 + ever の2種類があるのですが，便宜上どちらも関係詞 + ever と呼ぶことにするのです。

Dust rose in clouds ⟨whenever a vehicle went by.⟩
　S　①↪ad　　　　ad　　　　　S　　→①↩ad

(1) ㊣ 車が通りすぎるときはいつでも，埃がもうもうと舞い上がった。
(2) �误 いつ車が通りすぎようとも，埃がもうもうと舞い上がった。

「車が通りすぎないときは，埃は舞い上がらない」が成立するので（1）のタイプです。

⟨Whenever you come,⟩ you cannot get it without money.
　　ad　　S　→①　　S　　　　③　O↪　　ad

(1) �误 あなたが来るときはいつでも，金なしではそれを入手できない。
(2) ㊣ あなたは，いつ来ようとも，金なしではそれを入手できない。

「あなたが来ないときは，あなたが金なしでそれを入手できるかできないかを，そもそも論じることができない」ので（2）のタイプです。

················ §73の前に（31）と（32）の英文を勉強してください ··················

§73　S + be + -ing

　be + -ing は常に進行形になるとは限りません。**-ing** が動名詞や現在分詞形容詞用法のこともあります。次の英文を検討してください。

His chief fault is idling his time away.
　a↪　S　②　nC│③↪　　O　　ad

> 彼の主な欠点は時間を空費することである。

進行形にすると「彼の主な欠点が時間を空費しつつある」となって，意味が通りません。idling は動名詞で, is の補語です。

They were puzzling questions.
　S　　②　　③-ing　　C

（直訳）それらは人を当惑させるような性質をもっている質問だった。
（意訳）それらは当惑するような質問だった。

進行形にすると「それらは質問を当惑させつつあった」となって，意味が通りません。puzzling は現在分詞形容詞用法（§55の2）で, questions を修飾しています。

Peanuts are fattening.
　S　　 ②　　 ③-ing
　　　　　　　　 C

（直訳）ピーナッツは人を太らせるような性質をもっている。
（意訳）ピーナッツは食べると太る。

進行形にすると「ピーナッツは太りつつある」となります（この場合の fattening は①です）。農作物の出来を論じている文と考えればありえますが，普通は, fattening は現在分詞形容詞用法で「人を太らせるような性質をもっている」という意味を表します（この場合の fattening は③-ing を目的語なしで現在分詞形容詞用法にしたものです）。この文では are の補語です。

········· §74の前に（33）の英文を勉強してください ·········

§74　関係代名詞の what + S + be

what が内側で **be** 動詞の補語になっている場合（たとえば what it is のような場合), それが疑問代名詞であれば特に問題は生じません。直訳すればい

いからです（「それは何であるか」となります）。ところが，**what** が関係代名詞の場合は「こと・もの」という訳語を使って直訳したのでは意味不明になります（「それがであること，もの」では意味不明です）。そこで，この場合は **what** を「姿」と訳して切り抜けます（たとえば「それの現在の姿」と訳すわけです）。具体的にやってみましょう。

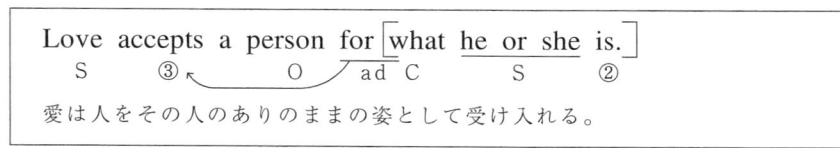

```
Love accepts a person for what he or she is.
 S    ③       O    ad C    S     ②
愛は人をその人のありのままの姿として受け入れる。
```

この for は「〜 として」という意味です（for は前置詞の as と同じ意味を表すことがあるのです）。

```
The world is a different place from what it was when we
 S    ②      a      C   ad C  S  ②  接  S
were young.
 ②   C
世界は，我々が若かった頃の姿とは違う場所になっている。
```

```
A man's worth lies not in what he has but in what he is.
   S     ①   ad O  S  ③  +  ad C  S  ②
（直訳）人間の価値はその人が持っているものではなくて，その人のありの
     ままの姿の中にある。
（意訳）人間の価値はその人の財産ではなくて，その人の人柄の中にある。
```

not A but B「A ではなくて B」は，構造上同じ働きをする語・句・節である A と B を not 〜 but で対等につないだ形です。そこで，not 〜 but を合わせて 1 つの等位接続詞として扱います。

.... §75 の前に (34) と (35) の英文を勉強してください ....

§75　形容詞の **what**

形容詞の what が作る名詞節を一般的に表すと次のようになります。

$$\left[\text{\textbf{what}　名詞　(S)＋V}\right]$$
　　　　　a

S がカッコに入っているのは what の次の名詞が主語になることがあるからです。この場合には［what 名詞 ＋ V］という形になります。

ところで，形容詞の what には次の 3 種類があり，それによって what 節の内容（ひいては訳し方）も変わってくるのです。

	訳し方
(1) 疑問形容詞の **what**	どんな名詞（を S）が V するのか
(2) 感嘆形容詞の **what**	なんて ｜〜 な名詞（を S）が V するのか どんなに｜
(3) 関係形容詞の **what**	（S が）V するすべての名詞

(1) 疑問形容詞の **what** は「名詞」の内容を尋ねています。

「名詞」が数えられる名詞の単数形でも不定冠詞（＝ a, an）は付きません。

(2) 感嘆形容詞の **what** はたいてい［what ＋形容詞＋名詞 (S) ＋ V］という形になります。そして，意味的には **what** と名詞の間に入る形容詞を強める働きをしています。たまに what と名詞の間に形容詞が入らず［what 名詞 (S) ＋ V］という形になることもありますが，この場合でも what は，もし書くとしたら「名詞」に付くと予想される形容詞を強める働きをしています。したがって，訳すときも適切な形容詞を補って訳すようにします。

「名詞」が数えられる名詞の単数形のときは what の直後に不定冠詞を置きます。したがって，この場合は［what　a（形容詞）＋名詞 (S) ＋ V］という形になります。

(3) 関係形容詞の **what** は形容詞（＝ **all**）と定冠詞（＝ **the**）と関係代名詞（＝ **that**）を 1 語に融合した語です。したがって，［what　名詞　(S)

+ V] は all the 名詞 (that (S) + V) に書き換えることができます。

「名詞」には数えられる名詞の単数形が来ることはありません（したがって what の後に不定冠詞が入ることもありません）。数えられる名詞であれば必ず複数形です。そして，この場合には what 節全体は複数の扱いを受けます。

```
He did not know [what difference this would make.]
 S        ③     O a        O      S        ③
彼はこれがどんな違いを生み出すかわからなかった。
```

what は疑問形容詞の what です。

```
He showed the world [what a great artist he was.]
 S    ④       O     O a        C    S   ②
彼は自分がどんなに偉大な芸術家であるかを世界に示した。
```

what と被修飾語の名詞の間に不定冠詞があることから感嘆形容詞の what だとわかります。**what と被修飾語の名詞の間に不定冠詞が入る可能性があるのは感嘆形容詞の what** だけです。

```
He did not know [what a difference this would make.]
 S        ③     O a           O       S        ③
彼はこれがどんなに大きな違いを生み出すかわからなかった。
```

what と被修飾語の名詞の間に不定冠詞があることから感嘆形容詞の what だとわかります。what と名詞の間に形容詞がないので，適切な形容詞を推測して，これを補って訳します。この文の場合，補う形容詞は great が適切です。

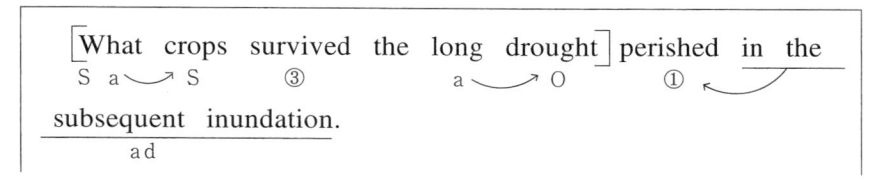

```
[What crops survived the long drought] perished in the
  S a     S       ③          a      O        ①
subsequent inundation.
     ad
```

> その長い日照りを生きのびたすべての作物は，引き続いて起こった洪水で死滅した。

drought までを，疑問形容詞の what で訳すと「どんな作物がその長い日照りを生きのびたのか」となります。関係形容詞の what で訳すと「その長い日照りを生きのびたすべての作物」となります。どちらも完全に意味が通っていますから，drought までを見た段階では疑問形容詞の what なのか関係形容詞の what なのか判断がつきません。このどちらであるかは後がどう続くかによって決まるのです。この英文は関係形容詞の what にしなければ意味が通りません。all the … that を使って書き換えると次のようになります。

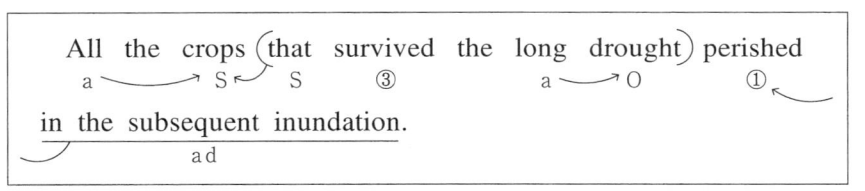

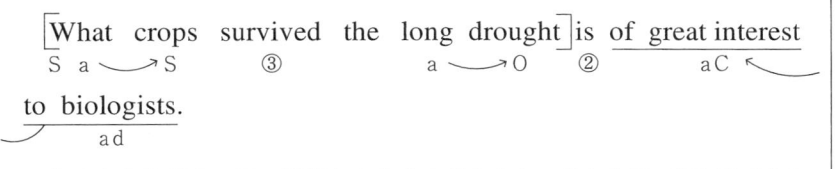

> All the crops (that survived the long drought) perished in the subsequent inundation.

> [What crops survived the long drought] is of great interest to biologists.
> どんな作物がその長い日照りを生きのびたかということは，生物学者たちの大きな関心事である。

この What は疑問形容詞の what です。被修飾語の名詞（= **crops**）が複数形ですから，関係形容詞の **what** なら **what** 節全体が複数扱いになります。したがって，関係形容詞の what なら, is of great … ではなく, are of great … にならなければいけません。主節の述語動詞が単数形（= is）であることは，この what が疑問形容詞の what であることをはっきり示しています。

ところで「… what a 名詞 … 」という語順だけで感嘆形容詞の what

であると速断してはいけません。what が名詞を修飾しているのであれば,間違いなく感嘆形容詞の what ですが, what が代名詞で, what と a の間で切れている可能性も十分にあるからです。次の英文を検討してください。

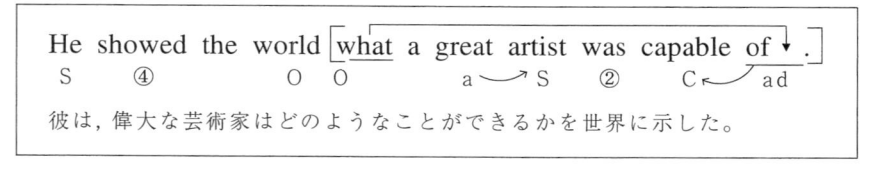

> He showed the world what a great artist was capable of.
> S　④　　O　　O　　a→S　②　　C←ad
>
> 彼は,偉大な芸術家はどのようなことができるかを世界に示した。

.... §76の前に (36) と (37) の英文を勉強してください ....

§76　being が省略された分詞構文

being が分詞構文になるときは,しばしば **being** が省略され, **being** に続く補語あるいは副詞要素だけが取り残されることがあります。これを「being が省略された分詞構文」といいます。名詞や形容詞が余った(=構造上の働きが決まらない)とき,直前か直後に **being** を補うと, **being** が省略された分詞構文で説明がつくことがよくあります(この場合,余ったように見える名詞,形容詞は実は省略されている being の補語あるいは意味上の主語なのです)。

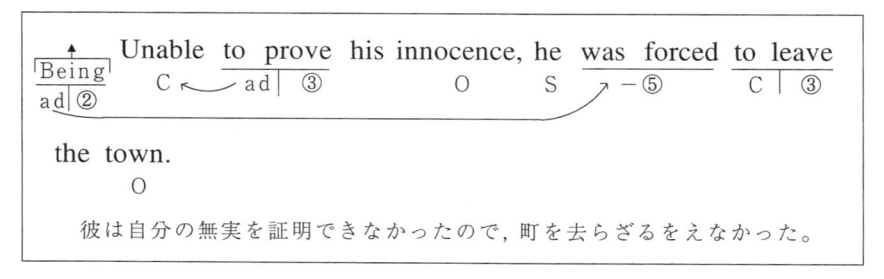

> Being Unable to prove his innocence, he was forced to leave the town.
> ad|②　C←ad|③　　　　O　　S　　-⑤　　C|③　　O
>
> 彼は自分の無実を証明できなかったので,町を去らざるをえなかった。

文頭の unable は名詞修飾でも補語でもないようですが,実は直前に省略されている being の補語なのです。省略された being は,この文では「理由」を表す分詞構文です。

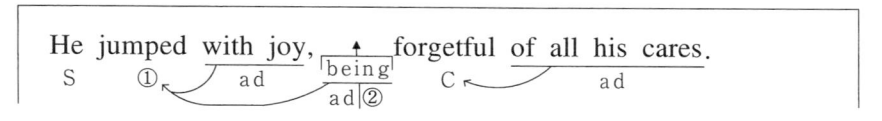

> He jumped with joy, being forgetful of all his cares.
> S　①　　ad　　ad|②　C←　　ad

> 彼はすべての苦労を忘れて，小躍りして喜んだ。

forgetful は名詞修飾でも補語でもないようですが，実は直前に省略されている being の補語なのです。省略された being は，この文では「付帯状況」を表す分詞構文です。

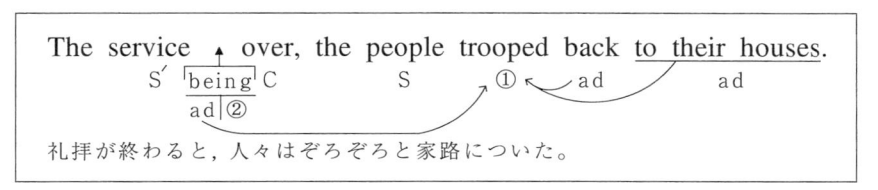

> The service ↑ over, the people trooped back to their houses.
>   S´ │being│ C   S   ①   ad   ad
>   │ ad │②
> 礼拝が終わると，人々はぞろぞろと家路についた。

the people 以下は何1つ足りない要素がない完全な文です。したがって，文頭の The service は余っています（＝主語・動詞の目的語・前置詞の目的語・補語のどれでも説明がつきません）。しかし，だからといって「名詞の例外的働き」である「同格」でも「副詞的目的格」でもありません。実は service と over の間には「時間」を表す分詞構文 being が省略されているのです。そして，service は，余っているのではなく（一見そう見えるだけです），being の意味上の主語なのです。over は service を修飾しているのではなく，省略されている being の補語です。なお，この over は「終了して」という意味の副詞ですが，補語で用いられています（一部の特定の副詞は例外的に補語で使うことができ，over はその中の1つなのです）。

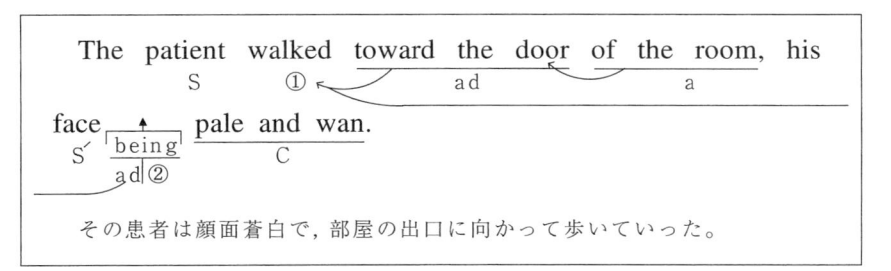

> The patient walked toward the door of the room, his
>   S   ①   ad   a
> face ↑ pale and wan.
> S´ │being│ C
>   │ ad │②
> その患者は顔面蒼白で，部屋の出口に向かって歩いていった。

The patient … the room は何1つ足りない要素がない完全な文です。したがって，his face は余っています（＝主語・動詞の目的語・前置詞の目的

語・補語のどれでも説明がつきません）。しかし，だからといって「名詞の例外的働き」である「同格」でも「副詞的目的格」でもありません。実は face と pale の間には「付帯状況」を表す分詞構文 being が省略されているのです。そして，face は，余っているのではなく（一見そう見えるだけです），being の意味上の主語なのです。pale と wan は face を修飾しているのではなく，省略されている being の補語です。

§77 前置詞 + **that** 節

従属接続詞の **that** が作る名詞節が前置詞の目的語になるときは，**in・except・but・save** 以外の前置詞は省略されます（省略しなければいけないのです）。たとえば次の英文を見てください。

> 誤　I was afraid of [that I might hurt his feelings.]
> 　　S　②　　C　　ad 接　S　　　③　　　　O
>
> 正　I was afraid ↑ [that I might hurt his feelings.]
> 　　S　②　　C　of 接　S　　　③　　　　O
> 　　　　　　　　　ad
>
> 正　I was afraid ↑ 　 I might hurt his feelings.]
> 　　S　②　　C　of [that S　　　③　　　　O
> 　　　　　　　　ad 接
>
> 私は彼の感情を害するのではないかと心配でした。

この英文は that 節が前置詞 of の目的語になっています。しかし，前置詞の of を表に出して of that S + V と書いては誤りになるのです。of は必ず省略しなければなりません。また，S be afraid that S + V. という文は，接続詞の that も省略されて　S be afraid S + V. になることがあります。しかし，この that の省略は任意的で，省略しなくてもよいのです。

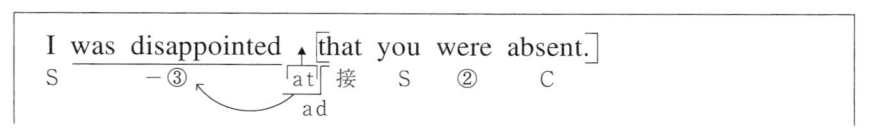

> I was disappointed ↑ [that you were absent.]
> S　　　−③　　　 at 接　S　②　C
> 　　　　　　　　　ad

私は，あなたがいなかったのでがっかりしました。

```
We complained ↑[that the room was too cold.]
  S      ①   ⌐of⌐ 接    S    ②   ad↪C
              ad
```
我々は部屋が寒すぎると苦情をいった。

complain は①の動詞で，complain of ～「～について苦情をいう」という使い方をします。しかし，～ に that 節を入れて，complain of that S ＋ V となることは決してありません。常に complain that S ＋ V です。そこで，辞書は後に that 節が来る complain を完全他動詞（＝③）として扱っています。F.o.R. も辞書に従って，これからは complain that S ＋ V は③＋ O にすることにします。

```
I persuaded her ↑[that he was sincere.]
S     ③      O  ⌐of⌐ 接  S    ②    C
              ad
```
私は彼が誠実であることを彼女に納得させた。

persuade は③の動詞で，persuade 人 of ～「人に ～ を確信させる」という使い方をします。しかし，～ に that 節を入れて，persuade 人 of that S ＋ V となることは決してありません。常に persuade 人 that S ＋ V です。そこで，辞書は後に人 ＋ that 節が来る persuade を授与動詞（＝④）として扱っています。F.o.R. も辞書に従って，これからは persuade 人 that S ＋ V は④＋ O ＋ O にすることにします。

```
Men differ from brutes in[that they can think and speak.]
 S    ①      ad      ad 接  S   aux        ①
```
人間は考えたり話したりすることができるという点で獣とは違う。

that 節が in の目的語になって「S ＋ V という点で，S ＋ V なので」とい

う意味を表すときは，例外的に前置詞の in は省略されません。

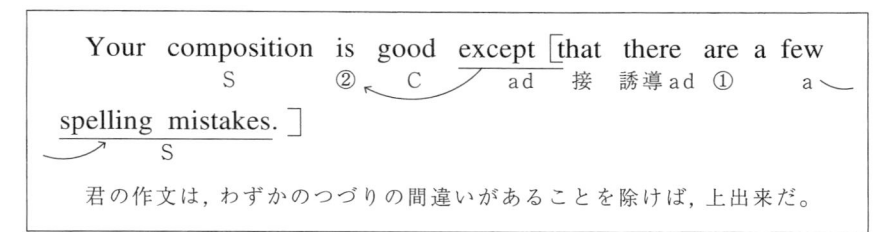

> Your composition is good except [that there are a few spelling mistakes.]
> 　　S　　　　　　②　C　　ad　接　誘導ad ①　a
>
> 君の作文は，わずかのつづりの間違いがあることを除けば，上出来だ。

that 節が except の目的語になって「S + V ということ以外は，S + V ということを除けば」という意味を表すときは，例外的に前置詞の except は省略されません。前置詞の but と save（save は動詞の他に前置詞としても使うのです）は except と同じ意味です。したがって，but that S + V, save that S + V も but と save は省略されずに残ります。

....

§78　数量・種類・様態＋of ～

A of B は of と B が結び付いて形容詞句になり，A を修飾するのが原則です。ところが，**A** が「数量」「種類」「様態」を表す名詞のときは例外的に **A** と **of** が結び付いて形容詞句になり，**B** を修飾することがあります。次の諸例を検討してください。

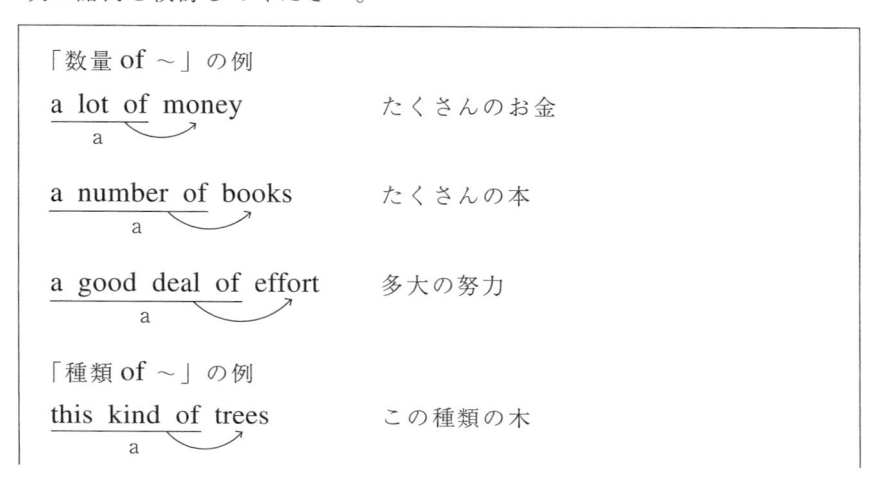

「数量 of ～」の例

a lot of money　　　　たくさんのお金

a number of books　　たくさんの本

a good deal of effort　多大の努力

「種類 of ～」の例

this kind of trees　　この種類の木

> all sorts of coats　　　あらゆる種類のコート
> 　　　　a

ところで, of は「同格の of」と呼ばれて「〜という」の意味を表わすことがあります。たとえば, the city of Rome「ローマという都市➡ローマ市」とか the fact of my having seen him「私が彼に会ったという事実」の of が「同格の of」です。この of を使って, an angel of a boy「男の子という天使➡天使のような少年」という表現を作ることがあります。これも, 意味の点からは angel of a の部分が形容詞句になって, boy を修飾していると考えることができます。これが「様態 of 〜」です。次の例を検討してください。

> 「様態 of 〜」の例
> a palace of a house　　　宮殿のような家
> 　　　a
> palace of a が形容詞句で house を修飾しています。
>
> some fool of a man　　　あの愚かな男
> 　　　　a
> fool of a が形容詞句で man を修飾しています。

············　(38) の英文を勉強してください　············

練習用TEXTの和訳の練習の仕方

　和訳を暗記するときは，訳文を全部一度に暗記しても効果がありません。フレーズごとに，対応する訳文を暗記するようにしてください。(30) を例にとって，その要領を説明します。

(30) **Judging from what I hear going on around me, youngsters still do the same thing.**

　　　私の周囲で起こっているのを耳にすることから判断すると，若者たちは今でもまだ同じことをするようだ。

　Judging from 「から判断すると」 what I hear 「耳にすること」 going on around me 「私の周囲で起こっているのを」 youngsters still do 「若者たちは今でもまだ … するようだ」 the same thing 「同じことを」

　このように英文をフレーズごとに切って，それに対する訳文をしっかり暗記します。そして，英文の全体を訳すとき（＝「この文を和訳せよ」という設問に答えるとき）は，英文を見ながら，このフレーズごとの訳文を組み合わせて全体の和訳をその場で作るようにします。

　長い英文の訳を言うときは，このやり方でないと，うまくいきません。またこのやり方で練習すると，和訳するとき，英語のフレーズをどういう順番で訳すかと言うコツがつかめるので，はじめての英文を訳すときも，とまどわなくなります。ぜひこのやり方で練習してください。

練習用TEXT

動詞の数1～5の英文

① ② ③ ④ ⑤ ⑥ ⑦ ⑧ ⑨ ⑩

(1)

> Wholesale prices sank drastically.

Questions
この文を和訳せよ。
1. この文の述語動詞は？
2. この文の準動詞は？
3. sank は何形か？
4. Wholesale の品詞と働きは？
5. prices の品詞と働きは？
6. drastically の品詞と働きは？

Answers
卸売物価が急激に下がった。
1. sank
2. なし
3. 過去形
4. 形容詞で prices にかかる
5. 名詞で主語
6. 副詞で sank にかかる

① ② ③ ④ ⑤ ⑥ ⑦ ⑧ ⑨ ⑩

(2)

> The children need medicine for malaria and measles.

Questions
この文を和訳せよ。

1. この文の述語動詞は？
2. この文の準動詞は？
3. need は何形か？
4. children の品詞と働きは？
5. medicine の品詞と働きは？
6. for の品詞は？
7. malaria の品詞と働きは？
8. and の品詞と働きは？

9. measles の品詞と働きは？

Answers
その子供たちはマラリアと麻疹(はしか)の薬を必要としている。

1. need
2. なし
3. 現在形
4. 名詞で，主語
5. 名詞で，動詞の目的語
6. 前置詞
7. 名詞で，前置詞の目的語
8. 等位接続詞で，malaria と measles をつなぐ
9. 名詞で，前置詞の目的語

(3)

> The three main sports in Mongolia are wrestling, archery and horse racing.

Questions
この文を和訳せよ。

1. この文の述語動詞は？
2. この文の準動詞は？
3. are は何形か？
4. 現在形は述語動詞か準動詞か？
5. main の品詞と働きは？
6. sports の品詞と働きは？
7. 主語になれる品詞は？
8. Mongolia の品詞と働きは？
9. 目的語になれる品詞は？
10. wrestling の品詞と働きは？
11. 補語になれる品詞は？
12. and の品詞と働きは？
13. archery の品詞と働きは？
14. horse racing の品詞と働きは？

Answers
モンゴルの三大スポーツはレスリングとアーチェリーと競馬である。

1. are
2. なし
3. 現在形
4. 必ず述語動詞
5. 形容詞で, sports にかかる
6. 名詞で, 主語
7. 名詞のみ
8. 名詞で, 前置詞の目的語
9. 名詞のみ
10. 名詞で, 補語
11. 名詞と形容詞
12. 等位接続詞で, wrestling と archery と horse racing をつなぐ
13. 名詞で, 補語
14. 名詞で, 補語

① ② ③ ④ ⑤ ⑥ ⑦ ⑧ ⑨ ⑩

(4)

> His slip of the tongue at a press conference may cost him his post.

Questions
この文を和訳せよ。

1. この文の述語動詞は？
2. この文の準動詞は？
3. may の品詞は？
4. may は何形か？
5. cost は何形か？
6. cost は何番か？
7. cost の主語は？
8. 前置詞の目的語をすべて指摘せよ。
9. His の格は？
10. His の働きは？
11. him の格は？

Answers
記者会見での失言によって，彼は今の地位を失うかもしれない。

1. cost
2. なし
3. 助動詞
4. 現在形
5. 原形
6. ④
7. slip
8. tongue と press conference
9. 所有格
10. slip にかかる
11. 目的格

(5)

> The simplicity of the books makes them suitable for beginners.

Questions
この文を和訳せよ。

1. この文の述語動詞は？
2. この文の準動詞は？
3. makes は何形か？
4. 現在形は述語動詞か準動詞か？
5. makes には何故 s が付いているのか？
6. makes は何番か？
7. makes の主語は？
8. 主語になれる品詞は？
9. 前置詞の目的語をすべて指摘せよ。
10. them の働きは？
11. 目的語になれる品詞は？
12. suitable の品詞と働きは？
13. 補語になれる品詞は？

Answers
それらの本は易しいので、初心者に適している。

1. makes
2. なし
3. 現在形
4. 必ず述語動詞
5. 主語が3人称・単数で、動詞が現在形だから
6. ⑤
7. simplicity
8. 名詞のみ
9. books と beginners
10. 動詞の目的語
11. 名詞のみ
12. 形容詞で、補語
13. 名詞と形容詞

(6)

> Life is often compared to a long burdensome journey.

Questions
この文を和訳せよ。

1. この文の述語動詞は？
2. この文の準動詞は？
3. compared は何形か？
4. is compared は何形か？
5. is compared は何番か？
6. is compared の主語は？
7. is compared を原形に変えよ。
8. is compared を過去分詞形に変えよ。
9. is compared を ing 形に変えよ。
10. journey の品詞は？
11. 名詞の働きは？
12. journey はそのうちのどれか？

Answers
人生はしばしば長い，重荷を負った旅路にたとえられる。

1. is compared
2. なし
3. 過去分詞形
4. 現在形
5. －③
6. Life
7. be compared
8. been compared
9. being compared
10. 名詞
11. 主語・動詞の目的語・前置詞の目的語・補語
12. 前置詞の目的語

(7)

> What harm has been done you ?

Questions
この文を和訳せよ。

1. この文の述語動詞は？
2. この文の準動詞は？
3. done は何形か？
4. been done は何形か？
5. been done は何番か？
6. been done の主語は？
7. 過去分詞の4つの可能性は？

8. done はそのうちのどれか？
9. been done はそのうちのどれか？
10. been done を過去形に変えよ。
11. has の品詞は？
12. has は何形か？
13. What の品詞と働きは？
14. you の働きは？

Answers
あなたはどんなひどい目にあったのですか。

1. been done
2. なし
3. 過去分詞形
4. 過去分詞形
5. －④
6. harm
7. 受身・完了・過去分詞形容詞用法・分詞構文
8. 受身
9. 完了
10. was done
11. 助動詞
12. 現在形
13. 疑問形容詞で, harm にかかる
14. 動詞の目的語

① ② ③ ④ ⑤ ⑥ ⑦ ⑧ ⑨ ⑩

(8)

> Lessons should be made more accessible to students.

Questions

この文を和訳せよ。

1. この文の述語動詞は？
2. この文の準動詞は？
3. made は何形か？
4. be made は何形か？
5. be made は何番か？
6. be made の主語は？
7. 過去分詞の4つの可能性は？
8. made はそのうちのどれか？
9. be made を過去分詞形に変えよ。
10. should の品詞は？
11. more の品詞と働きは？
12. accessible の品詞と働きは？
13. 補語になれる品詞は？
14. students の働きは？

Answers

授業を学生がもっと取り組みやすいようにすべきだ。

1. be made
2. なし
3. 過去分詞形
4. 原形
5. －⑤
6. Lessons
7. 受身・完了・過去分詞形容詞用法・分詞構文
8. 受身
9. been made
10. 助動詞
11. 副詞で accessible にかかる
12. 形容詞で，補語
13. 名詞と形容詞
14. 前置詞の目的語

(9)

> The book is being printed and will be published in a fortnight.

Questions
この文を和訳せよ。

1. この文の述語動詞は？
2. この文の準動詞は？
3. printed は何形か？
4. being printed は何形か？
5. is being printed は何番か？
6. and の品詞と働きは？

7. will の品詞は？
8. be published は何形か？
9. published は何形か？
10. 過去分詞の4つの可能性は？

11. published はそのうちのどれか？
12. fortnight の品詞は？
13. 名詞の働きは？

14. fortnight はそのうちのどれか？

Answers
その本は現在印刷中で、2週間後に出版されます。

1. is being printed と be published
2. なし
3. 過去分詞形
4. ing 形
5. －③
6. 等位接続詞で、is being printed と will be published をつなぐ
7. 助動詞
8. 原形
9. 過去分詞形
10. 受身・完了・過去分詞形容詞用法・分詞構文
11. 受身
12. 名詞
13. 主語・動詞の目的語・前置詞の目的語・補語
14. 前置詞の目的語

(10)

> He was elected president of the university being built at Sendai.

Questions　　　　　　　　　　　**Answers**

この文を和訳せよ。　　　　　　　　彼は仙台に建設中の大学の学長に選ばれた。

1. この文の述語動詞は？　　　　　　1. was elected
2. この文の準動詞は？　　　　　　　2. being built
3. He の人称と数と格を答えよ。　　　3. 3人称・単数・主格
4. elected は何形か？　　　　　　　　4. 過去分詞形
5. was elected は何形か？　　　　　　5. 過去形
6. was elected は何番か？　　　　　　6. －⑤
7. 名詞の働きは？　　　　　　　　　7. 主語・動詞の目的語・前置詞の目的語・補語
8. president はそのうちのどれか？　　8. 補語
9. 補語になれる品詞は？　　　　　　9. 名詞と形容詞
10. being built は何形か？　　　　　　10. ing 形
11. ing 形の4つの可能性は？　　　　　11. 進行形・動名詞・現在分詞形容詞用法・分詞構文
12. being built はそのうちのどれか？　12. 現在分詞形容詞用法
13. 現在分詞形容詞用法の働きは？　　13. 名詞修飾・補語
14. being built はそのうちのどれか？　14. 名詞修飾
15. being built の前の働きと後の働きは？　15. 前の働きは university にかかる。後の働きは－③
16. 前置詞の目的語をすべて指摘せよ。　16. university と Sendai

(11)

> I never hear that tune without being reminded of my poor uncle.

Questions
この文を和訳せよ。

1. この文の述語動詞は？
2. この文の準動詞は？
3. I の人称と数と格を答えよ。
4. hear は何形か？
5. that の品詞と働きは？
6. tune の働きは？
7. being reminded は何形か？
8. ing 形の4つの可能性は？
9. being reminded はそのうちのどれか？
10. 動名詞の働きは？
11. being reminded はそのうちのどれか？
12. being reminded の前の働きと後の働きは？
13. reminded は何形か？
14. 過去分詞の4つの可能性は？
15. reminded はそのうちのどれか？
16. uncle の働きは？

Answers
私は，その曲を聴くと必ずかわいそうな叔父を思い出す。

1. hear
2. being reminded
3. 1人称・単数・主格
4. 現在形
5. 形容詞で tune にかかる
6. 動詞の目的語
7. ing 形
8. 進行形・動名詞・現在分詞形容詞用法・分詞構文
9. 動名詞
10. 主語・動詞の目的語・前置詞の目的語・補語
11. 前置詞の目的語
12. 前の働きは前置詞の目的語，後の働きは－③
13. 過去分詞形
14. 受身・完了・過去分詞形容詞用法・分詞構文
15. 受身
16. 前置詞の目的語

① ② ③ ④ ⑤ ⑥ ⑦ ⑧ ⑨ ⑩　　　　　　　　153

(12)

> That dance is becoming very popular among young people has been proven by a nationwide survey.

Questions
この文を和訳せよ。
1. この文の述語動詞は？
2. この文の大黒柱は？
3. この文の準動詞は？
4. That の品詞は？
5. That が作る節の外側は？

6. 名詞節を作る語は？

7. is becoming は何形か？
8. popular の働きは？
9. has の品詞は？
10. been proven は何形か？
11. been proven は何番か？
12. proven は何形か？
13. 過去分詞の 4 つの可能性は？

14. been proven はそのうちのどれか？
15. proven はそのうちのどれか？
16. 前置詞の目的語をすべて指摘せよ。

Answers
p.180 の「訳文の一覧」参照
1. is becoming と been proven
2. been proven
3. なし
4. 従属接続詞
5. That から people までが名詞節で，been proven の主語になっている
6. 従属接続詞の that・if・whether，疑問詞，関係詞の what，関係詞＋ever，先行詞の省略された関係副詞
7. 現在形
8. 補語
9. 助動詞
10. 過去分詞形
11. －③
12. 過去分詞形
13. 受身・完了・過去分詞形容詞用法・分詞構文
14. 完了
15. 受身
16. people と survey

① ② ③ ④ ⑤ ⑥ ⑦ ⑧ ⑨ ⑩

(13)

> The sailors didn't know from what country silks and jewels had originally come.

Questions

この文を和訳せよ。
1. この文の述語動詞は？
2. この文の大黒柱は？
3. この文の準動詞は？
4. know は何形か？
5. what の品詞は？
6. what が作る節の外側は？

7. what の内側の働きは？
8. 名詞節を作る語は？

9. what はそのうちのどれか？
10. country の働きは？
11. and の品詞は？
12. 接続詞の種類は？
13. jewels の働きは？
14. had の品詞は？
15. had は何形か？
16. come は何形か？
17. 過去分詞の4つの可能性は？

18. come はそのうちのどれか？

Answers

p.180の「訳文の一覧」参照
1. know と come
2. know
3. なし
4. 原形
5. 疑問形容詞
6. from から come までが名詞節で、know の目的語になっている
7. country にかかる
8. 従属接続詞の that・if・whether, 疑問詞, 関係詞の what, 関係詞＋ever, 先行詞の省略された関係副詞
9. 疑問詞
10. 前置詞の目的語
11. 等位接続詞
12. 等位接続詞と従属接続詞
13. 主語
14. 助動詞
15. 過去形
16. 過去分詞形
17. 受身・完了・過去分詞形容詞用法・分詞構文
18. 完了

① ② ③ ④ ⑤ ⑥ ⑦ ⑧ ⑨ ⑩

(14)

> Praise, if you don't take it too seriously, can't hurt you.

Questions

この文を和訳せよ。

1. この文の述語動詞は？
2. この文の大黒柱は？
3. この文の準動詞は？
4. Praise の品詞と働きは？
5. if の品詞は？
6. if が作る節の外側は？

7. 副詞節を作る語は？

8. 従属節とは？

9. 従属節の種類は？
10. take は何形か？
11. it の人称と数を答えよ。
12. hurt は何形か？
13. hurt の主語は？

Answers

称賛されても、真剣に受け取りすぎなければ、害にはならない。

1. take と hurt
2. hurt
3. なし
4. 名詞で主語
5. 従属接続詞
6. if から seriously までが副詞節で、can't hurt を修飾している
7. 従属接続詞（that・if・whether も含む）、関係詞＋ever
8. 1つの文が他の文の中に入って、名詞・形容詞・副詞の働きをする現象
9. 名詞節・形容詞節・副詞節
10. 原形
11. 3人称・単数
12. 原形
13. Praise

① ② ③ ④ ⑤ ⑥ ⑦ ⑧ ⑨ ⑩

(15)

> He spoke loudly enough to be heard above the music.

Questions

この文を和訳せよ。
1. この文の述語動詞は？
2. この文の準動詞は？
3. spoke は何形か？
4. spoke は何番か？
5. 副詞の働きは？

6. loudly はそのうちのどれか？
7. enough の品詞と働きは？
8. heard は何形か？
9. 過去分詞の4つの可能性は？

10. heard はそのうちのどれか？
11. be heard は何形か？
12. 原形を用いる5つの場所は？

13. 不定詞の4つの可能性は？

14. to be heard はそのうちのどれか？
15. to be heard の前の働きは？
16. to be heard の後の働きは？
17. music の働きは？
18. 目的語になれる品詞は？

Answers

p.180の「訳文の一覧」参照
1. spoke
2. to be heard
3. 過去形
4. ①
5. 動詞修飾・形容詞修飾・他の副詞修飾・文修飾

6. 動詞修飾
7. 副詞で, loudly にかかる
8. 過去分詞形
9. 受身・完了・過去分詞形容詞用法・分詞構文

10. 受身
11. 原形
12. to の後, 助動詞の後, 命令文, 使役動詞・知覚動詞の補語, 仮定法現在
13. 助動詞の一部＋述語動詞・不定詞名詞用法・不定詞形容詞用法・不定詞副詞用法

14. 不定詞副詞用法
15. enough にかかる
16. －③
17. 前置詞の目的語
18. 名詞のみ

(16)

> He saw a game the rules of which he was quite ignorant of.

Questions
この文を和訳せよ。

1. この文の述語動詞は？
2. この文の大黒柱は？
3. この文の準動詞は？
4. saw は何形か？
5. game の働きは？
6. rules の働きは？
7. どの前置詞か？
8. which の品詞は？
9. which の先行詞は？
10. which が作る節の外側は？

11. 形容詞節の働きは？
12. 関係代名詞の内側の働きは？

13. which はそのうちのどれか？
14. ignorant の品詞と働きは？
15. 従属節とは？

16. 従属節の種類は？

Answers
彼は，ルールを全く知らないあるゲームを見た。

1. saw と was
2. saw
3. なし
4. 過去形
5. 動詞の目的語
6. 前置詞の目的語
7. 文末の of
8. 関係代名詞
9. game
10. the rules から of までが形容詞節で，game を修飾している
11. 名詞修飾
12. 主語・動詞の目的語・前置詞の目的語・補語
13. 前置詞の目的語
14. 形容詞で，補語
15. 1つの文が他の文の中に入って，名詞・形容詞・副詞の働きをする現象
16. 名詞節・形容詞節・副詞節

(17)

> He is a young man newly come to our town.

Questions
この文を和訳せよ。

1. この文の述語動詞は？
2. この文の準動詞は？
3. come は何形か？
4. 過去分詞の４つの可能性は？

5. come はそのうちのどれか？
6. 過去分詞形容詞用法の働きは？
7. come はそのうちのどれか？
8. come は着物を着ているか裸か？
9. 裸の p.p. の働きと意味は？

10. come の後の働きは？
11. come を訳せ。
12. town の働きは？

Answers
彼は，今度私たちの町にやって来た青年です。

1. is
2. come
3. 過去分詞形
4. 受身・完了・過去分詞形容詞用法・分詞構文
5. 過去分詞形容詞用法
6. 名詞修飾と補語
7. 名詞修飾
8. 裸
9. 形容詞または副詞の働きをし，自動詞なら完了の意味，他動詞なら受身の意味を表す
10. ①
11. 来た
12. 前置詞の目的語

① ② ③ ④ ⑤ ⑥ ⑦ ⑧ ⑨ ⑩

(18)

> A man given the award before made a speech at the party.

Questions
この文を和訳せよ。

1. この文の述語動詞は？
2. この文の準動詞は？
3. given は何形か？
4. 過去分詞の4つの可能性は？

5. given はそのうちのどれか？
6. 過去分詞形容詞用法の働きは？
7. given はそのうちのどれか？
8. given は着物を着ているか裸か？
9. 裸の p.p. の働きと意味は？

10. given の後の働きは？
11. award の働きは？
12. before の品詞と働きは？
13. made は何形か？
14. speech の働きは？
15. party の働きは？

Answers
前にその賞を与えられた人がパーティーでスピーチした。

1. made
2. given
3. 過去分詞形
4. 受身・完了・過去分詞形容詞用法・分詞構文
5. 過去分詞形容詞用法
6. 名詞修飾・補語
7. 名詞修飾
8. 裸
9. 形容詞または副詞の働きをし，自動詞なら完了の意味，他動詞なら受身の意味を表す
10. －④
11. 動詞の目的語
12. 副詞で given にかかる
13. 過去形
14. 動詞の目的語
15. 前置詞の目的語

(19)

> I do not think it a bad thing for children to be compelled to learn poetry by heart in school.

Questions
この文を和訳せよ。

1. この文の述語動詞は？
2. この文の準動詞は？
3. think は何形か？
4. it の働きは？
5. thing の働きは？
6. for children の働きは？
7. to be compelled の前の働きは？
8. to be compelled の後の働きは？
9. to learn の前の働きは？

Answers
私は，子供たちが学校で強制的に詩を暗記させられるのを悪いことだとは思いません。

1. think
2. to be compelled と to learn
3. 原形
4. 仮目的語
5. 補語
6. 不定詞の意味上の主語
7. 真目的語
8. ー⑤
9. 補語

① ② ③ ④ ⑤ ⑥ ⑦ ⑧ ⑨ ⑩

(20)

In many places the forests they burned were replaced by grasslands which supported increasing populations of grazing mammals.

Questions
この文を和訳せよ。
1. この文の述語動詞は？
2. この文の大黒柱は？
3. この文の準動詞は？
4. burned は何番か？
5. burned の目的語は？
6. 関係代名詞が省略されるのはどういう場合か？
7. which が作る節の外側は？

8. which の内側の働きは？
9. ing の4つの可能性は？

10. increasing はそのうちのどれか？
11. grazing はそのうちのどれか？
12. 現在分詞形容詞用法の働きは？
13. increasing はそのうちのどれか？
14. grazing はそのうちのどれか？
15. mammals の働きは？

Answers
p.180 の「訳文の一覧」参照
1. burned と were replaced と supported
2. were replaced
3. increasing と grazing
4. ③
5. forests と they の間に省略されている関係代名詞の which
6. 内側で動詞の目的語か前置詞の目的語になっている場合
7. which から mammals までが形容詞節で, grasslands を修飾している
8. 主語
9. 進行形, 動名詞, 現在分詞形容詞用法, 分詞構文
10. 現在分詞形容詞用法
11. 現在分詞形容詞用法
12. 名詞修飾・補語
13. 名詞修飾
14. 名詞修飾
15. 前置詞の目的語

(21)

> On examination day, he was asked no questions but those I made him work on.

Questions
この文を和訳せよ。

1. この文の述語動詞は？
2. この文の大黒柱は？
3. この文の準動詞は？
4. questions の働きは？
5. but の品詞は？
6. those の働きは？
7. made は何番か？
8. work は何形か？
9. work の前の働きは？
10. on の品詞は？
11. on の目的語は？
12. 関係代名詞が省略されるのはどういう場合か？
13. 形容詞節を作る語は？

Answers
試験の日，彼は，私が彼に解かせた問題以外は何も訊かれなかった。

1. was asked と made
2. was asked
3. work
4. 動詞の目的語
5. 前置詞
6. 前置詞の目的語
7. ⑤
8. 原形
9. 補語
10. 前置詞
11. those と I の間に省略されている関係代名詞の which
12. 内側で動詞の目的語か前置詞の目的語になっている場合
13. 関係詞，ただし，what と関係詞＋ever と先行詞の省略された関係副詞は除く

① ② ③ ④ ⑤ ⑥ ⑦ ⑧ ⑨ ⑩

(22)

> Armed thugs believed to be Mafia hitmen gunned down a judge in southern Italy last week.

Questions

この文を和訳せよ。

1. この文の述語動詞は？
2. この文の準動詞は？
3. Armed の品詞は？
4. believed は何形か？
5. 過去分詞の4つの可能性は？
6. believed はそのうちのどれか？
7. believed の後の働きは？
8. to be の前の働きは？
9. Mafia hitmen の働きは？
10. down の品詞は？
11. judge の働きは？
12. last week の働きは？

Answers

先週イタリア南部で，マフィアの殺し屋と思われる武装した暴漢によって，裁判官が射殺された。

1. gunned
2. believed と to be
3. 形容詞
4. 過去分詞形
5. 受身・完了・過去分詞形容詞用法・分詞構文
6. 過去分詞形容詞用法
7. ―⑤
8. 補語
9. 補語
10. 副詞
11. 動詞の目的語
12. gunned にかかる

(23)

> The engineer, Jefferey Brown, denied having been told to service the engine before take-off.

Questions
この文を和訳せよ。

1. この文の述語動詞は？
2. この文の準動詞は？
3. Jefferey Brown の働きは？
4. having been told は何形か？
5. ing 形の4つの可能性は？
6. having been told はそのうちのどれか？
7. 動名詞の働きは？
8. having been told はそのうちのどれか？
9. having been told の後の働きは？
10. been told は何形か？
11. told は何形か？
12. 過去分詞の4つの可能性は？
13. been told はそのうちのどれか？
14. told はそのうちのどれか？
15. to service の前の働きは？

Answers
ジェフリー・ブラウンという名前のその技師は，離陸前にエンジンの点検をするようにいわれた覚えはないといった。

1. denied
2. having been told と to service
3. 同格
4. ing 形
5. 進行形・動名詞・現在分詞形容詞用法・分詞構文
6. 動名詞
7. 主語・動詞の目的語・前置詞の目的語・補語
8. 動詞の目的語
9. －⑤
10. 過去分詞形
11. 過去分詞形
12. 受身・完了・過去分詞形容詞用法・分詞構文
13. 完了
14. 受身
15. 補語

① ② ③ ④ ⑤ ⑥ ⑦ ⑧ ⑨ ⑩

(24)

> The first name of which a child makes conscious use may be compared to a stick by the aid of which a blind man gropes his way.

Questions
この文を和訳せよ。
1. この文の述語動詞は？
2. この文の大黒柱は？
3. この文の準動詞は？
4. name の働きは？
5. 1行目の which の働きは？
6. 1行目の which が作る節の外側は？
7. use の働きは？
8. compared は何形か？
9. 過去分詞の4つの可能性は？
10. compared はそのうちのどれか？
11. be compared の主語は？
12. by the aid の働きは？
13. 2行目の which の働きは？
14. of which の働きは？
15. 2行目の which が作る節の外側は？
16. 形容詞節を作る語は？

Answers
p.180の「訳文の一覧」参照
1. makes と be compared と gropes
2. be compared
3. なし
4. 主語
5. 前置詞の目的語
6. of から use までが形容詞節で, name を修飾している
7. 動詞の目的語
8. 過去分詞形
9. 受身・完了・過去分詞形容詞用法・分詞構文
10. 受身
11. name
12. gropes にかかる
13. 前置詞の目的語
14. aid にかかる
15. by から way までが形容詞節で, stick を修飾している
16. 関係詞（ただし, what と関係詞＋ever と先行詞の省略された関係副詞は除く）

(25)

> A doctor is so familiar with most of the things that can happen to minds and bodies that little can startle him.

Questions
この文を和訳せよ。

1. この文の述語動詞は？
2. この文の大黒柱は？
3. この文の準動詞は？
4. familiar の働きは？
5. 1行目の that の品詞は？
6. 1行目の that の働きは？
7. 1行目の that が作る節の外側は？
8. 形容詞節を作る語は？

9. happen は何形か？
10. 2行目の that の品詞は？
11. 2行目の that が作る節の外側は？
12. 副詞節を作る語は？

13. 接続詞の種類は？
14. that が作る従属節の種類は？
15. little の品詞と働きは？

Answers
医師は，人間の心や身体に起こる可能性があることの大部分を熟知しているので，めったなことでは驚かない。

1. is と happen と startle
2. is
3. なし
4. 補語
5. 関係代名詞
6. 主語
7. that から bodies までが形容詞節で，things を修飾している
8. 関係詞（ただし，what と関係詞＋ever と先行詞の省略された関係副詞は除く）
9. 原形
10. 従属接続詞
11. that から him までが副詞節で，so を修飾している
12. 従属接続詞（that・if・whether を含む），関係詞＋ever
13. 等位接続詞と従属接続詞
14. 名詞節と形容詞節と副詞節
15. 代名詞で主語

① ② ③ ④ ⑤ ⑥ ⑦ ⑧ ⑨ ⑩

(26)

> On safari I use the special rifle that I had made up at the Winchester factory.

Questions
この文を和訳せよ。

1. この文の述語動詞は？
2. この文の大黒柱は？
3. この文の準動詞は？
4. use は何形か？
5. that の品詞は？
6. 関係代名詞の内側の働きは？

7. that はそのうちのどれか？
8. that が作る節の外側は？

9. had の品詞は？
10. had は何番か？
11. had の目的語は？
12. made は何形か？
13. 過去分詞の4つの可能性は？

14. made はそのうちのどれか？
15. 過去分詞形容詞用法の働きは？
16. made はそのうちのどれか？
17. made の後の働きは？

Answers
狩猟旅行に行くとき、私は、ウインチェスターの工場で造らせた特別なライフルを使っている。

1. use と had
2. use
3. made
4. 現在形
5. 関係代名詞
6. 主語・動詞の目的語・前置詞の目的語・補語
7. 動詞の目的語
8. that から factory までが形容詞節で, rifle を修飾している
9. 動詞
10. ⑤
11. that
12. 過去分詞形
13. 受身・完了・過去分詞形容詞用法・分詞構文
14. 過去分詞形容詞用法
15. 名詞修飾・補語
16. 補語
17. －③

(27)

> As Jackson senses the impact of what he is saying on the audience, he speaks even more forcefully.

Questions
この文を和訳せよ。

1. この文の述語動詞は？
2. この文の大黒柱は？
3. この文の準動詞は？
4. As の品詞は？
5. 従属接続詞の働きは？
6. As が作る節の外側は？
7. of の目的語は？
8. 名詞節を作る語は？
9. what はそのうちのどれか？
10. 一般的に what は従属節の内側でどういう働きをするか？
11. 本文の what はそのうちのどれか？
12. on the audience の働きは？
13. speaks は何番か？
14. even を訳せ。

Answers
ジャクソンは，自分の言葉が聴衆に感銘を与えているのを感じ取ると，さらにいっそう雄弁になる。

1. senses と is saying と speaks
2. speaks
3. なし
4. 従属接続詞
5. 副詞節を作る。ただし，that・if・whether は名詞節も作る
6. As から audience までが副詞節で，speaks を修飾している
7. what から saying までの名詞節
8. 従属接続詞の that・if・whether, 疑問詞, 関係詞の what, 関係詞＋ever, 先行詞の省略された関係副詞
9. 関係詞の what
10. 主語・動詞の目的語・前置詞の目的語・補語・名詞修飾
11. 動詞の目的語
12. impact にかかる
13. ①
14. さらにいっそう

(28)

> Our hands can be the extension of our emotions, representing without what is going on within.

Questions
この文を和訳せよ。

1. この文の述語動詞は？
2. この文の大黒柱は？
3. この文の準動詞は？
4. ing 形の4つの可能性は？
5. representing はそのうちのどれか？
6. without の品詞と働きは？
7. what が作る節の外側の構造は？
8. 名詞節を作る語は？
9. what はそのうちのどれか？
10. 一般的に what は従属節の内側でどういう働きをするか？
11. 本文の what はそのうちのどれか？
12. on の品詞と働きは？
13. within の品詞と働きは？

Answers
我々の手は感情の延長となって、内面で起こっていることを外に表すことがある。

1. be と is going
2. be
3. representing
4. 進行形・動名詞・現在分詞形容詞用法・分詞構文
5. 分詞構文
6. 副詞で representing にかかる
7. what から within までが名詞節で、representing の目的語になっている
8. 従属接続詞の that・if・whether、疑問詞、関係詞の what、関係詞＋ever、先行詞の省略された関係副詞
9. 関係詞の what
10. 主語・動詞の目的語・前置詞の目的語・補語・名詞修飾
11. 主語
12. 副詞で is going にかかる
13. 副詞で is going にかかる

170 ① ② ③ ④ ⑤ ⑥ ⑦ ⑧ ⑨ ⑩

(29)

> The Egyptians knew a method still used to determine if there was an underground source of water in a given place.

Questions

この文を和訳せよ。
1. この文の述語動詞は？
2. この文の大黒柱は？
3. この文の準動詞は？
4. used は何形か？
5. used の前の働きは？
6. used の後の働きは？
7. to determine の前の働きは？
8. if の品詞は？
9. 接続詞の種類は？
10. 従属接続詞の働きは？

11. 一般的に if が作る従属節の種類は？
12. 本文の if が作る節の外側は？

13. 名詞節を作る語は？

14. there の品詞は？
15. there の働きは？

16. in a given place の働きは？
17. given の働きは？

Answers

p.180の「訳文の一覧」参照
1. knew と was
2. knew
3. used と to determine と given
4. 過去分詞形
5. method にかかる
6. —③
7. used にかかる
8. 従属接続詞
9. 等位接続詞と従属接続詞
10. 副詞節を作る。ただし, that・if・whether は名詞節も作る
11. 名詞節と副詞節
12. if から place までが名詞節で, determine の目的語になっている
13. 従属接続詞の that・if・whether, 疑問詞, 関係詞の what, 関係詞＋ever, 先行詞の省略された関係副詞
14. 誘導副詞
15. was を an underground source of water の前に引き出している
16. was にかかる
17. place にかかる

(30)

> Judging from what I hear going on around me, youngsters still do the same thing.

Questions
この文を和訳せよ。

Answers
私の周囲で起こっているのを耳にすることから判断すると，若者たちは今でもまだ同じことをするようだ。

1. この文の述語動詞は？
2. この文の大黒柱は？
3. この文の準動詞は？
4. ing 形の4つの可能性は？

5. Judging はそのうちのどれか？
6. going はそのうちのどれか？
7. what の品詞は？
8. what が作る節の外側は？

9. 一般的に what は従属節の内側でどういう働きをするか？
10. 本文の what はそのうちのどれか？
11. hear は何番か？
12. going の前の働きは？
13. on の品詞と働きは？

1. hear と do
2. do
3. Judging と going
4. 進行形・動名詞・現在分詞形容詞用法・分詞構文

5. 分詞構文
6. 現在分詞形容詞用法
7. 関係代名詞
8. what から me までが名詞節で，from の目的語になっている
9. 主語・動詞の目的語・前置詞の目的語・補語・名詞修飾

10. 動詞の目的語
11. ⑤
12. 補語
13. 副詞で going にかかる

(31)

> Our awareness of time has reached such a pitch of intensity that we suffer acutely whenever our travels take us to some place on the earth where people are not interested in minutes and seconds.

Questions

この文を和訳せよ。
1. この文の述語動詞は？
2. この文の大黒柱は？
3. この文の準動詞は？
4. has の品詞は？
5. reached は何形か？
6. that の品詞は？
7. 一般的に従属接続詞の that が作る従属節の種類は？
8. 本文の that が作る節の外側は？

9. whenever が作る従属節の種類は？
10. 本文の whenever が作る節の外側は？
11. 副詞節を作る語は？

12. where の品詞は？
13. where が作る節の外側は？

14. where の内側の働きは？

Answers

p.180 の「訳文の一覧」参照
1. reached と suffer と take と are
2. reached
3. なし
4. 助動詞
5. 過去分詞形
6. 従属接続詞
7. 名詞節と副詞節

8. that から seconds までが副詞節で, such を修飾している
9. 副詞節
10. whenever から seconds までが副詞節で, suffer を修飾している
11. 従属接続詞 (that・if・whether を含む), 関係詞 + ever
12. 関係副詞
13. where から seconds までが形容詞節で, place を修飾している
14. are にかかる

(32)

> Everything I know about the case is information derived from sources I consider trustworthy.

Questions
この文を和訳せよ。

1. この文の述語動詞は？
2. この文の大黒柱は？
3. この文の準動詞は？
4. Everything の働きは？
5. know は何番か？
6. know の目的語は？
7. 関係代名詞が省略されるのはどういう場合か？
8. derived は何形か？
9. derived は着物を着ているか裸か？
10. 裸の p.p. の働きと意味は？

11. derived の前の働きは？
12. derived の後の働きは？
13. consider は何番か？
14. consider の目的語は？

15. trustworthy の働きは？

Answers
私がその事件について知っていることはみな，私が信頼できると考える出所から得られた情報です。

1. know と is と consider
2. is
3. derived
4. 主語
5. ③
6. Everything と I の間に省略されている関係代名詞の that
7. 内側で動詞の目的語か前置詞の目的語になっている場合
8. 過去分詞形
9. 裸
10. 形容詞または副詞の働きをし，自動詞なら完了の意味，他動詞なら受身の意味を表す
11. information にかかる
12. －③
13. ⑤
14. sources と I の間に省略されている関係代名詞の which
15. 補語

(33)

> Happiness is doing anything that you are really interested in doing.

Questions
この文を和訳せよ。

1. この文の述語動詞は？
2. この文の大黒柱は？
3. この文の準動詞は？
4. ing 形の4つの可能性は？
5. 1行目の doing はそのうちのどれか？
6. 2行目の doing はそのうちのどれか？
7. 動名詞の働きは？
8. 1行目の doing はそのうちのどれか？
9. 2行目の doing はそのうちのどれか？
10. that の品詞は？
11. that が作る節の外側は？
12. that の内側の働きは？
13. どの動詞か？

Answers
幸せとは，どんなことでも，それをするのに本当に興味をもっていることをすることである。

1. is と are
2. is
3. doing と doing
4. 進行形・動名詞・現在分詞形容詞用法・分詞構文
5. 動名詞
6. 動名詞
7. 主語・動詞の目的語・前置詞の目的語・補語
8. 補語
9. 前置詞の目的語
10. 関係代名詞
11. that から doing までが形容詞節で，anything を修飾している
12. 動詞の目的語
13. 2行目の doing

① ② ③ ④ ⑤ ⑥ ⑦ ⑧ ⑨ ⑩

(34)

> If we study the private life of a poet, we get new insight into what makes his poetry what it is.

Questions
この文を和訳せよ。
1. この文の述語動詞は？
2. この文の大黒柱は？
3. この文の準動詞は？
4. if の品詞は？
5. 接続詞の種類は？
6. 従属接続詞の働きは？

7. 一般的に if が作る従属節の種類は？
8. 本文の if が作る節の外側は？

9. 最初の what の品詞は？
10. 最初の what が作る節の外側は？
11. 一般的に what は従属節の内側でどういう働きをするか？
12. 最初の what はそのうちのどれか？
13. makes は何番か？
14. 2番目の what の品詞は？
15. 2番目の what が作る節の外側は？
16. 2番目の what の内側の働きは？

Answers
p.180 の「訳文の一覧」参照
1. study と get と makes と is
2. get
3. なし
4. 従属接続詞
5. 等位接続詞と従属接続詞
6. 副詞節を作る。ただし, that・if・whether は名詞節も作る
7. 名詞節と副詞節
8. if から poet までが副詞節で, get を修飾している
9. 疑問代名詞または関係代名詞
10. what から is までが名詞節で, into の目的語になっている
11. 主語・動詞の目的語・前置詞の目的語・補語・名詞修飾

12. 主語
13. ⑤
14. 関係代名詞
15. what から is までが名詞節で, makes の補語になっている
16. is の補語

(35)

> Those who destroy law and order on a school campus, often abusing the name of "freedom," make it impossible for a school to be what it ought to be: a place of study and education.

Questions
この文を和訳せよ。

1. この文の述語動詞は？
2. この文の大黒柱は？
3. この文の準動詞は？
4. who が作る節の外側は？
5. ing 形の4つの可能性は？
6. abusing はそのうちのどれか？
7. 最初の it の働きは？
8. impossible の働きは？
9. for a school の働きは？
10. to be の前の働きは？
11. to be の後の働きは？
12. what が作る節の外側は？
13. what の内側の働きは？
14. place の働きは？

Answers
「自由」の名をしばしば濫用して，学校内の法と秩序を破壊する人たちは，学校がその本来あるべき姿，すなわち研究と教育の場となることを不可能にする。

1. destroy と make と be
2. make
3. abusing と最初の to be
4. who から freedom までが形容詞節で，Those を修飾している
5. 進行形・動名詞・現在分詞形容詞用法・分詞構文
6. 分詞構文
7. 仮目的語
8. 補語
9. 不定詞の意味上の主語
10. 真目的語
11. ②
12. what から be までが名詞節で，最初の be の補語になっている
13. 2番目の be の補語
14. what it ought to be と同格

① ② ③ ④ ⑤ ⑥ ⑦ ⑧ ⑨ ⑩

(36)

> What little knowledge we have about viruses makes it unlikely that a virus normally transmitted only through body fluids would suddenly start traveling by air.

Questions
この文を和訳せよ。
1. この文の述語動詞は？
2. この文の大黒柱は？
3. この文の準動詞は？
4. What の品詞は？
5. What が作る節の外側は？
6. 一般的に what は従属節の内側でどういう働きをするか？
7. What はそのうちのどれか？
8. knowledge の働きは？
9. it の働きは？
10. unlikely の品詞と働きは？
11. that の品詞は？
12. that が作る節の外側は？
13. transmitted は何形か？
14. transmitted の前の働きは？
15. transmitted の後の働きは？
16. traveling の前の働きは？

Answers
p.180 の「訳文の一覧」参照
1. have と makes と start
2. makes
3. transmitted と traveling
4. 関係形容詞
5. what から viruses までが名詞節で, 主語になっている
6. 主語・動詞の目的語・前置詞の目的語・補語・名詞修飾
7. 名詞修飾
8. 動詞の目的語
9. 仮目的語
10. 形容詞で, 補語
11. 従属接続詞
12. that から air までが名詞節で, 真目的語になっている
13. 過去分詞形
14. virus にかかる
15. —③
16. 動詞の目的語

(37)

> Contaminated liquids that had been passed through porcelain filters designed to block the passage of the smallest known bacteria were still able to infect both plants and test animals.

Questions

この文を和訳せよ。
1. この文の述語動詞は？
2. この文の大黒柱は？
3. この文の準動詞は？

4. 過去分詞形をすべて抜き出せ。

5. that の品詞は？
6. that が作る節の外側は？

7. that の内側の働きは？
8. designed の前の働きは？
9. designed の後の働きは？
10. to block の前の働きは？
11. bacteria の働きは？
12. were の主語は？
13. to infect の前の働きは？
14. both ～ and の品詞は？
15. 接続詞の種類は？
16. animals の働きは？

Answers

p.180 の「訳文の一覧」参照
1. been passed と were
2. were
3. Contaminated と designed と to block と known と to infect
4. Contaminated と been passed と designed と known

5. 関係代名詞
6. that から bacteria までが形容詞節で，liquids を修飾している
7. 主語
8. filters にかかる
9. ―⑤
10. 補語
11. 前置詞の目的語
12. liquids
13. able にかかる
14. 等位接続詞
15. 等位接続詞と従属接続詞
16. 動詞の目的語

(38)

> Aware that the mold juice had a great power to kill some kinds of bacteria, Fleming then wanted to know if it was harmful to people.

Questions
この文を和訳せよ。

Answers
そのカビの培養液にはある種の細菌を殺す強力な力があることに気付いて、フレミングは次にそれが人間に有害かどうかを知りたいと思った。

1. この文の述語動詞は？
2. この文の大黒柱は？
3. この文の準動詞は？

4. aware の働きは？
5. that の品詞は？
6. that が作る節の外側は？

7. to kill の前の働きは？
8. bacteria の働きは？
9. to know の前の働きは？
10. if が作る節の外側は？

11. if を訳せ。

1. had と wanted と was
2. wanted
3. 省略されている Being と to kill と to know
4. 補語
5. 従属接続詞
6. that から bacteria までが名詞節で、省略されている of の目的語になっている
7. power にかかる
8. 動詞の目的語
9. 動詞の目的語
10. if から people までが名詞節で、know の目的語になっている
11. かどうか

次は，スペースの関係で，**Answers** の欄に出せなかった，訳文です。

（12）ダンスが若者の間で非常に人気が出ていることが全国的な調査によって証明されている。

（13）水夫たちは，絹や宝石がもとはどんな国からやって来たのか知らなかった。

（15）彼は音楽の音にかき消されないように大声で話した。

（20）多くの場所において，彼らが焼いた森はやがて草原になり，その草原が，どんどん増えていく草食の哺乳類を支えた。

（24）子供が最初に意識的に使う名前は，盲人が手探りで進むのを助けるつえにたとえることができる。

（29）エジプト人は，ある場所に地下水脈があるかどうかを判定するために今でも使われている方法を知っていた。

（31）私たちは時間を非常に強く意識するようになっているので，地球上で人々が分や秒という短い単位に関心を持っていない所に旅行すると，必ず強い困惑を感じるほどである。

（34）詩人の私生活を研究すると，我々は，何が彼の詩を現在の作品たらしめているのかということに対する新しい洞察を得る。

（36）我々がウィルスについてもっている少ないながらもすべての知識から考えて，通常は体液を通してのみ感染するウィルスが突然，空気伝染を始めることはありそうもない。

（37）当時知られていた最小の細菌の通過も阻止するように設計された磁器製のフィルターで濾した，汚染された液体が依然として植物にも実験動物にも感染力をもっていた。

Part II　Frame of Referenceの演習

> (1) 動詞の数 1　接点 0　§1〜3に対応
>
> Wholesale　prices　sank　drastically.
> 　　a⤻　　　S　　①⤺　　　ad
>
> 卸売物価が急激に下がった。

1. この文の述語動詞は？ —— **sank** —— この文に出てくる動詞は sank だけです。述語動詞がなければ，文は成立しませんから，文中に出てくる動詞が1つだけなら，その動詞は必ず述語動詞です。したがって，sank は必然的に述語動詞に決まります。sank の下の①という記号は Part I の §6 で解説しています。Part I の §1〜3までを読んでこの文を練習している方は，とりあえずここでは①を V に読み替えて，先に進んでください。(☞§1)

2. この文の準動詞は？ —— なし

3. **sank** は何形か？ —— 過去形 —— sank は sink（沈む）という動詞の過去形です。sink の活用は sink – sank – sunk という不規則活用ですから，sank はつづりを見ただけで過去形＝述語動詞だとわかります。さきほど，「この文の動詞は sank だけなので sank は述語動詞に決まる」といいましたが，実は，この文中に sank 以外の動詞がいくつ出てきても，sank は見た瞬間に述語動詞に確定するのです。活用の重要性の一端がおわかりいただけたでしょうか。(☞§3)

4. **Wholesale** の品詞と働きは？ —— 形容詞で **prices** にかかる —— 名詞を修飾する語を形容詞といい，**a** と表示します（adjective の略です）。Wholesale は「卸売りの」という意味の形容詞で，prices という名詞を修飾しています。「修飾する」ことを「かかる」といいます。

5. **prices** の品詞と働きは？ —— 名詞で主語 —— 人，物，事の名称を表す語を名詞といい，**n** と表示します（noun の略です）。price は「値段」という意味の名詞で，prices は price の複数形です。prices の働きは sank の主語，もっと正確にいえば「構造上の主語」です。ところで，主語は，構造上の主語にせよ

意味上の主語にせよ, 必ず名詞か代名詞です。つまり, 主語になれるのは名詞・代名詞に限るのです。F.o.R. では, 名詞と代名詞を区別せず, どちらも名詞として扱いますから,「主語になれるのは名詞だけ」となります。

6. **drastically** の品詞と働きは？ ── 副詞で **sank** にかかる ── 動詞, 形容詞, 副詞, 文全体を修飾する語を副詞といい, **ad** と表示します (adverb の略です)。drastically は「急激に」という意味の副詞で, sank を修飾しています。

|参考|　品詞と働き (その1)

英文の構造は「品詞」と「働き」という2つの概念で構成されています。

「品詞」というのは名詞, 動詞, 形容詞といった語の種類のことです。「働き」というのはある語が他の語に対してどういう関係にあるかということを表した相対的な概念で, 主語, 目的語, 補語, 修飾等がこれにあたります。

英文を構成する各語はそれぞれ「意味」の他に「品詞」と「働き」という2つの属性を持っています。そして, 英文の構造 (＝構文) は各語についてこの2つの属性を明らかにすることによって示されます。

「意味」と「品詞」と「働き」の間には密接な関係があって, 1つが決まると他の2つが限定される, という相互規制の関係にあります (☞ p.285)。この相互規制の関係を理解して, 英文を読み・書き・話す際に, この規制を逸脱しないようになることが構文を勉強する目的なのです。

(2) 動詞の数1　接点0　§4～10に対応

The children need medicine for malaria and measles.
　S　　　　　③　　　O　　　　　　　a

その子供たちはマラリアと麻疹(はしか)の薬を必要としている。

1. この文の述語動詞は？ ── **need** ── この文に出てくる動詞は need だけです。したがって，need は必然的に述語動詞に決まります。

2. この文の準動詞は？ ── なし

3. **need** は何形か？ ── 現在形 ── need は need – needed – needed と活用する，規則活用の動詞です。したがって，need は原形または現在形です。しかし，この need の使い方は原形を用いる5つの場所のどれでもありません（to も助動詞もついていないし，命令文でもありません。また make, have, let などはどこにも出てきませんし，仮定法現在を使う場所でもありません）。この5つの場所はまだどれもこの本では勉強していない（但し，仮定法現在は§5で簡単に解説しました）ので，納得できないかもしれませんが，これはこれから徐々に勉強していくことにして，とりあえずここでは5箇所のどれにもあてはまらないので現在形（＝述語動詞）だと考えてください。(☞§4)

4. **children** の品詞と働きは？ ── 名詞で，主語 ── children の働きは need の構造上の主語です。

　　children の前についている The は定冠詞と呼ばれます（冠詞には他に不定冠詞と呼ばれる a と an があります）。冠詞は形容詞の一種で，働きは名詞修飾です。この The は children という名詞を修飾しているわけです。

　　したがって，構文を記入するときは The の下に a（＝形容詞の記号）と書いて，children に向けて矢印を引くべきなのですが，それではあまりにも煩雑なので，F.o.R. で構文を記入するときは冠詞は無視することにしましょう。ただし，これは，構文における冠詞の働きは無視できるほど小さいといっているのではありません。いちいち記号を書いたら面倒なので，書かないといっている

だけです。

5. **medicine** の品詞と働きは？ —— 名詞で，動詞の目的語 ——medicine は動詞に直接付いている名詞で，かつ主語の The children とイコールの関係にないので need の目的語です。(☞§7)
6. **for** の品詞は？ —— 前置詞 —— for の目的語（＝前置詞の目的語）は malaria と measles です。目的語が2つあるので，間を and でつないでいるのです。for malaria and measles は形容詞句で medicine を修飾しています。
7. **malaria** の品詞と働きは？ —— 名詞で，前置詞の目的語 (☞§8)
8. **and** の品詞と働きは？ —— 等位接続詞で，**malaria** と **measles** をつなぐ —— malaria と measles はどちらも前置詞の目的語で，働きが同じですから等位接続詞でつなぐことができます。(☞§9)
9. **measles** の品詞と働きは？ —— 名詞で，前置詞の目的語

参考　活用と述語動詞・準動詞の関係を聞く問題 [I]（解答は p.187）

下の動詞を次の3つに分類し，記号で答えなさい。

ⓐ 助動詞を付けずに用いた場合，必ず述語動詞になるもの
ⓑ 助動詞を付けずに用いた場合，必ず準動詞になるもの
ⓒ 助動詞を付けずに用いた場合，述語動詞になることもあれば，準動詞になることもあるもの

1. gone　　2. saying　　3. liked　　4. is　　5. gave
6. kept　　7. spoken　　8. die　　9. makes　　10. began

> **(3)** 動詞の数1　接点0　§11～13に対応
>
> The three main sports in Mongolia are wrestling,
> 　　a　　a　　→S←　　a　　　　②　　　C
> archery and horse racing.
> 　C　＋　　C
>
> モンゴルの三大スポーツはレスリングとアーチェリーと競馬である。

1. この文の述語動詞は？ —— **are** —— この文に出てくる動詞は are だけです。したがって，are は必然的に述語動詞に決まります。この are は「～である」という意味です。

2. この文の準動詞は？ —— なし

3. **are** は何形か？ —— 現在形 —— are という動詞は，原形は be です。be の活用は現在形が am または is または are で，過去形が was または were で，過去分詞形が been で，ing 形が being です。したがって，are はつづりから現在形（＝述語動詞）に確定します。

4. 現在形は述語動詞か準動詞か？ —— 必ず述語動詞 —— 現在形と過去形は絶対に述語動詞です。(☞§3)

5. **main** の品詞と働きは？ —— 形容詞で，**sports** にかかる —— three と main（主要な）はどちらも形容詞で，sports を修飾しています。

6. **sports** の品詞と働きは？ —— 名詞で，主語 —— sports の働きは are の構造上の主語です。

7. 主語になれる品詞は？ —— 名詞のみ —— 構造上の主語にしても意味上の主語にしても，ともかく主語になれるのは名詞・代名詞に限ります。F.o.R. では名詞の中に代名詞も含めて考えますから，「名詞のみ」と答えればよいのです。

8. **Mongolia** の品詞と働きは？ —— 名詞で，前置詞の目的語 —— Mongolia は前置詞 in の目的語です。

9. 目的語になれる品詞は？── 名詞のみ ── 動詞の目的語にしても前置詞の目的語にしても，ともかく目的語になれるのは名詞・代名詞に限ります。
10. **wrestling** の品詞と働きは？── 名詞で，補語 ── wrestling と archery と horse racing はいずれも名詞で，主語の sports とイコールの関係にあります。したがって，wrestling と archery と horse racing はいずれも補語です。(☞ §11)
11. 補語になれる品詞は？── 名詞と形容詞
12. **and** の品詞と働きは？── 等位接続詞で，**wrestling** と **archery** と **horse racing** をつなぐ ── wrestling と archery と horse racing はいずれも補語で，構造上の働きが同じです。そこで，等位接続詞の and を使って，つないでいるのです。3つのものを等位接続詞（たとえば and）でつなぐときは，A and B and C と書くこともありますが，普通は2番目と3番目の間にだけ and を入れて，A, B, and C と書きます（B と and の間のコンマは置かないこともあります）。
13. **archery** の品詞と働きは？── 名詞で，補語
14. **horse racing** の品詞と働きは？── 名詞で，補語 ── horse racing はこれ全体が「競馬」という意味の1つの名詞です。(☞ §12)

参考　活用と述語動詞・準動詞の関係を聞く問題 [1] の解答
1. ⓑ　2. ⓑ　3. ⓒ　4. ⓐ　5. ⓐ
6. ⓒ　7. ⓑ　8. ⓒ　9. ⓐ　10. ⓐ

1. gone は p.p. ですから，裸のときは必ず準動詞です。2. saying は ing 形ですから，裸のときは必ず準動詞です。3. liked は過去形なら述語動詞ですが，過去分詞形なら裸のときは準動詞になります。4. is は現在形＝述語動詞です。5. gave は過去形＝述語動詞です。6. kept は過去形と過去分詞形の両方の可能性がありますから，述語動詞のこともあれば準動詞のこともあります。7. spoken は過去分詞形ですから，裸のときは必ず準動詞です。8. die は現在形なら述語動詞ですが，原形なら述語動詞，準動詞両方の可能性があります。9. makes は3単現の s がついているので現在形＝述語動詞です。10. began は過去形＝述語動詞です。

(4) 動詞の数1　接点0　§14〜18に対応

His slip of the tongue at a press conference may cost him his post.
　S　　　　a　　　　　　　　a　　　　　　aux
　　　　　　　　　　　　　　　　　　　　　　　④　O　O

（直訳）記者会見での彼の失言が，彼から彼の地位を取り去るかもしれない。

（意訳）記者会見での失言によって，彼は今の地位を失うかもしれない。

1. この文の述語動詞は？ —— **cost** —— この文に出てくる動詞は cost だけです。したがって，cost は必然的に述語動詞に決まります。
2. この文の準動詞は？ —— なし
3. **may** の品詞は？ —— 助動詞 —— may は助動詞で許可（＝〜してもよい）または推量（＝〜するかもしれない）を表すのが原則です。この文では推量を表しています。
4. **may** は何形か？ —— 現在形 —— may は現在形で，過去形は might です。may にはこれ以外の活用（原形・過去分詞形・ing 形）はありません。
5. **cost** は何形か？ —— 原形 —— cost の活用は cost‒cost‒cost で，つづりが変わりません。したがって，つづりだけでは原形・現在形・過去形・過去分詞形のどれなのか判断がつきません。しかし，この cost には助動詞の may がついています。**be** と **have** 以外の助動詞の後にくる動詞は原形で，しかも必ず述語動詞ですから，この cost は原形で述語動詞です。さきほど，「この文の動詞は cost だけなので cost は述語動詞に決まる」といいましたが，実は，この文中に cost 以外の動詞がいくつ出てきても，cost は直前の may を見た瞬間に述語動詞に確定するのです。（☞§14）
6. **cost** は何番か？ —— ④ —— cost の主語は slip で，slip ≠ him ≠ post ですから，him は間接目的語で，post は直接目的語です。cost は目的語が 2 つ付

いているので④です。cost him his post を直訳すると，「彼から彼の地位を取り去る」となります。(☞§15)

7. **cost** の主語は？ —— **slip**
8. 前置詞の目的語をすべて指摘せよ。—— **tongue** と **press conference**
  —— tongue は of の目的語で，press conference は at の目的語です。なお press conference はこれ全体が「記者会見」という意味の1つの名詞です。
9. **His** の格は？ —— 所有格 —— His は3人称・単数の代名詞の所有格です（F.o.R. では形容詞として扱います）。(☞§16, 18)
10. **His** の働きは？ —— **slip** にかかる
11. **him** の格は？ —— 目的格 —— him は3人称・単数の代名詞の目的格です。したがって，him はつづりを見ただけで目的語（動詞の目的語か前置詞の目的語）の働きをしていることがわかります。(☞§17)

参考　活用と述語動詞・準動詞の関係を聞く問題 [Ⅱ]（解答は p.191）
下の動詞を次の3つに分類し，記号で答えなさい。
ⓐ 助動詞を付けずに用いた場合，必ず述語動詞になるもの
ⓑ 助動詞を付けずに用いた場合，必ず準動詞になるもの
ⓒ 助動詞を付けずに用いた場合，述語動詞になることもあれば，準動詞になることもあるもの

1. puts　　2. admitting　　3. tell　　4. fell　　5. cut
6. done　　7. are　　8. played　　9. written　　10. saw

> (5) 動詞の数 1　接点 0　§19〜21 に対応
>
> The simplicity of the books makes them suitable
> S　　　　　　a　　　　　　　⑤　　O　　C
> for beginners.
> ad
>
> （直訳）それらの本の易しさが，それらを初心者に適した状態にしている。
>
> （意訳）それらの本は易しいので，初心者に適している。

1. この文の述語動詞は？ ── **makes** ── この文に出てくる動詞は makes だけです。したがって，makes は必然的に述語動詞に決まります。

2. この文の準動詞は？ ── なし

3. **makes** は何形か？ ── 現在形 ── makes の s は 3 人称・単数・現在の s です。したがって，makes は現在形＝述語動詞に確定します。さきほど，「この文の動詞は makes だけなので makes は述語動詞に決まる」といいましたが，実は，この文中に makes 以外の動詞がいくつ出てきても，makes は語尾の s を見た瞬間に述語動詞に確定するのです。（☞ §19）

4. 現在形は述語動詞か準動詞か？ ── 必ず述語動詞

5. **makes** には何故 s が付いているのか？ ── 主語が 3 人称・単数で，動詞が現在形だから ── というよりも，makes の s を見ることによって，この動詞が現在形＝述語動詞で，主語は 3 人称・単数の名詞だということがわかるのです。したがって，makes の直前には books という名詞がありますが，books は複数形の名詞ですから，絶対に makes の主語ではありません。books は前置詞 of の目的語で，makes の主語は 3 人称・単数の名詞である simplicity です。

6. **makes** は何番か？ ── ⑤ ── them は代名詞で，中身は the books です。したがって，The simplicity ≠ them ですから，them は makes の目的語です（them は目的格ですから，つづりを見ただけで目的語だとわかります。ただし，つづりだけでは前置詞の目的語なのか動詞の目的語なのかはわかりません。なお，目的

次に suitable は「適している，ふさわしい」という意味の形容詞です。代名詞には原則として形容詞をかけることはできません（one, other, something など一部の例外はあります）。したがって，suitable を them にかけることはできません。また，前置詞の目的語を修飾する語を，前置詞の前に置くこともできません。必ず前置詞の後に置きます。したがって，もし suitable が beginners を修飾しているなら，for suitable beginners という語順になるはずです。

　結局 suitable は前後いずれにも名詞修飾では働けないのです。名詞修飾の道を遮断された形容詞の働きは補語に決まります。したがって，suitable は補語です。すると，makes は目的語と補語が付いているので，⑤で使われています。

　これは第5動詞型ですから，目的語の them と補語の suitable の間には意味上の主語・述語関係が成立しており，makes の基本的意味は「生み出す」です。そこで，これを表面に出して直訳すると，「それらの本の簡単さは，それらが初心者に適している状態を生み出している」となります。これを意訳すると，「それらの本は簡単なので，初心者向けだ」となるのです。（☞§20）

7．**makes** の主語は？── **simplicity**
8．主語になれる品詞は？── 名詞のみ
9．前置詞の目的語をすべて指摘せよ。── **books** と **beginners** ── books は of の目的語で，beginners は for の目的語です。
10．**them** の働きは？── 動詞の目的語
11．目的語になれる品詞は？── 名詞のみ
12．**suitable** の品詞と働きは？── 形容詞で，補語
13．補語になれる品詞は？── 名詞と形容詞

　参考　活用と述語動詞・準動詞の関係を聞く問題［Ⅱ］の解答
　1．ⓐ　2．ⓑ　3．ⓒ　4．ⓐ　5．ⓒ
　6．ⓑ　7．ⓐ　8．ⓒ　9．ⓑ　10．ⓒ
　10．saw は「見る」という意味のときは see-saw-seen ですから過去形ですが，「のこぎりで切る」という意味のときは原形または現在形です。

|参考| 名詞の基本的働き

　これまでに勉強した（1）～（5）の英文中には，全部で19個の名詞が出てきました。この19個の名詞の働きは次の通りです。

　　主語－5個
　　動詞の目的語－4個
　　前置詞の目的語－7個
　　補語－3個

　この4つ以外の働きをしている名詞は1つもありません。そこで，この4つの働き（＝主語，動詞の目的語，前置詞の目的語，補語）を名詞の基本的働きといいます。英文中に名詞が出てきたら，まず「この4つのどれだろう？」と考えるのがF.o.R.の基本です。(☞§21)

(6) 動詞の数 1　接点 0　§22〜23 に対応

Life is often compared to a long burdensome journey.
　S　　　ad　　　－③　　　　　　　ad

人生はしばしば長い, 重荷を負った旅路にたとえられる。

1. この文の述語動詞は？ —— **is compared** —— この文に出てくる動詞は is compared だけです（F.o.R. では is compared が 1 つの動詞です）。したがって, is compared は必然的に述語動詞に決まります。(☞ §22)
2. この文の準動詞は？ —— なし
3. **compared** は何形か？ —— 過去分詞形 —— 辞書の捉え方によると, compared は動詞の過去分詞形です。また, この捉え方によると, compared の前にある is は助動詞の現在形です。
4. **is compared** は何形か？ —— 現在形 —— F.o.R. の捉え方によると, is compared は動詞の現在形です。現在形ですから, 必ず述語動詞です。(☞ §23)
5. **is compared** は何番か？ —— －③ —— 受身の動詞型を判断するときは, いちいち能動態に直して判断してはいけません。受身の動詞型は受身のままで判断します。具体的にやってみましょう。is compared の後に出てくる to a long burdensome journey は「長い, 重荷を負った旅に」という意味の副詞句で, is compared にかかっています。つまり, is compared の後には目的語も補語も出てこないのです。受身の動詞の後に目的語も補語も出ないときは, －③です。(☞ §22)
6. **is compared** の主語は？ —— **Life**
7. **is compared** を原形に変えよ。—— **be compared**
8. **is compared** を過去分詞形に変えよ。—— **been compared**
9. **is compared** を ing 形に変えよ。—— **being compared**
10. **journey** の品詞は？ —— 名詞
11. 名詞の働きは？ —— 主語・動詞の目的語・前置詞の目的語・補語
12. **journey** はそのうちのどれか？ —— 前置詞の目的語

> (7)　動詞の数1　接点0　§24〜26に対応
>
> What harm has <u>been done</u> you?
> 　a⤴S　　aux　　 —④　　　O
>
> （直訳）どんな害があなたに与えられたのか。
> （意訳）あなたはどんなひどい目にあったのですか。

1. この文の述語動詞は？ ── **been done** ── この文に出てくる動詞は been done だけです（F.o.R. では been done が1つの動詞です）。したがって，been done は必然的に述語動詞に決まります。
2. この文の準動詞は？ ── なし
3. **done** は何形か？ ── 過去分詞形 ── 辞書の捉え方によると，done は動詞の過去分詞形です。また，この捉え方によると，done の前にある been は助動詞の過去分詞形です。
4. **been done** は何形か？ ── 過去分詞形 ── F.o.R. の捉え方によると，been done は動詞の過去分詞形です。
5. **been done** は何番か？ ── —④ ── 受身の動詞型を判断するときは，いちいち能動態に直して判断してはいけません。受身の動詞型は受身のままで判断します。具体的にやってみましょう。been done の後に出てくる you は，been done の主語である harm とイコールの関係にありません（harm ≠ you）。このように動詞に直接付いていて，かつ主語とイコールの関係にない名詞の働きは動詞の目的語です。したがって，you は動詞の目的語です。**受身の動詞の後に目的語が出るときは，—④です。**（☞ §22）
6. **been done** の主語は？ ── **harm**
7. 過去分詞の4つの可能性は？ ── 受身・完了・過去分詞形容詞用法・分詞構文（☞ §25）
8. **done** はそのうちのどれか？ ── 受身 ── この過去分詞（= done）は，前に助動詞の been を付けて受身で用いられています。

9. **been done** はそのうちのどれか？―― 完了 ―― この過去分詞（= been done）は，前に助動詞の has（主語が3人称・単数で，活用は現在形ですから have ではなく has です）をつけて完了で用いられています。

　前に，「過去分詞形は述語動詞のこともあれば準動詞のこともあって，一概にいえない」といいました。ところが，この過去分詞（= been done）は前に現在形の助動詞（= has）が付いています。現在形と過去形の助動詞の後にくる動詞は必ず述語動詞です。したがって，さきほど，「この文の動詞は been done だけなので been done は述語動詞に決まる」といいましたが，実は，この文中に been done 以外の動詞がいくつ出てきても，been done は直前の has を見た瞬間に述語動詞に確定するのです。

　この疑問文を発せられている相手（= you）は，以前に誰かによって何らかの害を与えられて，現在何らかの形でその影響を受けているのです（ひょっとすると，現在悲惨な状態なのかもしれません）。少なくとも，この疑問文を発した人（= 話者）はそう見ているのです。そこで，話者は，「あなたの現在の状態を引き起こした原因として，どんな害が以前に与えられたのですか？」という意味で，現在完了を使って，尋ねているのです。もし，この害によって生じた影響が現在は消滅していて，この害と現在の状態の間に因果関係（= 原因・結果の関係）がないと話者が判断しているなら，現在完了は使いません。単純な過去形を使って，What harm was done you? と尋ねるはずです。つまり，この文における現在完了は，「あなたは，以前与えられた害の影響を現在受けていますね」（場合によっては「あなたは現在悲惨な状態ですね」）という話者の判断を表しているのです。（☞ §24）

10. **been done** を過去形に変えよ。―― **was done**
11. **has** の品詞は？―― 助動詞
12. **has** は何形か？―― 現在形
13. **What** の品詞と働きは？―― 疑問形容詞で，**harm** にかかる
14. **you** の働きは？―― 動詞の目的語

196

(8)

> (8) 動詞の数1　接点0　§27に対応
>
> Lessons should be made more accessible to students.
> 　S　　aux　　ー⑤　　ad ↗ aC ↖　　ad
>
> （直訳）授業は学生にもっと取り組みやすい状態にされるべきだ。
> （意訳）授業を学生がもっと取り組みやすいようにすべきだ。

1. この文の述語動詞は？——— **be made** ——— この文に出てくる動詞は be made だけです（F.o.R. では be made が1つの動詞です）。したがって，be made は必然的に述語動詞に決まります。
2. この文の準動詞は？——— なし
3. **made** は何形か？——— 過去分詞形 ——— 辞書の捉え方によると，made は動詞の過去分詞形です。また，この捉え方によると，made の前にある be は助動詞の原形です。
4. **be made** は何形か？——— 原形 ——— F.o.R. の捉え方によると，be made は動詞の原形です。
5. **be made** は何番か？——— －⑤ ——— 受身の動詞型を判断するときは，いちいち能動態に直して判断してはいけません。受身の動詞型は受身のままで判断します。具体的にやってみましょう。be made の後に出てくる more は副詞で，accessible を修飾しています。accessible は「取り組みやすい」という意味の形容詞ですが，前の名詞 Lessons にも，後の名詞 students にもかけることができません（Lessons を修飾するなら，Accessible lessons になるはずですし，students を修飾するなら，to accessible students になるはずです）。形容詞の働きは，名詞修飾でなければ，補語です。したがって，accessible は補語です。**受身の動詞の後に補語が出るときは，－⑤です。**

　それでは，補語が名詞の場合はどうでしょうか。次の英文を見てください。

> The American President's wife is called the First Lady.
> 　　　　a　　　　　　　　↗ S　　ー⑤　　　　　nC

> アメリカの大統領夫人はファースト・レディと呼ばれる。

the First Lady は，主語の The American President's wife とイコールの関係にあります。このように動詞に直接付いていて，かつ主語とイコールの関係にある名詞の働きは補語です。したがって，the First Lady は補語です。すると，is called は後に補語がきているので，―⑤に決まります。(☞§22)

6. **be made** の主語は？ ―― **Lessons**
7. 過去分詞の4つの可能性は？ ―― 受身・完了・過去分詞形容詞用法・分詞構文
8. **made** はそのうちのどれか？ ―― 受身 ―― この過去分詞（= made）は，前に助動詞の be を付けて受身で用いられています。
9. **be made** を過去分詞形に変えよ。 ―― **been made** (☞§23)
10. **should** の品詞は？ ―― 助動詞 ―― should は shall の過去形ですが，この文の should は過去の内容を表しているわけではなく，「〜すべきだ」という義務を表しています。be made には助動詞の過去形が付いているのですから，絶対に述語動詞です。さきほど，「この文の動詞は be made だけなので，be made は述語動詞に決まる」といいましたが，実は，この文中に be made 以外の動詞がいくつ出てきても，be made は直前の should を見た瞬間に述語動詞に確定するのです。
11. **more** の品詞と働きは？ ―― 副詞で **accessible** にかかる
12. **accessible** の品詞と働きは？ ―― 形容詞で，補語
13. 補語になれる品詞は？ ―― 名詞と形容詞
14. **students** の働きは？ ―― 前置詞の目的語

> **(9)** 動詞の数2　接点1（内訳：等位接続詞1）　§28〜30に対応
>
> The book　is being printed　and　will be published　in a fortnight.
> S　　　　　　－③　　　　　＋　aux　　－③
> ad
>
> その本は現在印刷中で，2週間後に出版されます。

1. この文の述語動詞は？ —— **is being printed** と **be published** —— この文には動詞が2つ出てきますが，どちらも述語動詞です。まず is being printed は，「印刷されつつある」という意味の進行形で，ing 形のところには受身の動詞の ing 形（= being p.p.）が入っています。F.o.R. では，進行形の場合は be ＋－ing の全体を1つの動詞として扱いますから，is being printed は，これ全体が1つの動詞で，活用は現在形です。現在形ですから必ず述語動詞です。次に，be published は原形の動詞で，前に現在形の助動詞 will（過去形は would です）が付いています。現在形の助動詞が付いているので，やはり絶対に述語動詞です。この2つの述語動詞の主語は，どちらも The book です。つまり，1つの主語に2つの述語動詞があるわけです。そして，この2つの述語動詞は，間にある等位接続詞（= and）によってつながれています。（☞§28）
2. この文の準動詞は？ —— なし
3. **printed** は何形か？ —— 過去分詞形
4. **being printed** は何形か？ —— **ing** 形
5. **is being printed** は何番か？ —— －③ —— 後に目的語も補語も出ないので，－③です。
6. **and** の品詞と働きは？ —— 等位接続詞で，**is being printed** と **will be published** をつなぐ —— 等位接続詞は下に＋と表示します。（☞§29, 30）
7. **will** の品詞は？ —— 助動詞
8. **be published** は何形か？ —— 原形

9．**published** は何形か？ —— 過去分詞形
10．過去分詞の4つの可能性は？ —— 受身・完了・過去分詞形容詞用法・分詞構文
11．**published** はそのうちのどれか？ —— 受身
12．**fortnight** の品詞は？ —— 名詞 —— fortnight は「2週間」という意味の名詞です。
13．名詞の働きは？ —— 主語・動詞の目的語・前置詞の目的語・補語
14．**fortnight** はそのうちのどれか？ —— 前置詞の目的語 —— in a fortnight は「2週間たったら」という意味です。「2週間以内に」のときは within a fortnight といいます。

(10) 動詞の数2　接点1（内訳：準動詞1）　§31〜32に対応

$$\underset{S}{\text{He}} \underset{-⑤}{\underline{\text{was elected}}} \underset{C}{\text{president}} \underset{a}{\underline{\text{of the university}}} \underset{a\ |\ -③}{\underline{\text{being built}}} \underset{ad}{\underline{\text{at Sendai}}}.$$

(直訳) 彼は仙台に建設されつつある大学の学長に選ばれた。
(意訳) 彼は仙台に建設中の大学の学長に選ばれた。

1. この文の述語動詞は？ —— **was elected** —— この文に出てくる動詞は，was elected と being built の2つです。was elected は過去形ですから，絶対に述語動詞です。それに対し，being built は ing 形です。**ing 形は進行形の場合を除いて，すべて準動詞**（＝動詞の働き以外に名詞または形容詞または副詞の働きを兼ねている動詞）です。この being built は進行形ではありません（進行形なら be being built となります）。したがって，being built は準動詞です。

2. この文の準動詞は？ —— **being built**

3. **He** の人称と数と格を答えよ。—— 3人称・単数・主格

4. **elected** は何形か？ —— 過去分詞形

5. **was elected** は何形か？ —— 過去形

6. **was elected** は何番か？ —— −⑤ —— He ＝ president が成立するので，president は補語です。受身の動詞の後に補語が出るときは，−⑤です。

7. 名詞の働きは？ —— 主語・動詞の目的語・前置詞の目的語・補語

8. **president** はそのうちのどれか？ —— 補語

9. 補語になれる品詞は？ —— 名詞と形容詞

10. **being built** は何形か？ —— ing 形

11. **ing** 形の4つの可能性は？ —— 進行形・動名詞・現在分詞形容詞用法・分詞構文（☞§31）

12. **being built** はそのうちのどれか？ —— 現在分詞形容詞用法 —— being

built は裸で（＝単独で＝助動詞の be が付かないで＝進行形にならずに）出てきた ing 形ですから，必ず準動詞です。ここでは，形容詞の働きを兼ねる現在分詞形容詞用法として使われています。(☞§31)

13．現在分詞形容詞用法の働きは？——— 名詞修飾・補語 ——— 現在分詞形容詞用法は形容詞の働き，すなわち名詞修飾か補語のどちらかの働きをします。

14．**being built** はそのうちのどれか？——— 名詞修飾 ——— the university を修飾しています。

15．**being built** の前の働きと後の働きは？——— 前の働きは **university** にかかる。後の働きは─③

16．前置詞の目的語をすべて指摘せよ。——— **university** と **Sendai**

> **（11）** 動詞の数2　接点1（内訳：準動詞1）　§33〜34に対応
>
> I never hear that tune without being reminded of my poor uncle.
> S　ad　③　a→O　　ad　　−③　　　　　ad
>
> （直訳）私は，かわいそうな叔父を思い出すことなしにその曲を聴くことは決してない。
> （意訳）私は，その曲を聴くと必ずかわいそうな叔父を思い出す。

1. この文の述語動詞は？ —— **hear** —— この文に出てくる動詞は，hear と being reminded の2つです。hear は原形または現在形ですが，この hear の使い方は原形を用いる5つの場所（☞§4）のどれでもありません。したがって，hear は現在形＝述語動詞です。being reminded は裸の ing（＝単独で使われている ing 形）ですから，必ず準動詞です。また，このように考えることもできます。英文には必ず述語動詞が最低1つは必要です（述語動詞が出てこなければ文は成立しません）。ところで，being reminded は準動詞です。となると，残った hear は必ず述語動詞でなければなりません。実際，難しい英文を読んでいるときは，後者のような考え方をすることがよくあります。

2. この文の準動詞は？ —— **being reminded**

3. **I** の人称と数と格を答えよ。 —— 1人称・単数・主格

4. **hear** は何形か？ —— 現在形

5. **that** の品詞と働きは？ —— 形容詞で **tune** にかかる

6. **tune** の働きは？ —— 動詞の目的語

7. **being reminded** は何形か？ —— ing 形

8. ing 形の4つの可能性は？ —— 進行形・動名詞・現在分詞形容詞用法・分詞構文

9. **being reminded** はそのうちのどれか？ —— 動名詞 —— being reminded

は裸（＝助動詞が付いていない状態）ですから，進行形の可能性は全くありません。動名詞か現在分詞形容詞用法か分詞構文のどれか，要するに，簡単にいえば，名詞か形容詞か副詞のどれかです。ここでは名詞（＝動名詞）で，前置詞（＝ without）の目的語になっています。

10．動名詞の働きは？ ——— 主語・動詞の目的語・前置詞の目的語・補語 ——— 動名詞の働きを問われたら，名詞の働きを答えればよいのです。

11．**being reminded** はそのうちのどれか？ ——— 前置詞の目的語

12．**being reminded** の前の働きと後の働きは？ ——— 前の働きは前置詞の目的語，後の働きは—③ （☞§33）

13．**reminded** は何形か？ ——— 過去分詞形

14．過去分詞の4つの可能性は？ ——— 受身・完了・過去分詞形容詞用法・分詞構文

15．**reminded** はそのうちのどれか？ ——— 受身 ——— remind は③の動詞で，remind 人 of 事柄「人に事柄を思い出させる」という使い方をします。これを受身にすると，人 be reminded of 事柄「人が事柄を思い出させられる＝人が事柄を思い出す」となります。この be reminded of 事柄を ing 形にして，動名詞として使ったのが being reminded of my poor uncle です。

　ところで，without being reminded of my poor uncle は副詞句で，never hear の全体ではなく，hear だけにかかっています（never には修飾関係が及んでいません）。そのために直訳すると，次のようになります。「私は，かわいそうな叔父を思い出すことなしにその曲を聴くことは決してない」 これは，「その曲を聴くこと」と「叔父を思い出すこと」が不可分一体で，切り離せないということです。そこで，「私は，その曲を聴くと必ずかわいそうな叔父を思い出す」という意訳になるのです。

16．**uncle** の働きは？ ——— 前置詞の目的語

> **(12)** 動詞の数2　接点1（内訳：従属節1）　§35〜38に対応
>
> [That dance is becoming very popular among young
> S 接　　S　　　②　　　　ad ↘ C ↖　　　　ad
> people] has been proven by a nationwide survey.
> 　　　　aux　─③ ↖　　　　　　ad
>
> ダンスが若者の間で非常に人気が出ていることが全国的な調査によって証明されている。

1. この文の述語動詞は？── **is becoming** と **been proven** ── is becoming は現在形＝述語動詞です。been proven は過去分詞形ですが，has という現在形の助動詞が付いているので（has ＋ p.p. で現在完了です），やはり述語動詞です。どちらも述語動詞ですから主語が必要ですが，間に等位接続詞がない以上，主語が同じというわけにはいきません（「2つのVのルール」のルート2です ☞§29）。この頭の働きをさらに詳しく再現してみましょう。英文を左から右に読み進んで，people まで見た段階では，次のように見えています。

> That dance is becoming very popular among young people …
> a ↘ S　　　②　　　　ad ↘ C ↖　　　　ad
>
> そのダンスは若者の間で非常に人気が出てきている。

ところが，people の次に has が見えた瞬間「あ！間違えた」と思います。なぜなら，has はつづりから考えて現在形＝述語動詞で，主語は3人称・単数の名詞です。現在の読み方では，主語は That dance（そのダンス）しかありません。しかし，これでは，1つの主語（＝ dance）に2つの述語動詞（＝ is becoming と has）があり，それでいながら間を等位接続詞でつないでいないことになります。これでは「2つのVのルール」に違反してしまいます。

> That dance is becoming very popular among young people
> 　　　　S　　　V_1
> has …
> V_2

そこで、「ルート1．どちらかは述語動詞ではないのではないか？」を考えます。しかし、is becoming と has はどちらも確実に現在形で、述語動詞に確定しています（has は助動詞の可能性もありますが、その場合でも has の後に出る過去分詞形の動詞は絶対に述語動詞です）。そこで、「**ルート2．どちらも述語動詞だとすれば、主語が異なるのではないか？**」と考えます。これが、文頭の That の品詞を形容詞から従属接続詞に変えさせるのです。That を dance から切り離して、従属接続詞にすれば、That から people までを名詞節にすることができます。**That が作る名詞節は3人称・単数として扱う**（＝itと同じ扱いをする）ことになっているので、has の主語にすることができます。こうすると、2つの述語動詞は主語が違うので、「2つの V のルール」の適用は受けず、間に等位接続詞がないことも説明がつくのです。

　ところで、That を従属接続詞にすると dance は裸（＝単数・無冠詞）になります。通常は裸で使える名詞は「数えられない名詞（＝不可算名詞）」に限ります。（☞§35）したがって、dance が数えられない名詞でなければ、That を dance から切り離して従属接続詞にすることはできません。そこで、辞書で dance を調べて U の表示（不可算名詞の表示）がついていることを確認しなければなりません。中辞典までの辞書では dance には C の表示（可算名詞の表示）しか出ていないことが多いようです。しかし、大きな辞書を調べるとちゃんと U の表示も出ています。つまり、dance は不可算名詞でも使えるのです。これを確認してはじめて That を従属接続詞にできるのです。（☞p.209）

　結局、is becoming は従属節の述語動詞で、been proven は主節の述語動詞（＝大黒柱）なのです。（☞§29）

2．この文の大黒柱は？──── **been proven**
3．この文の準動詞は？──── なし
4．**That** の品詞は？──── 従属接続詞（☞§37）
5．**That** が作る節の外側は？──── **That** から **people** までが名詞節で、**been proven** の主語になっている（☞§36）
6．名詞節を作る語は？──── 従属接続詞の **that・if・whether**、疑問詞、関係

詞の **what**，関係詞＋**ever**，先行詞の省略された関係副詞 —— 名詞節を作る語は，ここにあげた5種類です。逆にいえば，ここにあげた5種類の語のどれかを確認しない限り，勝手に名詞節の存在を考える（＝勝手に［四角いカッコ］でくくる）ことはできません。従属接続詞以外の語はまだ出てきていませんが，とりあえず，この5種類を暗記しておいてください。

7. **is becoming** は何形か？ —— 現在形 —— 「何形か？」という質問は，活用を尋ねているのです。したがって「進行形」では答えになりません。

8. **popular** の働きは？ —— 補語 —— **popular** は形容詞ですが，前が動詞＋副詞（＝ is becoming very）で，後が前置詞（＝ among）では，名詞修飾の可能性はありません。したがって，補語です。すると，is becoming は②ということになります。become は②のときは「〜になる」という意味です。

9. **has** の品詞は？ —— 助動詞 —— 完了を作る助動詞 have の3人称・単数・現在形です。

10. **been proven** は何形か？ —— 過去分詞形 —— この質問と答えが理解できない人は「§23 受身の動詞の活用」を読み返してください。

11. **been proven** は何番か？ —— −③ —— been proven は受身の動詞で，後に目的語も補語も出ないので−③です。

12. **proven** は何形か？ —— 過去分詞形 —— prove－proved－proven という不規則活用です。この動詞は，prove－proved－proved という規則活用をすることもあります。ともかく，proven はつづりから過去分詞形に確定します。

13. 過去分詞の4つの可能性は？ —— 受身・完了・過去分詞形容詞用法・分詞構文

14. **been proven** はそのうちのどれか？ —— 完了 —— has + p.p. で現在完了になっています。

15. **proven** はそのうちのどれか？ —— 受身 —— been + p.p. で受身になっています。

16. 前置詞の目的語をすべて指摘せよ。—— **people** と **survey** —— people は among の目的語で，survey は by の目的語です。

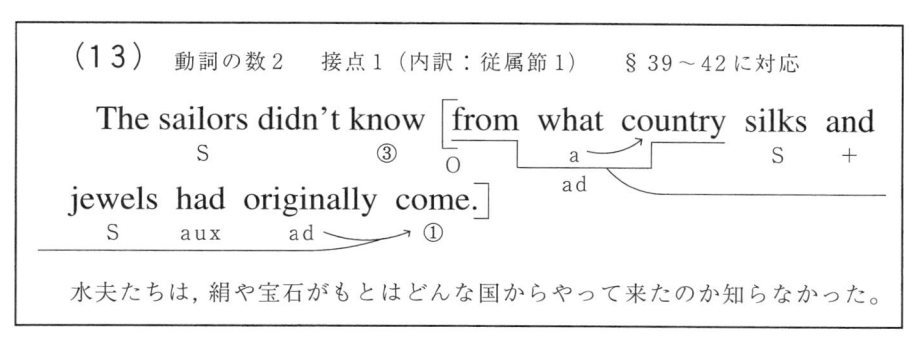

(13)

> (13) 動詞の数2　接点1（内訳：従属節1）　§39〜42に対応
>
> The sailors didn't know [from what country silks and jewels had originally come.]
>   S   ③   O   a   S +
>   ad
>   S aux   ad   ①
>
> 水夫たちは，絹や宝石がもとはどんな国からやって来たのか知らなかった。

1. この文の述語動詞は？——— **know** と **come** ——— did は過去形の助動詞なので，know は絶対に述語動詞です。したがって，The sailors didn't know は S + V です。また，had も過去形の助動詞なので，come は絶対に述語動詞です。したがって，silks and jewels had come も S + V です。2つの S + V の間には等位接続詞も，コロンも，セミコロンも，ダッシュもありません。これは2つの S + V が対等でない（＝主従の関係にある）ことを示しています。したがって，この文には従属節があることになります。（☞ §39）

2. この文の大黒柱は？——— **know**

3. この文の準動詞は？——— なし

4. **know** は何形か？——— 原形 ——— know には助動詞の did が付いているので，原形です。

5. **what** の品詞は？——— 疑問形容詞 ——— what は疑問形容詞（意味は「どんな」）で，country を修飾しています。

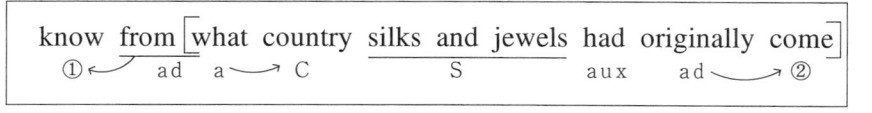

6. **what** が作る節の外側は？——— **from** から **come** までが名詞節で，**know** の目的語になっている ——— この文の what は名詞節（疑問詞が作る名詞節ですから，間接疑問文です）を作っています。この名詞節の範囲を what から come までとすると，外側と内側は次のようになります。

> know from [what country silks and jewels had originally come]
>   ① ad   a   C   S   aux   ad   ②

come は③では使いませんから（このことは辞書を見ればわかります），come が③で country が目的語という読み方はできません。どうしても come は②で country は補語という読み方をしなければなりません。しかし，come は②のときは「～になる」という意味ですから（これも辞書を見ればわかります），この名詞節の意味は「絹と宝石は元々どんな国になってしまったのか」となります。これでは意味が通りません。また，外側も「～から知る」となって，何を知るのか不明です。そこで，読み方を変えて，from から名詞節にしてみます。すると，外側と内側は次のようになり，意味も完璧に通ります。

```
know │from what country silks and jewels had originally come│
 ③    O   ad      S          aux      ad    ①
どんな国から，絹と宝石が元々やって来たのかを知る
```

したがって，これが正解です。

　以上の説明からもわかるように，従属節の構造を考えるときは，絶えず外側と内側を別々に検討し，辞書に書いてある（あるいは書いてないという）制約に違反しないように注意するのです。「辞書に書いてないという制約に違反しない」というのは，たとえば，ある動詞が，辞書には①と③と⑤の用例（＝例文）が出ているが，②と④の用例は出ていない，という場合，自分勝手にその動詞を②や④で使ってはいけないということです。（☞§41, 42）

7．**what** の内側の働きは？── **country** にかかる
8．名詞節を作る語は？── 従属接続詞の **that・if・whether**, 疑問詞, 関係詞の **what**, 関係詞＋**ever**, 先行詞の省略された関係副詞
9．**what** はそのうちのどれか？── 疑問詞
10．**country** の働きは？── 前置詞の目的語 ── **from** の目的語です。
11．**and** の品詞は？── 等位接続詞 ── **and** は **silks** と **jewels**（主語と主語）をつないでいます。
12．接続詞の種類は？── 等位接続詞と従属接続詞 ── 英語の接続詞は，この２種類しかありません。

13. **jewels** の働きは？ ── 主語
14. **had** の品詞は？ ── 助動詞
15. **had** は何形か？ ── 過去形
16. **come** は何形か？ ── 過去分詞形 ── come は come‐came‐come という不規則活用ですから，つづりを見ただけでは原形・現在形・過去分詞形のどれかわかりません。しかし，助動詞の had がついていれば，過去分詞形だとわかります。had come は had + p.p. で，過去完了と呼ばれる形です。
17. 過去分詞の4つの可能性は？ ── 受身・完了・過去分詞形容詞用法・分詞構文
18. **come** はそのうちのどれか？ ── 完了

> 参考　可算名詞は裸では使えない
>
> 　§29で The decrease in the number of job offers for women …. という英文を検討しました。その際「offers を動詞と考え，その主語を The decrease にする読み方が考えられるが，この読み方は women の後にいきなり is … が続くことで否定される」という説明をしました。しかし，実は women の後にどう続くかということと無関係に，そもそもこの読み方自体がありえないのです。というのは，この読み方だと job は裸（＝単数で，かつ限定詞がつかない状態）になります。job は可算名詞ですから原則として裸では使えません。したがって，… of job offers … は job と offers をつなげて1つの名詞（job offers「求人」という意味の複数形の名詞）に読むしかないのです。
>
> 　何度も申し上げますが，英文の読み方は目に見えない次元に存在するルール（job が可算名詞か不可算名詞かは目で見てわかるものではありません）によってコントロールされているのです。ここに意識を向けず，単なる慣れによって外国語である英語を正確に読む力を身につけることは困難だと思います。

> (14) 動詞の数2　接点1　(内訳：従属節1)
>
> Praise, ⟨if you don't take it too seriously,⟩ can't hurt you.
>   S　　接　S　　　　③　　O　ad　　ad　　　aux　③　O
>
> 称賛されても，真剣に受け取りすぎなければ，害にはならない。

1. この文の述語動詞は？ ── **take** と **hurt** ── take と hurt はどちらも現在形の助動詞 (do と can) が付いているので，述語動詞です。
2. この文の大黒柱は？ ── **hurt**
3. この文の準動詞は？ ── なし
4. **Praise** の品詞と働きは？ ── 名詞で主語 ── praise が名詞のときは「称賛すること」と「称賛されること」の2つの意味があります。ここでは後者の意味です。
5. **if** の品詞は？ ── 従属接続詞
6. **if** が作る節の外側は？ ── **if** から **seriously** までが副詞節で，**can't hurt** にかかる ── 従属接続詞は原則として節の先頭にきます (例外はごく稀です)。したがって，従属接続詞が作る節は，従属接続詞から始まると考えて差し支えありません。また，従属接続詞は節の中で文の要素にはなりませんから，従属接続詞の後には完全な S＋V (＝主語，動詞の目的語，前置詞の目的語，補語に関して足りない要素がない S＋V) が続きます。この文の if は副詞節を作っているので，「もしも」という意味です。(☞§37)
7. 副詞節を作る語は？ ── 従属接続詞 (**that・if・whether** も含む), 関係詞＋**ever** ── 関係詞の語尾に ever を付けた語 (whoever, whichever, whatever など) は複合関係詞と呼ばれて，名詞節または副詞節を作ります。副詞節を作る語は，厳密にはこの2種類以外にもありますが，とりあえずここではこの2種類を暗記しておいてください。

8. 従属節とは？ ── 1つの文が他の文の中に入って、名詞・形容詞・副詞の働きをする現象
9. 従属節の種類は？ ── 名詞節・形容詞節・副詞節
10. take は何形か？ ── 原形 ── 助動詞の do が付いているので，原形です。なお，don't の not は take だけを否定しているのではなく，take it too seriously の全体を否定しています。したがって，「もし，過度に真剣にそれを受け取る，ということをしなければ ➡ 真剣に受け取りすぎなければ」という意味になります。
11. it の人称と数を答えよ。 ── 3人称・単数
12. hurt は何形か？ ── 原形 ── 助動詞の can が付いているので，原形です。
13. hurt の主語は？ ── **Praise**

参考　従属節を作る語の存在

　英文を読んでいるとき，やたらとカッコでくくる（＝すぐに従属節にしてしまう）人がいますが，これはいけません。従属節は，読んでいる人の都合で，このあたりをカッコでくくるとうまくいくから従属節にしよう，というわけにはいかないのです。

　従属節は，従属節を作る語があって初めてできるのです。従属節を作る語の存在（ないし省略）を確認できないうちは，勝手にカッコでくくって（＝従属節にして）はいけません。

　したがって，皆さんは，まず，F.o.R. の要点の 48～50（従属節を作る語）を完全に暗記し，次に，これらの語の存在（ないし省略）を確認してから，従属節を考えてください。

(15) 動詞の数2　接点1　(内訳：準動詞1)　§43に対応

He spoke loudly enough to be heard above the music.
　S　①　　ad　　ad　　ad ｜ －③　　　ad

(直訳) 彼は，音楽を超えて聞かれるのに十分なほど大きな声で話した。
(意訳) 彼は音楽の音にかき消されないように大声で話した。

1. この文の述語動詞は？── **spoke** ── speak は speak – spoke – spoken という不規則活用の動詞ですから，spoke は過去形（＝述語動詞）です。to be heard は不定詞副詞用法で，準動詞です。
2. この文の準動詞は？── **to be heard**
3. **spoke** は何形か？── 過去形
4. **spoke** は何番か？── ①
5. 副詞の働きは？── 動詞修飾・形容詞修飾・他の副詞修飾・文修飾
6. **loudly** はそのうちのどれか？── 動詞修飾 ── loudly は spoke を修飾しています。
7. **enough** の品詞と働きは？── 副詞で，loudly にかかる
8. **heard** は何形か？── 過去分詞形
9. 過去分詞の4つの可能性は？── 受身・完了・過去分詞形容詞用法・分詞構文
10. **heard** はそのうちのどれか？── 受身
11. **be heard** は何形か？── 原形
12. 原形を用いる5つの場所は？── **to** の後，助動詞の後，命令文，使役動詞・知覚動詞の補語，仮定法現在 ── 助動詞の後というのは，もちろん be と have 以外の助動詞（can や may など）の後という意味です。使役動詞・知覚動詞の補語は§56で勉強します。この5つのうち，to の後（ただし，to が助動詞の一部に組み込まれる場合は除きます）と使役動詞・知覚動詞の補語は準動詞ですが，これ以外（＝助動詞の後・命令文・仮定法現在）はすべて述語動詞です。

13. 不定詞の4つの可能性は？—— 助動詞の一部＋述語動詞・不定詞名詞用法・不定詞形容詞用法・不定詞副詞用法（☞§43）
14. **to be heard** はそのうちのどれか？—— 不定詞副詞用法 —— to be heard は副詞の enough を修飾しているので，不定詞副詞用法です。
15. **to be heard** の前の働きは？—— **enough** にかかる
16. **to be heard** の後の働きは？—— －③
17. **music** の働きは？—— 前置詞の目的語
18. 目的語になれる品詞は？—— 名詞のみ

214

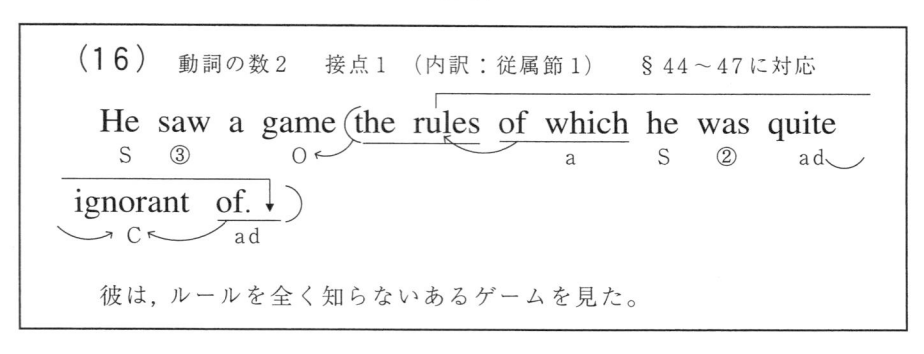

(16)　動詞の数2　接点1　(内訳：従属節1)　§44～47に対応

He saw a game (the rules of which he was quite
　S　③　　　O　　　　　　　a　　　　　S　②　　ad
ignorant of.↓)
　　C　　ad

彼は，ルールを全く知らないあるゲームを見た。

1. この文の述語動詞は？── **saw** と **was** ── どちらの動詞も不規則活用ですから，つづりを見ただけで過去形＝述語動詞に確定します。
2. この文の大黒柱は？── **saw**
3. この文の準動詞は？── なし
4. **saw** は何形か？── 過去形 ── see‐saw‐seen という不規則活用です。
5. **game** の働きは？── 動詞の目的語
6. **rules** の働きは？── 前置詞の目的語 ── **which** の品詞は疑問詞（疑問代名詞「どれ」，疑問形容詞「どの」）もありますが，前置詞＋**which** というときの **which** が疑問詞になることはきわめて稀です（もちろん，ないわけではありません）。したがって，**the rules of which** は名詞＋前置詞＋関係代名詞と考えるのが自然です。

　　だとすると，**of** から形容詞節になるか，または **the rules** から形容詞節になるかのどちらかです。まず前者を検討してみましょう。すると，主節は **He saw a game the rules** となります。これでは **saw** が④か⑤のどちらかでなければ，構造が成立しません。しかし，辞書によると，**see** は④では使えません。また，⑤では使えますが，補語が名詞の場合には，**see O as C** の形で使うことになっています（この **as** は補語の印と呼ばれています）。したがって，すでに主節の構造が破綻しています。

　　念のために，形容詞節も検討してみましょう。形容詞節は **of which he was quite ignorant of** です。これを普通の文の語順に直すと **he was quite** ignorant of of which となります。明らかに文末の of (ignorant of の of) の目的語が足りません。形容詞節の内側も破綻しています。要するに,この読み方は主節・従属節ともにつじつまが合わないのです(=「主従ともにデタラメ」なのです)。

　そこで,考え方を変えて,the rules から形容詞節にしてみましょう。すると,主節は He saw a game となり,構造(= S ③ O)も意味(=彼はあるゲームを見た)も成立します。形容詞節は the rules of which he was quite ignorant of です。普通の文の語順に直すと he was quite ignorant of the rules of which となり,構造が成立することがわかります(文末の of の目的語は the rules です)。この読み方は「主従ともに完璧」です。which に先行詞の a game を代入すると,he was quite ignorant of the rules of the game「彼はそのゲームのルールを全く知らなかった」となり,意味も通ります。この文で,a game がどんなゲームなのかを説明しているわけです。

　原則通り of which を無視して訳すと「彼は,ルールを全く知らないあるゲームを見た」となります。(☞ § 45, 46, 47)

7. どの前置詞か? —— 文末の **of**
8. **which** の品詞は? —— 関係代名詞
9. **which** の先行詞は? —— **game**
10. **which** が作る節の外側は? —— **the rules** から **of** までが形容詞節で,**game** を修飾している
11. 形容詞節の働きは? —— 名詞修飾
12. 関係代名詞の内側の働きは? —— 主語・動詞の目的語・前置詞の目的語・補語
13. **which** はそのうちのどれか? —— 前置詞の目的語
14. **ignorant** の品詞と働きは? —— 形容詞で,補語
15. 従属節とは? —— 1つの文が他の文の中に入って,名詞・形容詞・副詞の働きをする現象
16. 従属節の種類は? —— 名詞節・形容詞節・副詞節

なお，この英文は the rules を文末に置いて（ここが本来の位置です），of which だけを前に出すことも可能です。すると，次のようになります。

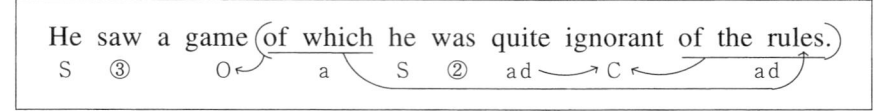

```
He saw a game (of which he was quite ignorant of the rules.)
S   ③      O     a     S  ②  ad    C         ad
```

これは正しい英文ですが，こうすると of which を見たときにはこれがどこにかかるのかはっきりわかりません。特に ignorant の次で改行しているような場合には，一瞬 of which が ignorant につながるようにも見えてしまいます。したがって，英米人はたいてい，内側の読みやすさを優先して，the rules of which をまとめて前に出すのです。

参考　　索引を使った復習のやり方

　一般に索引は必要な個所を検索するためのものです。しかし，本書の索引は，それだけでなく，特定の形（特に，苦手な形）を集中的に勉強するのに便利なように作られています。

　たとえば，動名詞を復習しようと思ったときは，索引の動名詞のところを見てください。本書には動名詞が21か所出てきますが，それが「働き」別に分類されて，出てくる順に並んでいます。これを一度に総覧すると動名詞に対する感覚が身につきます。

　あるいは，関係代名詞に前置詞がついた形が不得手な人は，索引の形容詞節のところを見ると，この形が3つのタイプ別に12か所出ています。少し時間のあるときにじっくりこの12か所を見ていくと，次第に目が慣れてきて，苦手意識がなくなります。ある程度本書の勉強が進んできたら，この復習も試みてください。

> (17) 動詞の数2　接点1　(内訳：準動詞1)　§48〜50に対応
>
> He is a young man newly come to our town.
> S ②   a   C   ad   a ①   ad
>
> 彼は，今度私たちの町にやって来た青年です。

1. この文の述語動詞は？ —— is —— この文の動詞は is と come の2つです。is は現在形＝述語動詞で，主語は He です。問題は come です。come は come‐came‐come という不規則活用の動詞です。したがって，come は原形・現在形・過去分詞形の3つの可能性があります。この文の come はどれでしょうか？まず，この come は「§4 原形と現在形の識別」で勉強した原形を用いる5つの場所のどれにも当てはまりません（to も助動詞も付いていないし，命令文，原形不定詞で補語，仮定法現在のどれでもありません）。したがって，原形ではありません。

次に，現在形だとすると，必ず述語動詞で，構造上の主語が必要です。この文で主語になれるのは He か man ですが，これはどちらも3人称・単数の代名詞・名詞ですから，現在形は comes とならなければなりません。come に3単現の s が付いていない以上，現在形でないことは確実です。

また，この文には等位接続詞が用いられていないので，come の主語を He にすると，「2つの V のルール」に違反します（主語を共通にする2つの述語動詞 is と come をつなぐ等位接続詞がないからです）。また，come の主語を a young man にすると，「2つの S＋V のルール」に違反します（He is と a young man … come という2つの S＋V をつなぐ等位接続詞がないからです）。この面からも，come が現在形＝述語動詞でないことは確実です（したがって，They are young men newly come to our town. のように名詞が複数形になっていて，3単現の s のルールの適用がない場合にも，come は現在形でないことがわかるのです）。

結局この come は，消去法によって，過去分詞形に決まるのです。過去分詞形だとすると，裸ですから，絶対に準動詞です。

2．この文の準動詞は？―― **come**
3．**come** は何形か？―― 過去分詞形
4．過去分詞の4つの可能性は？―― 受身・完了・過去分詞形容詞用法・分詞構文
5．**come** はそのうちのどれか？―― 過去分詞形容詞用法 ―― **come** は裸の **p.p.** で，前の働きは形容詞か副詞の働きです。副詞（＝分詞構文）の場合は通常前にコンマを置きますから，コンマがない場合は，形容詞用法を先に考えるのが筋です。**come** は過去分詞形容詞用法で **man** を修飾しています。後の働きは①です。自動詞の **p.p.** を裸で使ったときは「完了」の意味を表すことになっていますから，この **come** は「来る」ではなく「来てしまった」です。したがって，正解は「彼は私たちの町に今度やって来た青年です」となります。「彼は私たちの町に今度やって来る青年です」という訳は間違いです。（☞ §49, 50）
6．過去分詞形容詞用法の働きは？―― 名詞修飾・補語
7．**come** はそのうちのどれか？―― 名詞修飾
8．**come** は着物を着ているか裸か？―― 裸 ―― 過去分詞が着物を着ているのは助動詞の **be** か **have** が付いている場合です。
9．裸の **p.p.** の働きと意味は？―― 形容詞または副詞の働きをし，自動詞なら完了の意味，他動詞なら受身の意味を表す
10．**come** の後の働きは？―― ①
11．**come** を訳せ。―― 来た ―― この **come** は完了の意味を表します。完了というのは「来てしまって，今もいる」ということです。
12．**town** の働きは？―― 前置詞の目的語

> **参考**　本当の構文とは
>
> 　comeは普通は「来る」と訳しますが，（17）の英文のcomeはどうしても「来た」と訳さなければなりません。このcomeを「来る」と訳すか「来た」と訳すかは重大な問題で，間違えて笑ってすませられるようなささいな問題ではありません。**英文を構成する各語の背後には，読む人が認識できるか否かにかかわりなく，常に目に見えない抽象的な相互関係が存在していて，各語の意味はこの抽象的な関係によって制御されているのです。**そして，この抽象的な関係（これが構文です）を認識できる人だけが，自信をもってこのcomeを「来た」と訳せるのです。皆さんは，**本当の構文がどのようなもので，これを勉強することにどのような意味（＝実益）がある**のかをこの（17）の英文から感じ取ってください。

> (18) 動詞の数2　接点1　(内訳：準動詞1)　§51に対応
>
> A man given the award before made a speech at the party.
> S　a｜−④　　　O　　ad　③　　　O　　　ad
>
> 前にその賞を与えられた人がパーティーでスピーチした。

1. この文の述語動詞は？——— **made** ——— この文の動詞は given と made の２つです。given は，give − gave − given という不規則活用ですから，過去分詞形で，しかも裸です。したがって，絶対に準動詞です。文には最低１つは述語動詞が必要ですから，made は過去形＝述語動詞です。
2. この文の準動詞は？——— **given**
3. **given** は何形か？——— 過去分詞形
4. 過去分詞の４つの可能性は？——— 受身・完了・過去分詞形容詞用法・分詞構文
5. **given** はそのうちのどれか？——— 過去分詞形容詞用法 ——— given は裸の p.p. で，前にコンマがありませんから，形容詞用法と考えるのが筋です。man を修飾しています。動詞型は，後に the award という名詞がついているので，−④か−⑤のどちらかです（裸の p.p. の後に名詞がつくのは，②＋Cか−④＋Oか−⑤＋Cのどれかですが，②＋C は become と turned だけですから，−④か−⑤のどちらかに決まるのです）。しかし，give は⑤では使いません（このことをすでに知っていれば，それでよいし，知らなければ，これを辞書で調べるのです）。そこで，given は−④に決まります。the award は目的語です。A man given the award を直訳すると，「その賞を与えられた人」となります。(☞§51)
6. 過去分詞形容詞用法の働きは？——— 名詞修飾と補語
7. **given** はそのうちのどれか？——— 名詞修飾
8. **given** は着物を着ているか裸か？——— 裸

9. 裸の **p.p.** の働きと意味は？―― 形容詞または副詞の働きをし、自動詞なら完了の意味、他動詞なら受身の意味を表す
10. **given** の後の働きは？―― ―④
11. **award** の働きは？―― 動詞の目的語
12. **before** の品詞と働きは？―― 副詞で **given** にかかる
13. **made** は何形か？―― 過去形
14. **speech** の働きは？―― 動詞の目的語
15. **party** の働きは？―― 前置詞の目的語

参考　　英語構文の3つの難所

　英語構文の基本を勉強する過程で多くの人がつまずく難所が3箇所あります。それは「受身」と「裸の過去分詞」と「関係代名詞」です。特に「裸の過去分詞」を乗り越えられない人が多いようです。それは、裸の過去分詞は受身が下敷きになっているのに、受身をあやふやなままにして先に進むからです。「～が―される」が受身だという程度の理解では、どうしても裸の過去分詞を征服することはできません。

　関係代名詞は日本語にはない（したがって訳出しない）言葉です。そのために、英語を読むことは、単語の訳語を意味を考えながらつなぎ合わせることだと思っている人はなかなかそのからくりをつかむことができません。

　私は高2の頃「英語ができるようになりたければ英英辞典を使いなさい」と教師にいわれて、何度もチャレンジしたのですが結局使いこなせませんでした。当時は自分の忍耐力が足りないからだと思っていたのですが、今になると、挫折した理由がはっきりわかります。それは私が「裸の過去分詞」と「関係代名詞」を理解していなかったからです。英英辞典は簡潔な英文で語の意味を説明するために、裸の過去分詞と関係代名詞が多用されるのです。いくら「慣れが大事だ」とはいっても、限度があります。高級な格好いいことをやる前に、まずは基本的な仕組みをしっかり身につけましょう。

> **(19)** 動詞の数3　接点2　(内訳：準動詞2)　§52〜53に対応
>
> I do not think it a bad thing for children to be compelled
> S　　　⑤　仮O　a→C　　　S′　　　真O　　−⑤
> to learn poetry by heart in school.
> C│③　O　　ad　　　ad
>
> 私は，子供たちが学校で強制的に詩を暗記させられるのを悪いことだとは思いません。

1. この文の述語動詞は？——— **think** ——— think は現在形の助動詞（＝do）がついているので述語動詞に確定します。
2. この文の準動詞は？——— **to be compelled** と **to learn**
3. **think** は何形か？——— 原形 ——— think には助動詞の do が付いているので，原形です。助動詞の do は現在形です。
4. **it** の働きは？——— 仮目的語 ——— it は仮目的語で，真目的語は to be compelled です。to be compelled は不定詞名詞用法です。(☞§52)
5. **thing** の働きは？——— 補語 ——— think は⑤で，it が仮目的語，thing が補語です。
6. **for children** の働きは？——— 不定詞の意味上の主語 ——— to 不定詞は，「助動詞の一部＋述語動詞」の場合を除き，準動詞です。したがって，「構造上の主語」は付きません。そこで，to 不定詞によって表される動作・状態の主体を特別に明示したいときは，to 不定詞の前に「意味上の主語」を for＋名詞の形で置くことになっています。for children は to be compelled の意味上の主語です。本来，前置詞＋名詞は形容詞句または副詞句と考えるのが原則ですが，for＋名詞が「不定詞の意味上の主語」になっているときは，形容詞句，副詞句のいずれにもせず，for＋名詞に下線を引いて，S′と表示します。(☞§53)
7. **to be compelled** の前の働きは？——— 真目的語
8. **to be compelled** の後の働きは？——— −⑤ ——— compel＋人＋to−は，構造は「⑤＋O＋C」で，意味は「人が−する状態を強制的に生み出す➡人

に無理やり―させる」です。この場合の to ―の前の働きは補語です。不定詞の用法をしいていえば，形容詞用法ですが，これにこだわることは実益がありません。前の働きが補語だということがわかれば，それで十分です。

His illness compelled him to give up his studies.
　S　　　⑤　　　O　C｜③　　　　O
（直訳）彼の病気は，彼が勉強を放棄する状態を強制的に生み出した。
（意訳）彼は病気のために勉強を放棄せざるをえなかった。

これを受身にすると，人 + be compelled + to ―となります。構造は「S + ―⑤ + C」で，意味は「人が―する状態が強制的に生み出される ➡ 人が無理やり―させられる」です。

He was compelled to give up his studies.
S　　―⑤　　　　C｜③　　　O
彼は勉強を放棄せざるをえなかった。

本文の be compelled to learn はこの形です。

9．**to learn** の前の働きは？ ―― 補語 ―― be compelled の補語です。

> (20) 動詞の数3　接点2（内訳：従属節2）　§54〜55に対応
>
> In many places the forests (they burned) were replaced by grasslands (which supported increasing populations of grazing mammals.)
>
> 多くの場所において、彼らが焼いた森はやがて草原になり、その草原が、どんどん増えていく草食の哺乳類を支えた。

1. この文の述語動詞は？ —— **burned** と **were replaced** と **supported** —— burned は、直前に主格の人称代名詞（= they）がついているので、過去形＝述語動詞と考えるのが自然です。were replaced はつづりから過去形＝述語動詞に確定します。supported を裸の過去分詞＝準動詞にすると、関係代名詞の which が作る形容詞節の中の述語動詞がなくなってしまいます。したがって、supported は過去形＝述語動詞です。

2. この文の大黒柱は？ —— **were replaced** —— burned は省略されている関係代名詞の which が作る形容詞節の中の述語動詞です。supported は which が作る形容詞節の中の述語動詞です。

3. この文の準動詞は？ —— **increasing** と **grazing** —— increasing と grazing は裸の ing ＝準動詞です。

4. **burned** は何番か？ —— ③ —— burned の主語は they です。they の中身は、この文だけではわかりませんが、実は primitive men「原始人」です。
　　ところで、burned と were replaced はどちらも過去形＝述語動詞です。もし they が共通な主語だとすると、1つの主語（= they）に2つの述語動詞（= burned と were replaced）があり、しかも、この2つの述語動詞は等位接続詞なしで連続していることになるので「2つの V のルール」に違反します。

この矛盾を回避するために were replaced の主語を they ではなく, the forests にします。すると burned と were replaced は主語を異にするので「2つの V のルール」の適用はなくなります。ところが, 今度は the forests … were replaced という S + V と, they burned という S + V が等位接続詞もコロンもセミコロンもダッシュもなしに連続していることになり（連続しているどころか S と V の間に別の S + V が割り込んでいます）,「2つの S + V」のルールに違反します。

　この矛盾を回避するためには「2つの S + V は対等ではない（＝どちらかの S + V は従属節である）」と考えるしか方法はありません。しかし, the forests they burned were replaced には従属節を作る言葉は1つも見当たりません。このことが従属節を作る言葉である関係代名詞の省略を読んでいる人に直感的に感じさせるのです。

　省略されている場所は forests と they の間です。しかし, 関係代名詞の省略と考えるためには, 後の S + V が, 動詞の目的語か前置詞の目的語が足りない不完全な S + V でなければなりません。

　burn は①「燃える」と③「燃やす」の両方の使い方があり, このどちらであるかは後に目的語が出るかどうかによって決まります。本文では burned の後には目的語になる名詞は出ていません。したがって, 本来なら burned は①になるはずです。しかし, この burned を①にすると, they burned は何1つ足りない要素のない完全な S + V になるので, forests と they の間に関係代名詞が省略されていると考えることができなくなってしまいます。このことが burned を①ではなく③に見せるのです。

　burned の目的語は forests と they の間に省略されている関係代名詞の which です。which は内側で動詞の目的語になっているので省略可能なのです。省略されている which によって they burned は形容詞節になり, the forests を修飾します。the forests … were replaced と they burned は主節と従属節の関係（＝主従の関係）で, 対等ではありません。したがって, この2つの S + V をつなぐ等位接続詞, コロン, セミコロン, ダッシュがないのは当然なのです。

ここでは純粋に形だけから頭の働かせ方を説明しました。しかし，私たちは，実際に英文を読んでいるとき，形（＝構文＝各語の品詞と働き）だけでなく，同時に意味を常に考えています。したがって，意味の側面から迫ればもっとずっと早く正解に行き着けると思います。

　しかし，意味が通るだけでは正解とは即断できないのです（本当は意味が通っていないのに，通ったと勘違いしていることもあるからです）。そこで，英文を読むときは常に意味と同時に構造の側面からも自分の読み方が正しいかどうかを検証するのです。「英語構文のメカニズム」がわかると，自分の力でこの検証ができるので，つまらない読み間違いをすることがなくなるのです。

　初めのうちはこの検証（＝構文を考えること）を意識的に行うので，時間がかかるのですが，慣れてくるとしだいに意識の背後にしりぞき，ついには意識の表面では意味だけを考え，構文による検証は意識下で（＝無意識に）行われるようになります。これこそ私たちが最終的に目指す境地です（☞ p.264, 297）。しかし，誤解してはならないのは，この境地は一足飛びに到達できるものではなく，意識的に構文を考えるたゆみない練習の末に初めて到達できるものなのだということです。

　ここまで，最初の指示通りに着実に練習してきた方は，構文を考えることの実益をすでに実感されていると思います。この調子で，本書を最後まで熟読（かつ練習）してください。（☞ §54）

5. **burned** の目的語は？ ── **forests** と **they** の間に省略されている関係代名詞の **which** ── forests と答えてはいけません。
6. 関係代名詞が省略されるのはどういう場合か？ ── 内側で動詞の目的語か前置詞の目的語になっている場合
7. **which** が作る節の外側は？ ── **which** から **mammals** までが形容詞節で，**grasslands** を修飾している
8. **which** の内側の働きは？ ── 主語 ── **supported** の主語です。
9. **ing** の4つの可能性は？ ── 進行形，動名詞，現在分詞形容詞用法，分詞構文

10. **increasing** はそのうちのどれか？ ── 現在分詞形容詞用法
11. **grazing** はそのうちのどれか？ ── 現在分詞形容詞用法
12. 現在分詞形容詞用法の働きは？ ── 名詞修飾・補語
13. **increasing** はそのうちのどれか？ ── 名詞修飾 ── increasing は①-ing で，前から populations を修飾しています。意味は「増えつつある」という「進行中」の意味です。populations は「(生物の) 個体」という意味です。(☞§55)
14. **grazing** はそのうちのどれか？ ── 名詞修飾 ── grazing は①-ing で，前から mammals を修飾しています。意味は「草を食べる方の」という意味で「分類的特徴」を表しています。つまり，mammal「哺乳類」を「草を食べる（＝草食の）哺乳類」と「草を食べない（＝肉食の）哺乳類」に分けて，前者の方だといっているわけです。(☞§55)
15. **mammals** の働きは？ ── 前置詞の目的語 ── of の目的語です。

参考　準動詞を識別する問題 [Ⅰ]

次の英文中には準動詞が7個含まれている。それを指摘し，かつ，それぞれの前の働きを次の (1)～(6) の中から選びなさい。　　(解答は p.229, 232, 239)
(1) 主語　(2) 動詞の目的語　(3) 前置詞の目的語　(4) 補語　(5) 名詞修飾　(6) 副詞の働き

1. She has a charming manner of speaking to her guests.

2. The army commander has been maintaining a secret observation point on a hill overlooking a village suspected of harboring terrorists.

3. A lawyer for one of the drivers involved in an auto accident telephoned a man listed on the police report as a witness.

> (21) 動詞の数3　接点2　(内訳：従属節1・準動詞1)　§56に対応
>
> On examination day, he was asked no questions but those (I made him work on.)
>
> 試験の日，彼は，私が彼に解かせた問題以外は何も聞かれなかった。

1. この文の述語動詞は？—— **was asked** と **made** —— was asked はつづりから過去形＝述語動詞に確定します。made は，直前に主格の人称代名詞（＝I）が付いているので，過去形＝述語動詞と考えるのが自然です。
2. この文の大黒柱は？—— **was asked** —— made は省略されている関係代名詞の which が作る形容詞節の中の述語動詞です。
3. この文の準動詞は？—— **work** —— この文の made は使役動詞として使われています。work は原形不定詞で，前の働きは補語です。(☞§56)
4. **questions** の働きは？—— 動詞の目的語 —— was asked の目的語です。
5. **but** の品詞は？—— 前置詞 —— この but は前置詞で，except と同じ意味（＝〜を除いて）を表します。
6. **those** の働きは？—— 前置詞の目的語 —— those の中身は the questions です。
7. **made** は何番か？—— ⑤
8. **work** は何形か？—— 原形
9. **work** の前の働きは？—— 補語
10. **on** の品詞は？—— 前置詞
11. **on** の目的語は？—— those と I の間に省略されている関係代名詞の **which** —— those I made him work on は，those（＝ the questions）を I made him work on the questions.「私は彼にそれらの問題を解かせた」という文で説明しています。ただ，この文は普通の文ですから，このままでは形容詞節にはなれません。この文を形容詞節にするには，the questions を which に変え，

次に which を先頭に動かします。すると，which I made him work on となります。これで形容詞節が完成です。ところで，この which は内側で前置詞の目的語になっていますから，目的格の関係代名詞です。しかも，この which は形容詞節の先頭に来ています。したがって，省略可能です。which を省略すると，I made him work on となります。これを先行詞 those の後に置いたのが，本文です。この個所は，名詞（= those）の後にコンマなしで S + V（= I made）が連続し，しかも S + V の後には前置詞（= on）の目的語が足りません。このことから，「those と I の間に関係代名詞が省略されているのではないか？」と疑うのです。

12．関係代名詞が省略されるのはどういう場合か？ ―― 内側で動詞の目的語か前置詞の目的語になっている場合

13．形容詞節を作る語は？ ―― 関係詞，ただし，what と関係詞＋ever と先行詞の省略された関係副詞は除く

参考　準動詞を識別する問題 [I] p.227 の解答

1. She has a charming manner of speaking to her guests.
   S　③　　③-ing　　O　a　①　　　ad
   彼女はお客に話しかけるときの物腰が魅力的だ。

　charming は §55 の 2 で説明した「目的語を伴わない③の現在分詞形容詞用法」で「人を魅惑するような性質をもっている→魅力的な」という意味を表しています。前の働きは (5) 名詞修飾です。speaking は動名詞で，働きは (3) 前置詞の目的語です。

（22） 動詞の数3　接点2（内訳：準動詞2）　§57に対応

Armed thugs believed to be Mafia hitmen gunned down a judge in southern Italy last week.

（直訳）マフィアの殺し屋であると信じられている武装した暴漢が，先週南イタリアで裁判官を射殺した。
（意訳）先週イタリア南部で，マフィアの殺し屋と思われる武装した暴漢によって，裁判官が射殺された。

1. この文の述語動詞は？—— **gunned** —— believed と gunned の間には等位接続詞がないので，「2つの V のルール」から考えて，どちらかが過去形＝述語動詞で，どちらかが裸の p.p.＝準動詞です。believe は，believe＋名詞＋to be ～「名詞を～であると信じる」という使い方はありますが，believe to － という使い方はありません。したがって，believed を過去形にするのは無理です。また，gun「銃で撃つ」という動詞は①と③のどちらかですから，裸の p.p. で使った場合（動詞型は①か－③になるので），後に名詞（＝ judge）が来ることはありえません。down を前置詞と考えて，down judge を副詞句にすれば，つじつまは合います（gunned を①の裸の p.p. にするわけです）が，gun down ～「～を撃ち殺す」というときの down は副詞です。したがって，gunned を裸の p.p. にするのも無理です。結局，正解は believed が裸の p.p.＝準動詞で，gunned が過去形＝述語動詞です。

2. この文の準動詞は？—— **believed** と **to be**

3. **Armed** の品詞は？—— 形容詞 —— Armed は元々は arm「武装させる」という動詞の過去分詞形容詞用法です。しかし，現在ではどの辞書も「武装した」という意味の純粋な形容詞として扱っています。

4. **believed** は何形か？—— 過去分詞形

5. 過去分詞の4つの可能性は？—— 受身・完了・過去分詞形容詞用法・分詞

構文

6. **believed** はそのうちのどれか？ ── 過去分詞形容詞用法
7. **believed** の後の働きは？ ── －⑤ ── believe＋名詞＋to be ～（名詞を～であると信じる）は，第5動詞型です（believe は⑤，名詞は目的語，to be は前の働きが補語で，後の働きは②，～は to be の補語です）。

```
I  believe  him  to be  honest.
S    ⑤      O   C│②     C
```
私は，彼を正直だと信じています。

これを受身にすると，名詞＋be believed＋to be ～（名詞は～であると信じられている）となります。構造は，名詞が主語，be believed が－⑤，to be は前が補語で後が②，～は to be の補語です。

```
He  is believed  to be  honest.
S      －⑤       C│②     C
```
彼は正直だと信じられている。

この 名詞＋be believed＋to be ～ の be believed は述語動詞ですが，これから，名詞（＝主語）と be（＝受身を作る助動詞）を取って，believed to be ～ にすると，believed は裸の p.p. になるので，必ず準動詞として働きます。

```
believed   to be  honest
 a   │－⑤  C│②     C
 ad  │
```

本文の believed to be Mafia hitmen はこの形です。

8. **to be** の前の働きは？ ── 補語
9. **Mafia hitmen** の働きは？ ── 補語 ── to be の補語です。
10. **down** の品詞は？ ── 副詞 ── gun down ～ は「～を撃ち殺す」という意味ですが，この表現は辞書では gun の他動詞のところに出ています。このことは，gun が③で，down が副詞で，～が動詞の目的語であることを示してい

ます。したがって,「彼を撃ち殺す」のように,～に代名詞が入るときは, gun him down の語順になります（「③＋副詞＋目的語」という表現は,目的語が代名詞のときは,「③＋代名詞＋副詞」の語順にするのがルールだからです）。もし,自動詞のところに出ていたら, gun は①で, down は前置詞で,～は前置詞の目的語ということになり,～が代名詞でも,語順は変わらず, gun down him（この書き方は実際は誤りです）のように書かなければなりません。以上の説明から,辞書の見方を学んでください。

11. **judge** の働きは？ ── 動詞の目的語 ── **gunned** の目的語です。
12. **last week** の働きは？ ── **gunned** にかかる ── last week「先週」は時間を表す副詞的目的格で, gunned を修飾しています。（☞§57）

|参考|　準動詞を識別する問題 [Ⅰ] **p.227** の解答

2. The army commander has been maintaining a secret observation point on a hill overlooking a village suspected of harboring terrorists.

軍の指揮官は,テロリストをかくまっている疑いのある村を見下ろす丘の上に,秘密の監視場所を以前から設置している。

overlooking は現在分詞形容詞用法で,前の働きは (5) 名詞修飾です。suspected は過去分詞形容詞用法で,前の働きは (5) 名詞修飾です。harboring は動名詞で,働きは (3) 前置詞の目的語です。

(23)　動詞の数3　接点2　(内訳：準動詞2)　§58〜59に対応

The engineer, Jefferey Brown, denied having been told to service the engine before take-off.
S　　　同格　　　　　　　　③　　O　－⑤
C ③← O　　ad

(直訳) ジェフリー・ブラウンというその技師は，離陸前にエンジンの点検をするようにいわれたことを否定した。

(意訳) ジェフリー・ブラウンという名前のその技師は，離陸前にエンジンの点検をするようにいわれた覚えはないといった。

1. この文の述語動詞は？ —— **denied** —— denied は過去形か過去分詞形のどちらかです。過去分詞形にすると，裸ですから必ず準動詞です。すると動詞型は－③か－④か－⑤のどれかです (deny は自動詞では使わないので①，②を考える必要はありません)。後にコンマなしで -ing (= having been told) が続いているので，－④＋O (having been told が O です) か－⑤＋C (having been told が C です) のどちらかです。しかし，辞書を調べると，deny は⑤では使いません。④では使いますが，その場合でも目的語に動名詞が入ることはありません。したがって，denied を裸の過去分詞と考えると，後の having been told の説明がつかないのです。ところが deny は③で使って，目的語に動名詞を置くことができます (deny ＋ -ing「－することを否定する，－したことを否定する」)。したがって，denied を過去形と考えれば，having been told は denied (動詞型は③です) の目的語で説明がつきます。denied は過去形＝述語動詞です。

2. この文の準動詞は？ —— **having been told** と **to service** —— be told は1つの動詞で，活用は原形です。これを過去分詞形にすると，been told になります。**having p.p.** は1つの動詞として扱われ，活用は **ing** 形です。名詞の働きをするときは完了動名詞と呼ばれ，副詞の働きをするときは完了分詞構文と呼ばれます (having p.p. が形容詞の働きをすることは原則としてありません)。ところで，この having p.p. の p.p. の位置に been told を入れたのが，having been

told です。したがって, having been told は, これ全体が1つの動詞として扱われ, 活用は ing 形です。名詞の働きをするときは「受身完了動名詞」と呼ばれ, 副詞の働きをするときは「受身完了分詞構文」と呼ばれます。どちらにせよ, having been told は準動詞です。(☞ §58)

3. **Jefferey Brown** の働きは？ ── 同格 ── Jefferey Brown は The engineer を言い換えた名詞です。(☞ §59)
4. **having been told** は何形か？ ── **ing** 形
5. **ing** 形の4つの可能性は？ ── 進行形・動名詞・現在分詞形容詞用法・分詞構文
6. **having been told** はそのうちのどれか？ ── 動名詞
7. 動名詞の働きは？ ── 主語・動詞の目的語・前置詞の目的語・補語
8. **having been told** はそのうちのどれか？ ── 動詞の目的語 ── denied の目的語です。
9. **having been told** の後の働きは？ ── －⑤ ── tell は tell＋人＋to －で「人に－するように言う」という意味を表す用法があります。構造は⑤＋O＋C です。これを受身にすると人＋be told＋to －「人は－するように言われる」となります。構造は S＋－⑤＋C です。この be told＋to －を完了動名詞にしたのが having been told to service です。したがって, having been told の動詞型は－⑤です。
10. **been told** は何形か？ ── 過去分詞形
11. **told** は何形か？ ── 過去分詞形
12. 過去分詞の4つの可能性は？ ── 受身・完了・過去分詞形容詞用法・分詞構文
13. **been told** はそのうちのどれか？ ── 完了 ── 助動詞の having を付けて「完了」で用いられています。
14. **told** はそのうちのどれか？ ── 受身 ── 助動詞の been を付けて「受身」で用いられています。
15. **to service** の前の働きは？ ── 補語

(24) 動詞の数3　接点2（内訳：従属節2）

The first name (of which　a child makes conscious use)
　　　　　 a→S←　　a　　S　③　　 a→O

may　be compared　to　a　stick (by the aid of which a
aux　　 ─③　　　　ad　　　　　ad　　　　 a

blind man　gropes　his way.)
　a→S　　　　 ③　　　 O

　子供が最初に意識的に使う名前は，盲人が手探りで進むのを助けるつえにたとえることができる。

1. この文の述語動詞は？ ── **makes** と **be compared** と **gropes** ── makes と gropes は3人称・単数・現在の s が付いているので，つづりから現在形＝述語動詞だとわかります。be compared は現在形の助動詞（＝may）が付いているので，述語動詞に確定します。

2. この文の大黒柱は？ ── **be compared** ── makes と gropes はそれぞれ，which が作る形容詞節の中の述語動詞です。be compared が主節の述語動詞（＝大黒柱）です。

3. この文の準動詞は ── なし ── この文の動詞は makes と be compared と gropes だけですから，準動詞はありません。

4. **name** の働きは？ ── 主語 ── first name は姓名の名（薬袋善郎なら善郎の部分）を表すのが普通です。しかし，この文では，「最初の名前」という意味で使われています。このことは，後を読むとわかります。

5. 1 行目の **which** の働きは？ ── 前置詞の目的語 ── 直前の of の目的語です。

6. 1 行目の **which** が作る節の外側は？ ── **of** から **use** までが形容詞節で，**name** を修飾している ── … 前置詞＋ which …という形ですから，最も可能性が高いのは，前置詞（＝of）から形容詞節になる構造です。2番目に可能性が高いのは，前置詞の前の名詞（＝The first name）から形容詞節になる構

造です．しかし，文頭にいきなり形容詞節が出ることはありえませんから，この2番目の可能性はありません．やはり，正解は「of から形容詞節」です．

7. **use** の働きは？ ── 動詞の目的語 ── make use of ～ は「～を使う」という意味の熟語です．1語で言い換えれば，動詞の use に匹敵します．したがって，make conscious use of ～ は「～を意識的に使う」という意味で，use consciously で言い換えることができます．which に先行詞の name を代入して，形容詞節を普通の文に書き直すと，A child makes conscious use of the name.「子供はその名前を意識的に使う」となります．この文で，name を説明しているわけです．前置詞＋関係代名詞の部分は訳出しないのが原則ですから，of which を無視して，後から訳し上げると「子供が意識的に使う最初の名前」となります．これでも立派な日本語なのですが，「最初の」を「使う」の方にかけて，「子供が最初に意識的に使う名前」とすると，いっそうわかりやすくなります．たとえば「彼が通った最初の小学校」を「彼が最初に通った小学校」としても内容は変わりません．これと同じように，first を makes use の方にかけて訳しても内容は変わらないのです（ただし，これは英文の構造通りの訳ではないので，直訳ではありません．意訳です）．

8. **compared** は何形か？ ── 過去分詞形 ── be compared で受身になっていますから，compared は過去分詞形です．

9. 過去分詞の4つの可能性は？ ── 受身・完了・過去分詞形容詞用法・分詞構文

10. **compared** はそのうちのどれか？ ── 受身

11. **be compared** の主語は？ ── **name**

12. **by the aid** の働きは？ ── **gropes** にかかる ── by the aid は「その助けによって」という意味の副詞句で，gropes を修飾しています．grope one's way は「手探りで進む」という意味の熟語です．

13. 2行目の **which** の働きは？ ── 前置詞の目的語 ── 直前の of の目的語です．

14. **of which** の働きは？ ── **aid** にかかる

15．2行目の **which** が作る節の外側は？──── **by** から **way** までが形容詞節で、**stick** を修飾している ──── … 前置詞＋which …という形ですから、最も可能性が高いのは、前置詞（＝ of）から形容詞節になる構造です。これだと、of which a blind man gropes his way が形容詞節になります。これを普通の文の語順に直すと、考えられるのは次の（1）か（2）です。

---
(1)　a blind man　of which　gropes　his way
　　　　S　　　　　　a　　　　③　　　O

これは構造的には成立します。しかし、which に先行詞（＝ aid）を代入すると「その助けの盲人が手探りで進む」となって、何をいっているのか意味不明になります。先行詞を stick にすると「そのつえの盲人が手探りで進む」となって、なんとか意味が通りそうですが、今度は be compared … by the aid 「その助けによってたとえられる」が意味不明になります。

---
(2)　a blind man　gropes　his way　of which
　　　　S　　　　　③　　　　O　　　　ad

これも構造的には一応成立します。grope one's way の後に前置詞＋名詞を置いたときは、その前置詞＋名詞は副詞句で、grope one's way にかかります。たとえば、grope one's way into the hall「手探りでホールに入る」のようになるのです。したがって、of which（which に先行詞を代入すると、of the aid または of the stick）は副詞句で gropes his way にかかることになります。しかし、これでは全く意味が通りません。もし仮に、of which ではなく with which なら、which に the stick を代入すると、「そのつえを使って手探りで進む」となって、意味が通ります。しかし、原文は with which ではなく、あくまでも of which ですから、意味が通らないのです。

　結局（1）も（2）も、構造的には成立しますが、意味が通らないので誤りです。

　それでは、2番目の可能性を検討してみましょう。前置詞の前の名詞（＝ the

aid）から形容詞節になる構造です。すなわち次のような構造です。

```
… a stick by (the aid of which a blind man gropes his way.)
                    a        a     S      ③          O
```

　こうすると，まず主節で，前置詞 by の目的語が足りなくなります。次に，従属節の内側で aid の働きが決まらなくなります（aid は名詞ですが，主語，動詞の目的語，前置詞の目的語，補語のいずれでも説明がつきません）。結局，2番目の可能性は構造的に「主従ともにデタラメ」なので，誤りです。

　それでは，3番目の可能性を検討してみましょう。前置詞＋名詞＋前置詞＋which（＝ by the aid of which）から形容詞節になる構造です。すなわち次のような構造です。

```
… a stick (by the aid of which a blind man gropes his way.)
              ad    a        a    S      ③          O
```

　これは構造的に成立します（「主従ともに完璧」です）。そこで，which に先行詞の stick を代入して，形容詞節を普通の文に書き直すと，A blind man gropes his way by the aid of the stick.「そのつえの助けによって，盲人が手探りで進む」となります。これは意味も通っています。したがって，これが正解です。この文で，stick を説明しているわけです。

　ところで，前置詞＋関係代名詞の部分は訳出しないのが原則ですから，of which を無視して，後から訳し上げると「助けによって盲人が手探りで進むつえ」となります。この日本文は，2～3回読み返せば，イイタイコトはわかりますが，舌っ足らずの感は否めません。そこで，原文の構造にとらわれず，イイタイコトが一読してわかる日本文を工夫しましょう。私は次のように訳してみました。「盲人が手探りで進むのを助けるつえ」

16．形容詞節を作る語は？──── 関係詞（ただし，**what** と関係詞＋**ever** と先行詞の省略された関係副詞は除く）──── what は名詞節を作ります（☞§66）。関係詞＋ever は名詞節か副詞節を作ります（☞§72）。先行詞の省略された

関係副詞は名詞節を作ります（☞§70）。

【この文の内容について】

ごく幼い赤ん坊は，自己と非自己の区別が明瞭ではありません（＝自己と非自己が未分離）。しかし，やがて彼らは非自己（＝自分以外の物や人）に名前をつけることによって，この区別ができるようになっていきます。つまり，幼児は名前を手掛かりにして客観的な世界を認識していくのです。この英文は，これを盲人が，つえでたたくことによって，路面の状況を認識する様にたとえています。幼児が初めて意識的に（自分で名付けたり，親から教わったりして）使う名前は，盲人が路面の状況を認識するために使うあの白い折りたたみ式のつえと同じ機能を果たしているのだ，といっているのです。

参考　準動詞を識別する問題［Ｉ］ **p.227** の解答

3. A lawyer for one of the drivers involved in an auto accident telephoned a man listed on the police report as a witness.

交通事故に巻きこまれたドライバーの一人のための弁護士が，警察の報告書に目撃者として記載されている男に電話をかけた。

involved と listed は過去分詞形容詞用法で，前の働きは（5）名詞修飾です。

> (25)　動詞の数3　接点2　(内訳：従属節2)　§60〜61に対応
>
> A doctor is so familiar with most of the things (that can
> 　S　②ad　　C　　　ad　　　　a　　　S aux
> happen to minds and bodies) (that little can startle him.)
> 　①　　　　　　ad　　　　　接　S aux　③　O
>
> 医師は，人間の心や身体に起こる可能性があることの大部分を熟知しているので，めったなことでは驚かない。

1. この文の述語動詞は？ ── **is** と **happen** と **startle** ── is はつづりから現在形＝述語動詞だとわかります。happen と startle は現在形の助動詞（＝can）がついているので，述語動詞に確定します。

2. この文の大黒柱は？ ── **is** ── happen と startle はそれぞれ，that が作る従属節の中の述語動詞で，is が主節の述語動詞（＝大黒柱）です。

3. この文の準動詞は？ ── なし ── この文の動詞は is と happen と startle だけですから，準動詞はありません。

4. **familiar** の働きは？ ── 補語 ── is の補語です。

5. 1行目の **that** の品詞は？ ── 関係代名詞 ── 1行目の that は，名詞＋that ＋動詞という語順で，前方に It is がありませんから，主格の関係代名詞です。(☞§60)

6. 1行目の **that** の働きは？ ── 主語 ── can happen の主語です。

7. 1行目の **that** が作る節の外側は？ ── **that** から **bodies** までが形容詞節で，**things** を修飾している ── that の先行詞は things, most, doctor のどれかです。内容から考えて，直前の things を先行詞にします。したがって，この that は (1) のタイプです。

8. 形容詞節を作る語は？ ── 関係詞（ただし，**what** と関係詞＋**ever** と先行詞の省略された関係副詞は除く）

9. **happen** は何形か？ ── 原形 ── 助動詞の can が付いているので，原形

です。

10. 2行目の **that** の品詞は？ ── 従属接続詞 ── この that は「so ~ that S + V」の that で，従属接続詞です。

11. 2行目の **that** が作る節の外側は？ ── **that** から **him** までが副詞節で，**so** を修飾している ── この so は程度を表しています。(☞ §61)

12. 副詞節を作る語は？ ── 従属接続詞 (**that・if・whether** を含む)，関係詞＋**ever**

13. 接続詞の種類は？ ── 等位接続詞と従属接続詞

14. **that** が作る従属節の種類は？ ── 名詞節と形容詞節と副詞節 ── 名詞節と副詞節を作る that は従属接続詞です。形容詞節を作る that は関係詞（関係代名詞または関係副詞）です。

15. **little** の品詞と働きは？ ── 代名詞で主語 ── 数量を表す形容詞 (many, much, few, little, more, most, less, least など) は，代名詞に転用できる (＝そのまま主語，動詞の目的語，前置詞の目的語，補語として使える) ことになっています。ただし，これらの語は，たとえ代名詞に転用しても，本来は形容詞ですから，副詞で修飾することができます。したがって，本文の little も副詞の very で修飾して，… very little can startle him. とすることができます。

(26) 動詞の数3　接点2　（内訳：従属節1・準動詞1）§62〜63に対応

On safari I use the special rifle (that I had made
　ad　　　　S ③　　a　　　O　　O　S ⑤　　C−③
up at the Winchester factory.)
ad　　　　　　ad

　狩猟旅行に行くとき，私は，ウインチェスターの工場で造らせた特別なライフルを使っている。

1．この文の述語動詞は？ —— **use** と **had** —— use は，直前に主格の人称代名詞（= I）が付いているので，現在形＝述語動詞と考えるのが自然です。I had made … を見たら，had を過去形の助動詞と考え，made を過去分詞形で述語動詞（過去形の助動詞が付いているので，述語動詞です）と考える（= had made を過去完了と考える）のが自然です。しかし，この文では意外なことに，had が過去形＝述語動詞で，made は裸の過去分詞＝準動詞なのです。この事情は§63で詳しく説明することにします。

2．この文の大黒柱は？ —— **use** —— had は that が作る形容詞節の中の述語動詞です。

3．この文の準動詞は？ —— **made** —— had made を過去完了と考えると「私がウインチェスターの工場で造りあげた特別なライフル」となります。これは「自分で造った」ということですが，このようなことは，「私」がウインチェスター銃砲会社（＝アメリカの有名なライフル銃製造会社）の技師でなければありえません。仮に，これを認めたとしても，この文は主節の述語動詞が現在形ですから，「自分で造った」とするなら，過去形（＝ made）か現在完了（＝ have made）のどちらかになるはずです。以上の理由から，had made を過去完了とするのは不自然です。

　これは S＋had＋O＋p.p. の第5動詞型で，目的語が関係代名詞であるために O＋S＋had＋p.p. という倒置形になっているのです。したがって，had

は過去形・述語動詞・⑤です。made は過去分詞形容詞用法で，前の働きは補語，後の働きは－③です。the special rifle that I had made up を直訳すると「私が造らせた特別なライフル」となります。これは，ライフル銃をオーダーメイドしたということです。（☞§62, 63）

4. **use** は何形か？ ── 現在形
5. **that** の品詞は？ ── 関係代名詞 ── 従属接続詞は内側で構造上の働きをしません。したがって，**that** が従属接続詞の場合は後に何1つ足りない要素がない完全な文が続きます。それに対して，**that** が関係代名詞の場合は後には名詞が足りない不完全な文が続きます。この文の場合，that の後に続く I had made up at the Winchester factory は had の目的語が足りない不完全な文です。したがって，that は関係代名詞です。
6. 関係代名詞の内側の働きは？ ── 主語・動詞の目的語・前置詞の目的語・補語
7. **that** はそのうちのどれか？ ── 動詞の目的語 ── had の目的語です。
8. **that** が作る節の外側は？ ── **that** から **factory** までが形容詞節で，**rifle** を修飾している
9. **had** の品詞は？ ── 動詞 ── 過去形＝述語動詞です。
10. **had** は何番か？ ── ⑤
11. **had** の目的語は？ ── **that**
12. **made** は何形か？ ── 過去分詞形 ── made は裸の過去分詞です。
13. 過去分詞の4つの可能性は？ ── 受身・完了・過去分詞形容詞用法・分詞構文
14. **made** はそのうちのどれか？ ── 過去分詞形容詞用法
15. 過去分詞形容詞用法の働きは？ ── 名詞修飾・補語
16. **made** はそのうちのどれか？ ── 補語 ── had の補語です。
17. **made** の後の働きは？ ── －③

(27) 動詞の数3　接点2　（内訳：従属節2）　§64に対応

⟨As Jackson senses the impact of [what he is saying]
　接　　S　　③　　　　O　　a　O　S　　③

on the audience,⟩ he speaks even more forcefully.
　　a　　　　　　　　S　　①　　ad　ad　　ad

ジャクソンは、自分の言葉が聴衆に感銘を与えているのを感じ取ると、さらにいっそう雄弁になる。

1. この文の述語動詞は？―― **senses** と **is saying** と **speaks** ―― senses と is saying と speaks はいずれもつづりから現在形＝述語動詞に決まります。

2. この文の大黒柱は？―― **speaks** ―― senses は従属接続詞の as が作る副詞節の中の述語動詞です。is saying は関係代名詞の what が作る名詞節の中の述語動詞です。speaks が主節の述語動詞（＝大黒柱）です。

3. この文の準動詞は？―― なし

4. **As** の品詞は？―― 従属接続詞 ―― as の品詞は副詞、前置詞、従属接続詞、関係代名詞の4つです。本文の as は従属接続詞で副詞節を作っています。

5. 従属接続詞の働きは？―― 副詞節を作る。ただし、**that・if・whether** は名詞節も作る

6. **As** が作る節の外側は？―― **As** から **audience** までが副詞節で、**speaks** を修飾している ―― 従属接続詞の as は比較、様態、時、理由、譲歩などいろいろな意味を表します。本文の as は「時」を表しています。

7. **of** の目的語は？―― **what** から **saying** までの名詞節 ――「彼が聴衆に話しかけていること」という意味なら、what he is saying to the audience になるはずです。on the audience となっているのは the impact on the audience「聴衆に与える感銘」というつながりだからです。したがって、関係代名詞の what が作る名詞節は what から saying までです。

8. 名詞節を作る語は？―― 従属接続詞の **that・if・whether**、疑問詞、関係

詞の what，関係詞＋ever，先行詞の省略された関係副詞

9. what はそのうちのどれか？ ── 関係詞の what ── もっと正確にいえば関係代名詞の what です。もしこれが疑問代名詞の what だとすると「彼が何をいっているかということの聴衆に与える感銘」という意味になり，文全体の意味が成立しなくなります。（☞ §64）

10. 一般的に what は従属節の内側でどういう働きをするか？ ── 主語・動詞の目的語・前置詞の目的語・補語・名詞修飾 ── what が名詞（＝関係代名詞か疑問代名詞）のときは，what は内側で名詞の働き（＝主語，動詞の目的語，前置詞の目的語，補語のどれか）をします。しかし，what は常に名詞とは限りません。形容詞のこともあります（関係形容詞か疑問形容詞か感嘆形容詞です）。この場合には what は内側で直後に続く名詞を修飾する働き（＝名詞修飾）をします。形容詞の働きは一般的には「名詞修飾か補語」ですが，形容詞の what は「補語」になることはありません。必ず「名詞修飾」です（☞ §75）。

11. 本文の what はそのうちのどれか？ ── 動詞の目的語 ── is saying の目的語です。

12. **on the audience** の働きは？ ── **impact** にかかる

13. **speaks** は何番か？ ── ①

14. **even** を訳せ。 ── さらにいっそう ── この even は副詞で，more を修飾しています。このように **even** が比較級を修飾しているときは「さらにいっそう」という意味を表します。これは「もともとかなり～なのだが，それを一段とこえて ～ だ」という意味です。

(28) 動詞の数3　接点2　（内訳：従属節1・準動詞1）§65～66に対応

Our hands can be the extension of our emotions,
　S　　　aux　②　　　　C　　　　　a

representing without what is going on within.
文ad　　　　③　　ad　O S　　①　　ad　ad

我々の手は感情の延長となって，内面で起こっていることを外に表すことがある。

1. この文の述語動詞は？ ── **be** と **is going** ── be は現在形の助動詞（＝can）が付いているので，述語動詞に確定します。番号は②で，the extension が補語です。representing を can be につなげて can be representing と読むと進行形で，be representing は述語動詞になります。これだと，be は②の動詞（the extension に対しては②の動詞です）と進行形を作る助動詞（representing に対しては進行形を作る助動詞です）の両方を兼ねることになります。しかし，これはよくあることで問題ありません。ところが，こうすると，2つの述語動詞がコンマだけでつながれていることになり「2つの V のルール」に違反してしまいます。したがって，representing は裸の ing で，準動詞です。もし，emotions と representing の間に and があれば，「2つの V のルール」に違反しないので，can be representing と続けて読むことになります。is going は現在形＝述語動詞です。

2. この文の大黒柱は？ ── **be** ── is going は what 節の中の述語動詞です。

3. この文の準動詞は？ ── **representing** ── representing は裸の ing ですから必ず準動詞（動名詞，現在分詞形容詞用法，分詞構文のどれか）です。

4. ing 形の4つの可能性は？ ── 進行形・動名詞・現在分詞形容詞用法・分詞構文

5. **representing** はそのうちのどれか？ ── 分詞構文 ── Our hands can

be the extension of our emotions は第2述語動詞型の完全な文です。したがって，representing を動名詞にすると，前の働き（＝主語，動詞の目的語，前置詞の目的語，補語のどれか）が決まりません。したがって，動名詞ではありません。現在分詞形容詞用法にすると，emotions を修飾することになります（コンマまでで完全な文ですから補語の可能性はありません）。しかし，それなら普通は間にコンマを置かないはずですし，「内面で起こっていることを外に表している感情」となって，意味が通りません（emotions「感情」ではなく，expressions「表情」なら意味が通ります）。したがって，representing は分詞構文です。これは，主文（特に be the extension of our emotions の部分）を言い換える「言い換えの分詞構文」です。(☞§65)

6. **without の品詞と働きは？** —— 副詞で **representing** にかかる —— 「小文字の what は名詞節を疑え！」というルールに従って，what を見た瞬間に名詞節を疑います。すると「どこから名詞節が始まっているか？」が問題になります。without を前置詞と考えると，次の2つの可能性があります。

```
(1) …, representing [without what is going on within.]
      文ad    ③    O  aまたはad    V

(2) …, representing without [what is going on within.]
      文ad    ①      ad    S      V
```

(1)の構造では，内側で is going の主語が足りなくなります。(2)の構造だと，representing が①になります。しかし，represent は純粋な他動詞で（③または⑤です），自動詞では使いません。したがって，(1)と(2)のいずれも構造が成立しません。それでは，外側で what 節を representing の目的語にして（＝ representing を③にして），かつ内側で is going の主語を調達するにはどうしたらよいでしょうか？ 要するに，次のような構造です。

```
(3) …, representing without [what is going on within.]
      文ad    ③           O  S      V
```

答えは，withoutの品詞を副詞にすればよいのです。ただし，こうするためには辞書に「without（副）」が出ていなければなりません。そこで，辞書を調べると，ちゃんと出ています。そこで，これが正解です。副詞のwithoutは「外で」という意味を表します。この文では「頭の外で」という意味です。(☞§66)

7．**what**が作る節の外側は？──── **what**から**within**までが名詞節で，**representing**の目的語になっている

8．名詞節を作る語は？──── 従属接続詞の**that**・**if**・**whether**，疑問詞，関係詞の**what**，関係詞＋**ever**，先行詞の省略された関係副詞

9．**what**はそのうちのどれか？──── 関係詞の**what**

10．一般的に**what**は従属節の内側でどういう働きをするか？──── 主語・動詞の目的語・前置詞の目的語・補語・名詞修飾

11．本文の**what**はそのうちのどれか？──── 主語 ──── **is going**の主語です。

12．**on**の品詞と働きは？──── 副詞で**is going**にかかる ──── この**on**は「続けて」という意味の副詞です。**is going on**で「続けて進行しつつある」という意味で，これは頭の中で感情がどんどん湧いてくることを表しています。

13．**within**の品詞と働きは？──── 副詞で**is going**にかかる ──── 副詞の**within**は「内側で」という意味を表します。この文では「頭の内側で＝内心で」という意味です。

(29)

> (29) 動詞の数 4　接点 3　（内訳：従属節 1・準動詞 2）§67～68 に対応
>
> The Egyptians knew a method still used to determine
> 　S　　　　　③　　　O　　ad　a─③　ad　③
> if there was an underground source of water in a given
> O 誘導 ad ①　　　　　a　　　　S　　　a　　　　ad
> place.
>
> エジプト人は，ある場所に地下水脈があるかどうかを判定するために今でも使われている方法を知っていた。

1. この文の述語動詞は？——— **knew** と **was** ——— knew と was はつづりから過去形＝述語動詞に決まります（know の活用は know – knew – known です）。問題は used to determine です。used to を助動詞（活用は過去形で，意味は「昔よく～したものだった」）と考えると，determine は過去形の助動詞が付いているので，述語動詞になります。すると，主語はどれかが問題になります。

The Egyptians を主語にすると，knew と determine をつなぐ等位接続詞がありませんから「2 つの V のルール」に違反します。

そこで a method を主語にすると次のようになります。

> The Egyptians knew [a method still used to determine … .]
> 　S　　　　　③　O　　S　　ad　　aux　　③　　　O
>
> エジプト人は，ある方法が昔依然としてよく … を判定したものだったことを知っていた。

この読み方は構文的にはつじつまが合っています（knew と a method の間に従属接続詞の that が省略されている，と考えています）。しかし，意味的および語法的には不自然です。まず第 1 に，… を判定するのは「方法」ではなく「人間」のはずです。「人間が方法を使って判定する」のです。次に，助動詞 used to には often, sometimes, always, usually のような「頻度」を表す副詞が付

くことはありますが，still が付くことはありません。したがって，この読み方も誤りです。The Egyptians も a method も主語ではないとすると，determine には主語が見つかりません。このことは used to determine が述語動詞ではない（＝準動詞である）ことを示しています。そういう眼で used to determine を見直せば，正解は容易にわかります。used to determine は「助動詞＋述語動詞」ではなくて「準動詞＋準動詞」なのです。すなわち，used は過去分詞形容詞用法で a method を修飾し，to determine は不定詞副詞用法で used を修飾しているのです。意味は「…を判定するために用いられている方法」となります。

2．この文の大黒柱は？ —— **knew** —— was は if 節の中の述語動詞です。
3．この文の準動詞は？ —— **used** と **to determine** と **given** —— given はつづりから過去分詞形に確定し，しかも裸ですから，絶対に準動詞です。
4．**used** は何形か？ —— 過去分詞形 —— used は過去分詞形容詞用法です。
5．**used** の前の働きは？ —— **method** にかかる
6．**used** の後の働きは？ —— －③ —— 他動詞の過去分詞を裸で使った以上，動詞型は「受身の動詞型（－③か－④か－⑤）」です。
7．**to determine** の前の働きは？ —— **used** にかかる —— to determine は不定詞副詞用法で，意味は「目的（＝－するために）」を表しています。
8．**if** の品詞は？ —— 従属接続詞
9．接続詞の種類は？ —— 等位接続詞と従属接続詞
10．従属接続詞の働きは？ —— 副詞節を作る。ただし，**that・if・whether** は名詞節も作る
11．一般的に **if** が作る従属節の種類は？ —— 名詞節と副詞節（☞§67）
12．本文の **if** が作る節の外側は？ —— **if** から **place** までが名詞節で，**determine** の目的語になっている
13．名詞節を作る語は？ —— 従属接続詞の **that・if・whether**，疑問詞，関係詞の **what**，関係詞＋**ever**，先行詞の省略された関係副詞
14．**there** の品詞は？ —— 誘導副詞（☞§68）

15. **there** の働きは？ ── **was** を **an underground source of water** の前に引き出している
16. **in a given place** の働きは？ ── **was** にかかる
17. **given** の働きは？ ── **place** にかかる ── given は過去分詞形容詞用法で，前の働きは place にかかり，後の働きは－③です。a given place で「指定された場所，特定の場所」という意味を表します。この given は準動詞ですが，「前から名詞を修飾する分詞」なので，文中の動詞の数を数えるときは勘定に入れません（☞§55）。

参考　準動詞を識別する問題［Ⅱ］

次の英文中には準動詞が3個含まれている。それを指摘し，かつ，それぞれの前の働きを次の（1）～（6）の中から選びなさい。　　　　（解答はp.255）
（1）主語（2）動詞の目的語（3）前置詞の目的語（4）補語（5）名詞修飾（6）副詞の働き

1. Some illnesses are caused through people not using medicines properly.

2. She had three children, gaining weight with each pregnancy that she could never seem to throw off afterward.

---

(30) 動詞の数4　接点3　（内訳：従属節1・準動詞2）

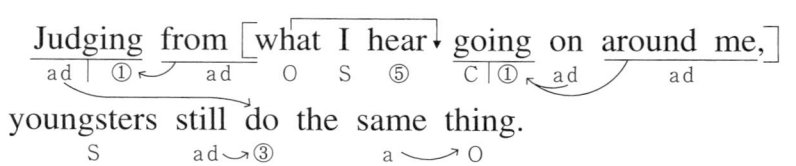

Judging from [what I hear going on around me,]
　ad　①　　ad　　O　S　⑤　　C ①　ad　　　ad

youngsters still do the same thing.
　S　　　ad→③　　a　　→O

私の周囲で起こっているのを耳にすることから判断すると、若者たちは今でもまだ同じことをするようだ。

---

1. この文の述語動詞は？ ── **hear** と **do** ── hear は、直前に主格の人称代名詞（＝I）がついているので、現在形＝述語動詞と考えるのが自然です。do は原形か現在形のどちらかです。しかし、この do の使い方は原形を用いる5つの場所のどれでもありません。したがって、do は現在形＝述語動詞です。
2. この文の大黒柱は？ ── **do** ── hear は what 節の中の述語動詞です。
3. この文の準動詞は？ ── **Judging** と **going** ── Judging と going はどちらも裸の ing ＝準動詞です。
4. **ing** 形の4つの可能性は？ ── 進行形・動名詞・現在分詞形容詞用法・分詞構文
5. **Judging** はそのうちのどれか？ ── 分詞構文 ── Judging は裸の ing ですから動名詞・現在分詞形容詞用法・分詞構文のどれかです。簡単にいえば名詞か形容詞か副詞のどれかです。このどれであるかは Judging from … を見た段階では、推測することはできても、決定することはできません（ただし、形容詞を前置詞の前から、前置詞の後の名詞にかけることはできませんから、from を見た段階で「現在分詞形容詞用法で働きは名詞修飾」の可能性は断たれています）。先を読んで、主語・動詞の目的語・前置詞の目的語のどれかが足りなければ動名詞に決まり、補語が足りなければ動名詞または現在分詞形容詞用法に決まり、何も足りない要素がなければ分詞構文に決まるのです（推測していた場合は、その推測を確認したり、修正したりするわけです）。この文では、最後まで読んでも

足りない要素はありません。したがって, Judgingは分詞構文です。意味は「条件（＝～すると）」です。Judgingの意味上の主語はI（＝話者）ですが, 文中には明示されていません（§53の(3)のタイプです）。

6. **going** はそのうちのどれか？── 現在分詞形容詞用法 ── going は裸の ing ですから動名詞・現在分詞形容詞用法・分詞構文のどれかです。簡単にいえば名詞か形容詞か副詞のどれかです。直前が hear ですから, hear ＋ O ＋ －ing「O が－しているのを聞く」を思い浮かべます。これは第5動詞型で, hear は⑤, －ing は現在分詞形容詞用法で補語です。この文では目的語が関係代名詞の what なので, 従属節の先頭に移動しています。その結果, ⑤の hear と補語の going が接触しているのです。

7. **what** の品詞は？── 関係代名詞

8. **what** が作る節の外側は？── **what** から **me** までが名詞節で, **from** の目的語になっている ── … 前置詞＋**what**＋名詞 …という語順は, 次の4つの可能性があります。

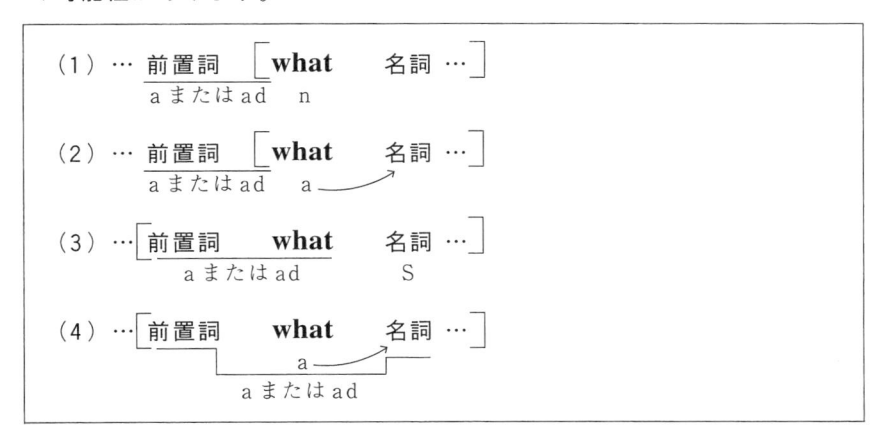

```
(1) … 前置詞 ［what    名詞 …］
         aまたはad    n

(2) … 前置詞 ［what    名詞 …］
         aまたはad    a

(3) …［前置詞    what    名詞 …］
         aまたはad        S

(4) …［前置詞    what    名詞 …］
                  a
           aまたはad
```

つまり, 外側は **what** から名詞節になる場合と前置詞から名詞節になる場合の2通りがあり, 内側は **what** が名詞の場合と形容詞の場合の2通りがあるのです。そこで, 2×2＝4で, 全部で4つの可能性があるわけです。そこで, 本文の… from what I …も一応4つの可能性があることになります。しかし, 人称代名詞に形容詞が直接かかることは原則としてありませんから, **what** が

形容詞で，I を修飾することはありえません。したがって，(2) と (4) の可能性は排除されます。すると (1) か (3) のどちらかです。

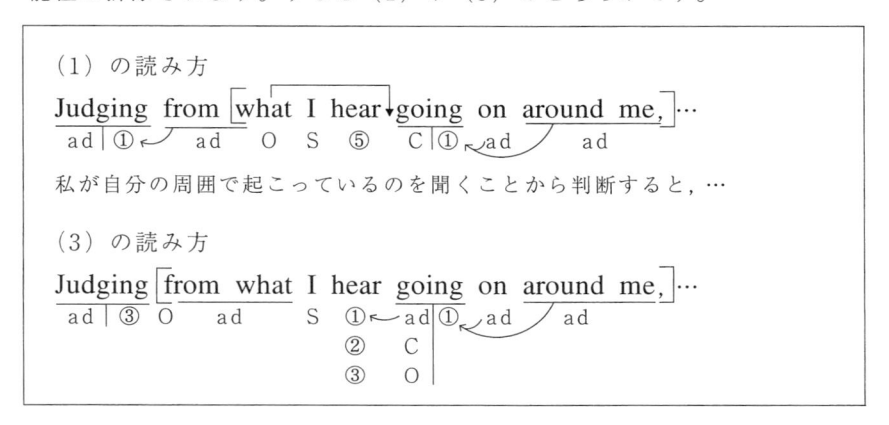

---

(1) の読み方
Judging from [what I hear going on around me,] …
　ad｜①　　 ad　O　S　⑤　C ① 　ad　　　　 ad

私が自分の周囲で起こっているのを聞くことから判断すると，…

(3) の読み方
Judging from what I hear going on around me, …
　ad｜③　O　ad　S　①　ad ①　ad　　　　 ad
　　　　　　　　　　②　C
　　　　　　　　　　③　O

　この2つを見比べてみれば，(1) の読み方が正しいことは疑いありません（構文も意味も完璧に成立しています）。しかし，一応 (3) の読み方を検討してみましょう。(3) の読み方の場合，what は疑問代名詞です（what が関係代名詞のときは from から名詞節が始まることはありえないからです ☞ §64）。したがって from what で「何から」という意味です。次に，hear は②では使いませんし，③の場合に動名詞を目的語にすることもありません（これは辞書を見ればわかります）。したがって，hear は①で，going は分詞構文ということになります。これを直訳すると「私は，自分の回りをどんどん回りながら，何から聞くのか，を判断すると，…」となります。これでは全く意味が通りません。やはり，(1) の読み方が正解です。

9．一般的に **what** は従属節の内側でどういう働きをするか？── 主語・動詞の目的語・前置詞の目的語・補語・名詞修飾

10．本文の **what** はそのうちのどれか？── 動詞の目的語── hear の目的語です。

11．**hear** は何番か？── ⑤── see, hear, find, feel などを⑤で使ったときは，「知覚動詞」と呼ばれます。本文の hear は知覚動詞です。

12．**going** の前の働きは？── 補語── going は動名詞ではありません。た

とえば, I heard her playing the piano.「私は彼女がピアノを弾いているのを聞いた」という文で, もし playing を動名詞にすると, 全体の構造は S＋⑤＋O＋ⁿC となります。⑤＋O＋ⁿC は O＝ⁿC が成立することが条件です。(☞ §20) しかし her＝playing the piano（彼女＝ピアノを弾くこと, すなわち, 人間＝動作）は成立しません。したがって, playing は動名詞ではありません。現在分詞形容詞用法です。本文はこれと同じ構造ですから, going は厳密にいえば現在分詞形容詞用法で補語です。

13. **on** の品詞と働きは？── 副詞で **going** にかかる ── go on は happen と同じ意味を表すことがあり, この場合は通例, 進行形で用いられます。たとえば, 次のような文です。What's going on here?「ここで何が起こっているのだ？」本文の going on はこの用法です。

参考　準動詞を識別する問題 [Ⅱ] **p.251** の解答

1. Some illnesses are caused through people not using medicines properly.

病気の中には, 人が薬を適切に使用しないことによって引き起こされるものがある。

using は動名詞で, 働きは (3) 前置詞の目的語です。

2. She had three children, gaining weight with each pregnancy (that she could never seem to throw off afterward.)

彼女は3人の子供を産んだ。妊娠するたびに体重が増えたが, 出産後も体重がおちたようには見えなかった。

gaining は付帯状況を表す分詞構文（答えは (6)）です。to throw は不定詞形容詞用法で, 前の働きは seem の補語（答えは (4)）です。

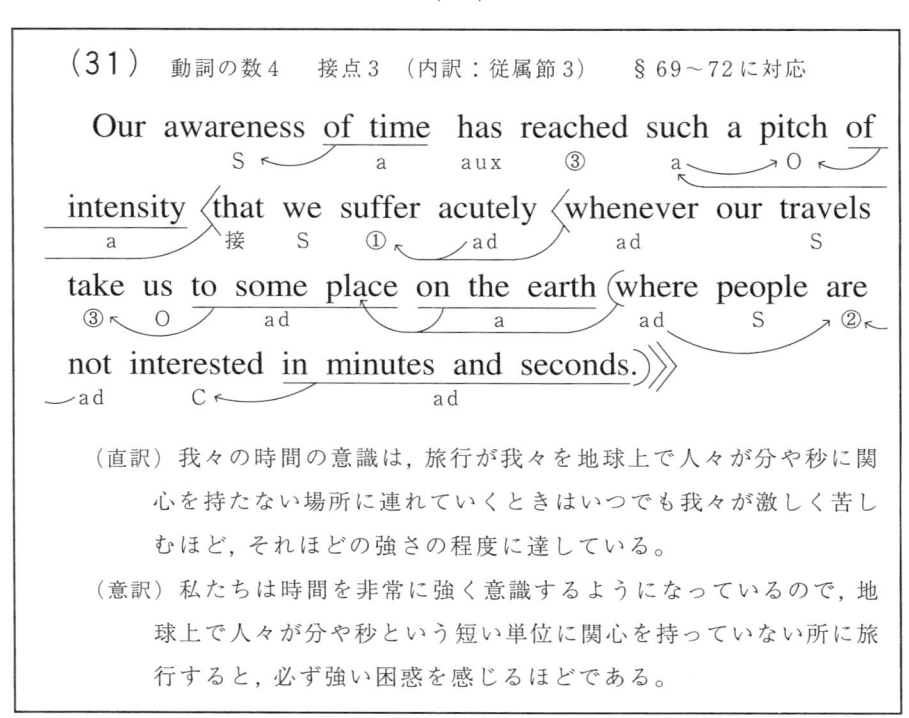

(31) 動詞の数4　接点3　(内訳：従属節3)　§69〜72に対応

Our awareness of time has reached such a pitch of intensity that we suffer acutely whenever our travels take us to some place on the earth where people are not interested in minutes and seconds.

（直訳）我々の時間の意識は，旅行が我々を地球上で人々が分や秒に関心を持たない場所に連れていくときはいつでも我々が激しく苦しむほど，それほどの強さの程度に達している。

（意訳）私たちは時間を非常に強く意識するようになっているので，地球上で人々が分や秒という短い単位に関心を持っていない所に旅行すると，必ず強い困惑を感じるほどである。

1. この文の述語動詞は？—— **reached** と **suffer** と **take** と **are** —— reached は現在形の助動詞（= has）が付いているので必ず述語動詞です。suffer は，直前に主格の人称代名詞（= we）が付いているので，現在形＝述語動詞と考えるのが自然です。take は原形か現在形ですが，原形を用いる5つの場所のいずれにも該当しないので，現在形＝述語動詞です。are はつづりから現在形＝述語動詞に決まります。

2. この文の大黒柱は？—— **reached** —— suffer は that が作る従属節の中の述語動詞です。take は whenever が作る従属節の中の述語動詞です。are は where が作る従属節の中の述語動詞です。

3. この文の準動詞は？—— なし

4. **has** の品詞は？—— 助動詞 —— 完了を作る助動詞 have の3人称・単数・現在形です。

5. **reached** は何形か？ ―― 過去分詞形 ―― has + p.p. で現在完了です。
6. **that** の品詞は？ ―― 従属接続詞 ―― 従属接続詞は内側で構造上の働きをしません。したがって，that が従属接続詞の場合は後に何 1 つ足りない要素がない完全な文が続きます。それに対して，that が関係代名詞の場合は後には名詞が足りない不完全な文が続きます。この文の場合，that の後に続く we suffer … and seconds は何 1 つ足りない要素がない完全な文です。したがって，that は従属接続詞です。
7. 一般的に従属接続詞の **that** が作る従属節の種類は？ ―― 名詞節と副詞節 ―― that 節は形容詞節になることもあります。しかし，この場合の that は従属接続詞ではなくて関係詞（関係代名詞か関係副詞）です。
8. 本文の **that** が作る節の外側は？ ―― **that** から **seconds** までが副詞節で，**such** を修飾している ―― この such は「程度」を表しています。（☞§69）
9. **whenever** が作る従属節の種類は？ ―― 副詞節 （☞§72）
10. 本文の **whenever** が作る節の外側は？ ―― **whenever** から **seconds** までが副詞節で，**suffer** を修飾している ―― 「…の場所に旅行しないときは，苦しまない」が成立するので，この whenever は関係副詞の when + ever です。したがって「…の場所に旅行するときはいつでも」という訳し方をします。
11. 副詞節を作る語は？ ―― 従属接続詞（**that**・**if**・**whether** を含む），関係詞＋**ever**
12. **where** の品詞は？ ―― 関係副詞 （☞§70）
13. **where** が作る節の外側は？ ―― **where** から **seconds** までが形容詞節で，**place** を修飾している ―― 先行詞は the earth ではありません。the earth を先行詞にすると「人々が分や秒という短い単位に関心を持っていない地球」と「人々が分や秒という短い単位に関心を持っている地球」の 2 つがあって，前者を取り上げていることになります。これでは意味が通りません。
14. **where** の内側の働きは？ ―― **are** にかかる ―― where に先行詞を代入すると in the place になります。in the place は are にかかる副詞句です。

> (32) 動詞の数4　接点3　（内訳：従属節2・準動詞1）
>
> Everything (I know about the case) is information derived from sources (I consider trustworthy.)
> S　　S　③　　　ad　　　②　　C
> a｜-③　ad　S　⑤　　C
>
> 私がその事件について知っていることはみな, 私が信頼できると考える出所から得られた情報です。

1. この文の述語動詞は？ —— **know** と **is** と **consider** —— know と consider は, 直前に主格の人称代名詞（= I）が付いているので, 現在形＝述語動詞と考えるのが自然です。is はつづりから現在形＝述語動詞に確定します。問題は derived です。derived は過去形か過去分詞形ですが, 過去形と考えると「主語はどれか？」「is とどうやってつないでいるのか？」といった疑問が生じてきて, 説明がつきません。したがって裸の過去分詞＝準動詞です。

2. この文の大黒柱は？ —— **is** —— know と consider はどちらも形容詞節内の述語動詞です。

3. この文の準動詞は？ —— **derived**

4. **Everything** の働きは？ —— 主語

5. **know** は何番か？ —— ③

6. **know** の目的語は？ —— **Everything** と **I** の間に省略されている関係代名詞の **that** —— Everything I know は名詞の後にコンマなしで S＋V が続く形で, しかも後に動詞の目的語（＝ know の目的語）が足りません。したがって, 名詞と S＋V の間に関係代名詞の省略を疑うのが定石です。先行詞に every が付いているので関係代名詞は that を用いるのが普通です。

7. 関係代名詞が省略されるのはどういう場合か？ —— 内側で動詞の目的語か前置詞の目的語になっている場合 —— that は内側で know の目的語になっているので省略可能なのです。

8. **derived** は何形か？── 過去分詞形
9. **derived** は着物を着ているか裸か？── 裸 ── information の前の is を derived につけて「受身」と考える人がいますが，誤りです。確かに受身の **be** ＋ **p.p.** は **be** と **p.p.** が離れて間に他の語が入ることがあります。しかし，それは（1）疑問文で **be** が主語の前に出る場合か（2）**be** と **p.p.** の間に副詞が入る場合のどちらかです（間に副詞が入る例は（6）の英文を参照してください）。疑問文（または疑問文と同じ形の倒置形）でもないのに be と p.p. の間に名詞（＝ information）が入ることは考えられません。したがって，derived は裸の過去分詞です。
10. 裸の **p.p.** の働きと意味は？── 形容詞または副詞の働きをし，自動詞なら完了の意味，他動詞なら受身の意味を表す
11. **derived** の前の働きは？── **information** にかかる ── derived は裸の過去分詞ですから過去分詞形容詞用法か分詞構文です。分詞構文であれば通常前にコンマを置きます。また，分詞構文にすると「私がその事件について知っていることはみな，私が信頼できると考えている出所から得られたので，情報です」となって，意味が通りません。これは過去分詞形容詞用法で information を修飾しています。
12. **derived** の後の働きは？── －③ ── derive は①か③で使います。したがって，裸の過去分詞にした場合，後の働き（＝動詞型）は①か－③になります。しかし，①の過去分詞を裸で使うのは **come**, **go**, **arrive**, **return** といった往来・発着を表す動詞が基本で，他には **happen**, **fall**, **retire** などの限られた特定の動詞です。したがって，derived の動詞型は－③です。
13. **consider** は何番か？── ⑤ ── trustworthy は形容詞ですから，働きは名詞修飾か補語です。ところが前は I consider で，後はピリオドですから，名詞修飾の道は断たれています。したがって，補語です。すると consider は②か⑤になりますが，consider は②では使いません。結局 consider は⑤に決まります。
14. **consider** の目的語は？── sources と I の間に省略されている関係代名

詞の **which** ──── sources I consider trustworthy は名詞の後にコンマなしで S + V が続き，しかも後に動詞の目的語（= consider の目的語）が足りません。したがって，名詞と S + V の間に関係代名詞の省略を疑うのが定石です。

15. **trustworthy** の働きは？ ── 補語 ── consider の補語です。

| 参考 | **and** を補う問題 | （解答は p.262） |

問1 下の英文は原文から3つのコンマと2つの and を削除したものです。2つの and を削除した位置を例にならって指摘しなさい。例：also と grew の間

問2 下の英文中に含まれている6つの動詞は何形か。下から選び番号で答えなさい。

  1 原形 2 現在形 3 過去形 4 過去分詞形 5 ing 形

 Besides food-crops they also grew flax from the thread spun from this they wove themselves linen garments dyed them many beautiful colours from dyes they learned to make.

 they ： 古代エジプト人 flax ： 亜麻（植物の名前）
 thread ： 糸   linen ： リネンの・麻製の
 dyes ： 染料

(33) 動詞の数4 接点3 （内訳：従属節1・準動詞2） §73に対応

Happiness is doing anything (that you are really interested in doing.)

幸せとは，どんなことでも，それをするのに本当に興味をもっていることをすることである。

1. この文の述語動詞は？ —— **is** と **are** —— is doing を進行形にすると「幸せがどんなことでもしつつある」となって，意味が通りません。この is は②の動詞で，doing は動名詞で補語です。are はつづりから現在形＝述語動詞に確定します。(☞ §73)
2. この文の大黒柱は？ —— **is** —— are は that が作る形容詞節の中の述語動詞です。
3. この文の準動詞は？ —— **doing** と **doing** —— どちらの doing も裸の ing ＝準動詞です。
4. ing 形の4つの可能性は？ —— 進行形・動名詞・現在分詞形容詞用法・分詞構文
5. 1行目の **doing** はそのうちのどれか？ —— 動名詞
6. 2行目の **doing** はそのうちのどれか？ —— 動名詞
7. 動名詞の働きは？ —— 主語・動詞の目的語・前置詞の目的語・補語
8. 1行目の **doing** はそのうちのどれか？ —— 補語 —— is の補語です。
9. 2行目の **doing** はそのうちのどれか？ —— 前置詞の目的語 —— in の目的語です。
10. **that** の品詞は？ —— 関係代名詞 —— 従属接続詞は内側で構造上の働きをしません。したがって，that が従属接続詞の場合は後に何1つ足りない要素がない完全な文が続きます。それに対して，that が関係代名詞の場合は後には

名詞が足りない不完全な文が続きます。この文の場合, that の後に続く you are really interested in doing は doing の目的語が足りない不完全な文です。したがって, that は関係代名詞です。先行詞に any がついているので which ではなく that を用いているのです。

11. **that** が作る節の外側は？ ── **that** から **doing** までが形容詞節で, **anything** を修飾している
12. **that** の内側の働きは？ ── 動詞の目的語
13. どの動詞か？ ── 2 行目の **doing**

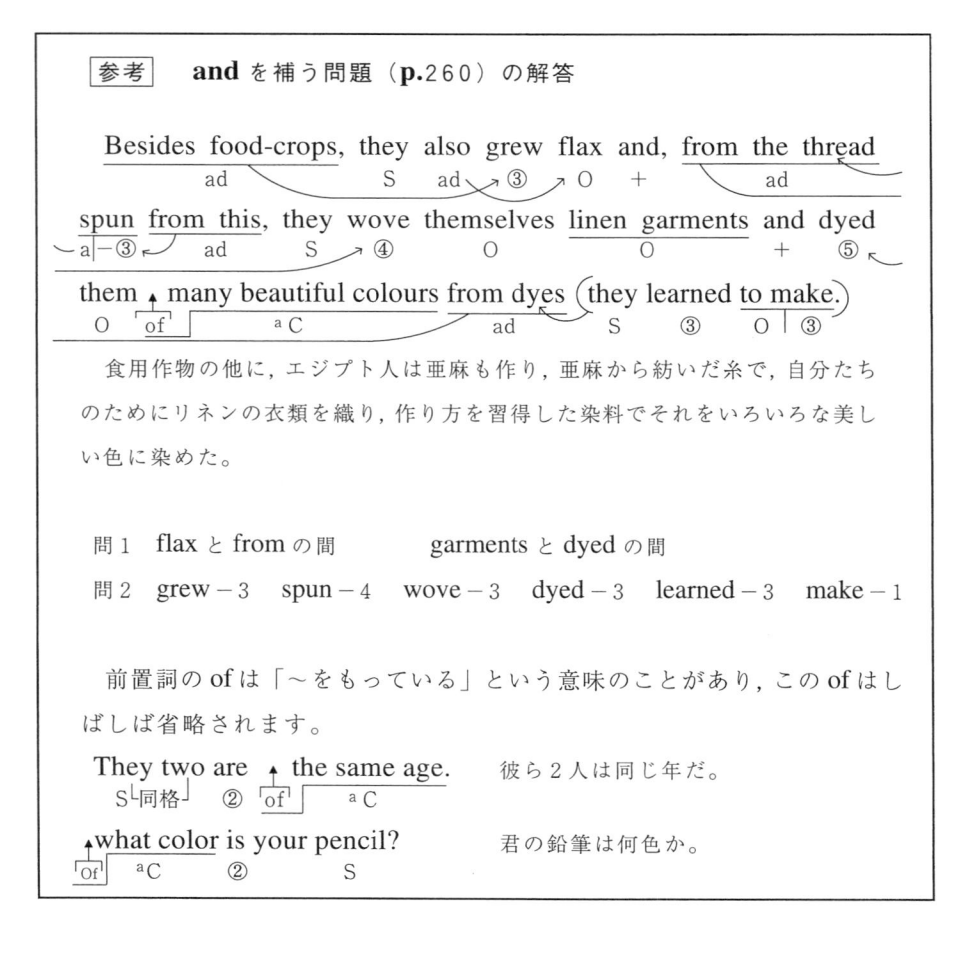

参考　**and** を補う問題（**p.260**）の解答

Besides food-crops, they also grew flax and, from the thread spun from this, they wove themselves linen garments and dyed them many beautiful colours from dyes (they learned to make.)

食用作物の他に, エジプト人は亜麻も作り, 亜麻から紡いだ糸で, 自分たちのためにリネンの衣類を織り, 作り方を習得した染料でそれをいろいろな美しい色に染めた。

問1　flax と from の間　　　garments と dyed の間
問2　grew − 3　spun − 4　wove − 3　dyed − 3　learned − 3　make − 1

前置詞の of は「～をもっている」という意味のことがあり, この of はしばしば省略されます。

They two are the same age.　　彼ら2人は同じ年だ。

what color is your pencil?　　君の鉛筆は何色か。

(34) 動詞の数4　接点3　（内訳：従属節3）　§74に対応

⟨If we study the private life of a poet,⟩ we get new insight into [what makes his poetry [what it is.]]
接　S　③　　　a　　O　　a　　S　③　a　O　a　S　⑤　O　C　S　②

詩人の私生活を研究すると、我々は、何が彼の詩を現在の作品たらしめているのかということに対する新しい洞察を得る。

1. この文の述語動詞は？── **study** と **get** と **makes** と **is** ── study と get は、直前に主格の人称代名詞（＝we）が付いているので、現在形＝述語動詞と考えるのが自然です。makes と is はつづりから現在形＝述語動詞に確定します。
2. この文の大黒柱は？── **get** ── study は if 節の中の述語動詞です。makes と is はそれぞれ what 節の中の述語動詞です。
3. この文の準動詞は？── なし
4. **if** の品詞は？── 従属接続詞
5. 接続詞の種類は？── 等位接続詞と従属接続詞
6. 従属接続詞の働きは？── 副詞節を作る。ただし、**that・if・whether** は名詞節も作る
7. 一般的に **if** が作る従属節の種類は？── 名詞節と副詞節
8. 本文の **if** が作る節の外側は？── **if** から **poet** までが副詞節で、**get** を修飾している
9. 最初の **what** の品詞は？── 疑問代名詞または関係代名詞 ── what を疑問代名詞にすると「何が彼の詩を … たらしめているのかということに対する新しい洞察」という訳になります。what を関係代名詞にすると「彼の詩を … たらしめているものに対する新しい洞察」という訳になります。どちらの訳も意味が通っていて、かつ自然な日本語です。したがって、この what はど

ちらでも差し支えありません。

10. 最初の **what** が作る節の外側は？ —— **what** から **is** までが名詞節で，**into** の目的語になっている
11. 一般的に **what** は従属節の内側でどういう働きをするか？ —— 主語・動詞の目的語・前置詞の目的語・補語・名詞修飾
12. 最初の **what** はそのうちのどれか？ —— 主語 —— **makes** の主語です。
13. **makes** は何番か？ —— ⑤
14. 2番目の **what** の品詞は？ —— 関係代名詞 —— この **what** を疑問代名詞で訳すと「彼の詩を，それが何であるかにしているもの」となります。これでは意味不明です。関係代名詞で訳すと「彼の詩を現在の姿にしているもの」となって意味が通ります。したがって，この **what** は関係代名詞です。
15. 2番目の **what** が作る節の外側は？ —— **what** から **is** までが名詞節で，**makes** の補語になっている
16. 2番目の **what** の内側の働きは？ —— **is** の補語 —— 関係代名詞が内側で be 動詞の補語になっているので「姿」と訳して切り抜けます。すると「現在の姿」となります。これでも立派に意味が通りますが，さらに工夫して「現在の作品」とするとさらにわかりやすくなります。(☞§74)

|参考| 熟練した人は構文を意識するか？

　本書の勉強も終わりに近づいてきました。皆さんの中には，単なる記号の羅列だった（「ミミズが並んでいるようだった」といった人もいます）英文がしっかりした仕組みに支えられた立体的な構造体に見えてきて，英文を読むのが楽しくなった人もいると思います。

　その段階に達した人が次に悩むのがこういう疑問です。「確かに，S とか O とか—③とか考えると，きちんと読めるが，時間がかかってしょうがない。本当にこの本の著者は，英文（たとえば TIME とか Newsweek とか）をかな

りの速さで読むとき，SとかOとか考えているのだろうか？」これは多くの人が抱く一般的な疑問です。そこで，これにお答えしましょう。

　ズバリいうと「SとかOとか─③とか考えないで，意味だけを考えて読んでいる。しかし，同時に頭の片すみで構文のことを意識はしている」となります。もう少し詳しくいうと，英文を読むときは，もっぱら意味だけを考えて読んでいるのです。いちいち各語について品詞と働きを確認するようなことはしません。ところが，同時に頭の片すみで「もしこの文について**F.o.R.で構造をいってくれと要求されたら，いえるなー**」ということを常に意識しているのです（意識するだけで実際にいうことはしません）。ところが，そのうちこの意識が破れる瞬間があります。この瞬間の気持ちを言葉で表現すると次のようになります。「あれ！モヤモヤっとしちゃった。ここでF.o.R.で構造をいってくれと要求されたら，いえないぞ！」このように感じたとき，初めてF.o.R.が意識の表面に上がってきて，じっくり品詞と働きを考え始めるのです。

　熟練した人になればなるほど「意識の破れる瞬間」が減ってきて，やさしい英文なら10分も20分も1度も構文を考えずに読み続けるようになるのです。ここまで，指示に従って「英文の練習」をしてきた人は，ためしに中学校の教科書を読んでみてください。私がここで述べたことを実感できると思います。やがて，皆さんもSとかOとか考えなくても大方の英文を正確に読めるときが必ず来ます。ただ，そのためには「急がば回れ」で基本をみっちり勉強しなければいけないのです。

(35) 動詞の数5　接点4　（内訳：従属節2・準動詞2）

Those (who destroy law and order on a school campus,
　　　S　　S　　　③　　　　O　　　　　　　a
often abusing the name of "freedom,") make it im-
ad　　ad　③　　　　O　　　a　　　　　　⑤　仮O
possible for a school to be [what it ought to be]:
　C　　　　S'　　　真O ②　C　C　S　aux　②
a place of study and education.
―同格―　　　　　　a

「自由」の名をしばしば濫用して，学校内の法と秩序を破壊する人たちは，学校がその本来あるべき姿，すなわち研究と教育の場となることを不可能にする。

1. この文の述語動詞は？—— **destroy** と **make** と **be** —— destroy は，直前に主格の代名詞（＝ who）が付いているので，現在形＝述語動詞と考えるのが自然です。make は原形か現在形ですが，原形を用いる5つの場所のどれにも当てはまらないので現在形＝述語動詞です。ought to be の be は現在形の助動詞（ought to は現在形だけで，過去形はありません）が付いているので述語動詞です。

2. この文の大黒柱は？—— **make** —— destroy は who が作る形容詞節の中の述語動詞です。be は what 節の中の述語動詞です。

3. この文の準動詞は？—— **abusing** と最初の **to be** —— abusing は裸の ing ＝準動詞です。to be は不定詞名詞用法です。

4. **who** が作る節の外側は？—— **who** から **freedom** までが形容詞節で，**Those** を修飾している —— Those は「人々」という意味です。

5. **ing** 形の4つの可能性は？—— 進行形・動名詞・現在分詞形容詞用法・分詞構文

6. **abusing** はそのうちのどれか？—— 分詞構文 —— abusing は裸の ing で

すから動名詞・現在分詞形容詞用法・分詞構文のどれかです。主語・動詞の目的語・前置詞の目的語・補語のどれでもないので動名詞ではありません。現在分詞形容詞用法だとすると名詞修飾か補語です。campus にかけると「自由の名をしばしば濫用する学校の校庭」となって意味が通りません。補語だとすると②か⑤の動詞が必要ですが，destroy は②でも⑤でも使いませんから，補語ではありません。したがって，abusing は現在分詞形容詞用法ではありません。abusing は分詞構文で，destroy を修飾しています。

7. 最初の **it** の働きは？ ── 仮目的語 ── it は仮目的語（☞§52）で，真目的語は to be です。to be は不定詞名詞用法です。

8. **impossible** の働きは？ ── 補語 ── impossible は形容詞ですから名詞修飾か補語です。しかし，前の it を修飾することはできませんし，後には for があるので修飾関係を断たれています。したがって，補語です。

9. **for a school** の働きは？ ── 不定詞の意味上の主語 ── 本来，前置詞＋名詞は形容詞句または副詞句と考えるのが原則ですが，for＋名詞が不定詞の意味上の主語になっているときは，形容詞句，副詞句のいずれにもせず，for＋名詞に下線を引いて，S′と表示します。

10. **to be** の前の働きは？ ── 真目的語

11. **to be** の後の働きは？ ── ②

12. **what** が作る節の外側は？ ── what から be までが名詞節で，最初の be の補語になっている ── what は関係代名詞です。

13. **what** の内側の働きは？ ── 2番目の be の補語 ── 関係代名詞の what が内側で be の補語になっているので「姿」と訳して切り抜けます。be に「義務」を表す助動詞 ought to が付いているので「それのあるべき姿」と訳します。

14. **place** の働きは？ ── **what it ought to be** と同格 ── a place of study and education は what it ought to be を言い換えたものです。名詞（＝ what 節＝名詞節）を名詞（＝ place）で言い換えているので同格です。

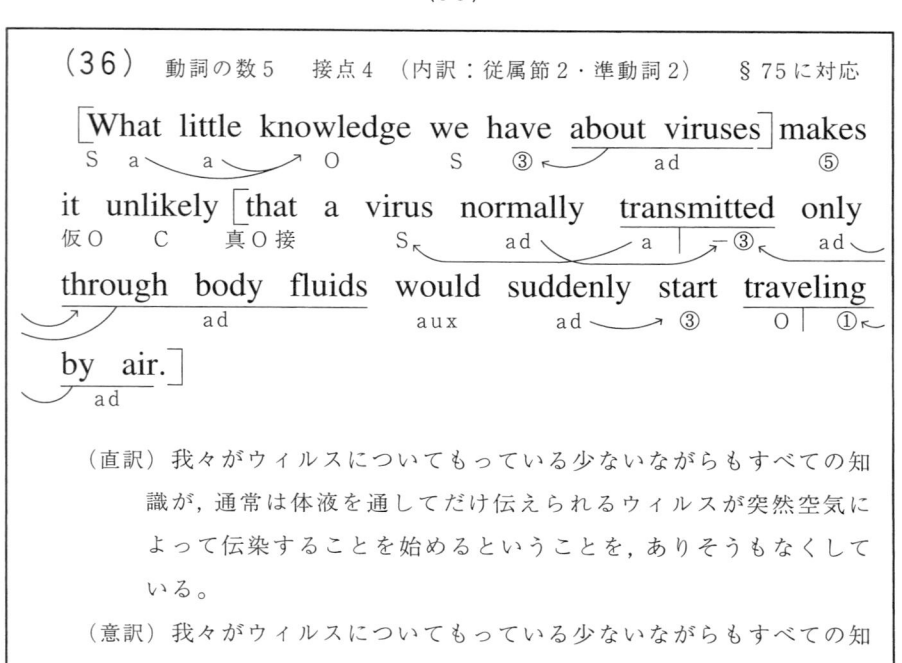

(36) 動詞の数5　接点4　(内訳：従属節2・準動詞2)　§75に対応

[What little knowledge we have about viruses] makes
　S　a　　a　　　　O　S ③　　ad　　　　　⑤
it unlikely [that a virus normally transmitted only
仮O　C　　真O接　S　　ad　　a　　③　　ad
through body fluids would suddenly start traveling
　　ad　　　　　　aux　ad　　③　　O ①
by air.]
　ad

（直訳）我々がウィルスについてもっている少ないながらもすべての知識が，通常は体液を通してだけ伝えられるウィルスが突然空気によって伝染することを始めるということを，ありそうもなくしている。

（意訳）我々がウィルスについてもっている少ないながらもすべての知識から考えて，通常は体液を通してのみ感染するウィルスが突然空気伝染を始めることはありそうもない。

1. この文の述語動詞は？ —— **have** と **makes** と **start** —— have は，直前に主格の人称代名詞（= we）が付いているので，現在形＝述語動詞と考えるのが自然です。makes は3人称・単数・現在のsが付いているので，つづりから現在形＝述語動詞に確定します。start は過去形の助動詞（= would）が付いているので述語動詞です。問題は transmitted です。transmitted は過去形か過去分詞形のどちらかです。もしこれを過去形＝述語動詞にすると，transmitted と start をつなぐ等位接続詞がないので「2つの V のルール」に違反します。start は述語動詞に確定していますから，transmitted は準動詞＝裸の過去分詞と考えざるをえません。

2. この文の大黒柱は？ —— **makes** —— have は What 節の中の述語動詞です。start は that 節の中の述語動詞です。

3. この文の準動詞は？ ── **transmitted** と **traveling** ── traveling は裸の ing ＝準動詞です。
4. **What** の品詞は？ ── 関係形容詞 ── この what 節を3通りに訳すと次のようになります。

　┌ 疑問形容詞の what ── 私たちはウィルスについて<u>どんな</u>わずかな知識をもっているのか
　├ 感嘆形容詞の what ── 私たちはウィルスについて<u>どんなに</u>わずかな知識しかもっていないことか
　└ 関係形容詞の what ── 私たちがウィルスについてもっている少ないながら<u>もすべての</u>知識

　この3つのうち，後に続く部分と意味が適合するのは関係形容詞の what です。そもそも，what と被修飾語の名詞の間に little が入った［**what little 名詞（S）＋V**］という形は関係形容詞の what になることが圧倒的に多いので，この形を見たら原則として関係形容詞の what と考えて差し支えありません。(☞§75)

5. **What** が作る節の外側は？ ── **what** から **viruses** までが名詞節で，主語になっている ── **makes** の主語です。
6. 一般的に **what** は従属節の内側でどういう働きをするか？ ── 主語・動詞の目的語・前置詞の目的語・補語・名詞修飾
7. **What** はそのうちのどれか？ ── 名詞修飾 ── knowledge を修飾しています。
8. **knowledge** の働きは？ ── 動詞の目的語 ── **have** の目的語です。
9. **it** の働きは？ ── 仮目的語
10. **unlikely** の品詞と働きは？ ── 形容詞で，補語 ── unlikely は形容詞で，名詞修飾の道を断たれているので補語に決まります。
11. **that** の品詞は？ ── 従属接続詞
12. **that** が作る節の外側は？ ── **that** から **air** までが名詞節で，真目的語になっている

13. **transmitted** は何形か？ ── 過去分詞形 ── 裸の過去分詞です。
14. **transmitted** の前の働きは？ ── **virus** にかかる ── 過去分詞形容詞用法で，働きは名詞修飾です。
15. **transmitted** の後の働きは？ ── ─③
16. **traveling** の前の働きは？ ── 動詞の目的語 ── traveling は動名詞で，start の目的語になっています。

|参考| 2語を補う問題　　　　　　　　　　　（解答は p.276）

次の英文は，原文から2語を削除したものです。削除した語の位置と品詞と，さらに具体的に何という語を削除したかを，例にならって答えなさい。

　例　　　　位置　　　　　　　　　品詞　　　具体的な語
　　（light）と（waves）の間に（関係代名詞）の（who）が削除されている。

The light waves we see the sun left him eight and a half minutes before. Among the stars we can see, there are some from the light takes thousands of years to come.

(37)　動詞の数5　接点4　(内訳：従属節1・準動詞3)

Contaminated liquids (that had been passed through porcelain filters designed to block the passage of the smallest known bacteria) were still able to infect both plants and test animals.

当時知られていた最小の細菌の通過も阻止するように設計された磁器製のフィルターで濾した，汚染された液体が依然として植物にも実験動物にも感染力をもっていた。

1. この文の述語動詞は？ ── **been passed** と **were** ── been passed は過去形の助動詞（= had）が付いているので述語動詞です。were はつづりから過去形＝述語動詞に確定します。

　問題は Contaminated と designed です。Contaminated は過去形か過去分詞形です。しかし，過去形＝述語動詞が文頭に出るということは原則としてありません。したがって Contaminated は過去分詞形です。すると「裸か裸でないか？」が問題になります。

　「受身」が倒置して過去分詞形が文頭に出ることがときどきあります。すると「**p.p. + be + S**」という形になります。たとえば次のような英文です。

Killed in the traffic accident was a girl named Susie.
その交通事故で死んだのはスージーという名前の少女だった。

　この形の英文を「受身の倒置形」と呼びます。
　もし本文が「受身の倒置形」だとすると，Contaminated の直後に名詞がき

ていますから，第4述語動詞型の受身か第5述語動詞型の受身のどちらかになります。つまり「S + be + ④の p.p. + O」の④の p.p. + O が文頭に出たか（Contaminated が④の p.p. で，liquids が O です），「S + be + ⑤の p.p. + C」の⑤の p.p. + C が文頭に出たか（Contaminated が⑤の p.p. で，liquids が C です）のどちらかになるわけです。しかし，contaminate は常に③で使う動詞で，④や⑤では使いません（このことは辞書を見ればわかります）。したがって，Contaminated liquids … を見た段階で，すでに「受身の倒置形」の可能性はなくなっているのです。Contaminated は裸の過去分詞＝準動詞です。

designed は過去形か過去分詞形です。もし過去形＝述語動詞にすると「主語はどれか？」という問題が生じます。liquids を designed の主語にすると次のようになります。

```
(1) Contaminated liquids (that … ) designed … were … .
                     S↵              V₁       V₂
```

これだと，1つの主語（= liquids）に2つの述語動詞（= designed と were）があり，しかもそれが等位接続詞なしで連続することになり「2つの V のルール」に違反します。

that（＝関係代名詞）を designed の主語にすると次のようになります。

```
(2) Contaminated liquids (that had been passed … designed …)
                          S↵        V₁              V₂
```

これだと1つの主語（= that）に2つの述語動詞（= been passed と designed）があり，しかもそれが等位接続詞なしで連続することになり「2つの V のルール」に違反します。このように designed を過去形＝述語動詞にすると，主語が見つからないのです。

したがって，designed は過去分詞形です。すると「裸か裸でないか？」が問題になります。もし裸でない（= had と designed をつないで過去完了にする）とすると（2）と同じ形になり，同様の問題（＝「2つの V のルール」に違反す

る）が生じます。したがって，designed は裸の過去分詞＝準動詞です。

2. この文の大黒柱は？―― **were** ―― been passed は that が作る形容詞節の中の述語動詞です。

3. この文の準動詞は？―― **Contaminated** と **designed** と **to block** と **known** と **to infect** ―― Contaminated は裸の過去分詞ですから過去分詞形容詞用法か分詞構文です。過去分詞の分詞構文が文頭に来ることはよくあることですから，分詞構文の可能性は十分にあります。もし Contaminated が分詞構文だとすると，次の3つのどれかになります。

```
（1） Contaminated,  liquids …
      ad       ｜ －③     S
（2） Contaminated  liquids …
      ad       ｜ －④    O
（3） Contaminated  liquids …
      ad       ｜ －⑤    C
```

contaminate は③の動詞ですから，（1）の可能性はありえます。しかし，この場合には Contaminated と liquids の間にコンマを置くはずです。本文はこのコンマがないので（1）ではありません。（2）と（3）の可能性は全くありません。なぜなら contaminate は④と⑤では使わないからです。したがって，Contaminated は分詞構文ではありません。Contaminated は過去分詞形容詞用法で，liquids を修飾しているのです。前から名詞を修飾する分詞なので，この文の動詞の数を数えるときは勘定に入れません。

designed も裸の過去分詞ですから過去分詞形容詞用法か分詞構文です。もし分詞構文だとすると通常は前にコンマを置きます。また，分詞構文の前に意味上の主語になる名詞が特別に置かれていないときは，主文の主語が分詞構文の意味上の主語を兼ねるのが原則です。したがって，designed が分詞構文だとすると意味上の主語は liquids（これは that が作る形容詞節が filters までで，designed … が含まれない場合です）か，または that（これは that が作る形容詞節の中に

designed … が含まれる場合です）のどちらかになります。ただし，that の先行詞＝that の中身は liquids ですから，どちらにしても内容的には同じです。これだと「汚染された液体が … を阻止するように設計されている」ことになり意味が通りません。したがって，designed は分詞構文ではありません。designed は過去分詞形容詞用法で filters を修飾しているのです。

　known はつづりから裸の過去分詞＝準動詞に確定します。過去分詞形容詞用法で bacteria を修飾しています。前から名詞を修飾する分詞なので，この文の動詞の数を数えるときは勘定に入れません。

4．過去分詞形をすべて抜き出せ。── **Contaminated** と **been passed** と **designed** と **known** ── been passed は be passed の過去分詞形です。
5．**that** の品詞は？── 関係代名詞 ── … liquids that had been passed … は「名詞＋that＋動詞」という語順ですから，that は「主格の関係代名詞」か「強調構文」のどちらかです。しかし，名詞（＝liquids）の前に It is がないので，強調構文の可能性はありません。that は主格の関係代名詞です。
6．**that** が作る節の外側は？── **that** から **bacteria** までが形容詞節で，**liquids** を修飾している
7．**that** の内側の働きは？── 主語 ── had been passed の主語です。
8．**designed** の前の働きは？── **filters** にかかる
9．**designed** の後の働きは？── ─⑤ ── design には design＋名詞＋to － で「名詞が－するように設計する，もくろむ」という意味を表す用法があります。この場合の design は⑤です。

```
Doctors  designed  porcelain filters  to block  the passage of
  S         ⑤          O             C ｜ ③         O
the smallest known bacteria.
              a
```
医師たちは磁器製のフィルターを当時知られていた最小の細菌の通過も阻止するように設計した。

この design を受身で使うと S ＋ be designed ＋ to －．「S は－するように

設計されている，もくろまれている」となります。

```
Porcelain filters  were designed  to block  the passage of the
       S             -⑤           C | ③        O
smallest known bacteria.
       a
```

磁器製のフィルターは当時知られていた最小の細菌の通過も阻止するように設計された。

この文から were を削除すると，designed は裸の過去分詞になり，形容詞用法で filters を修飾するようになります。後の働き（＝動詞型）は－⑤で変わりません。

```
porcelain filters  designed  to block  the passage of the small-
              a   |-⑤        C | ③        O         a
est known bacteria
```

当時知られていた最小の細菌の通過も阻止するように設計された磁器製のフィルター

これが本文の形です。

10. **to block** の前の働きは？ ──── 補語 ──── この不定詞の用法はしいていえば形容詞用法ということになりますが，これを追求することには実益がありません。designed の補語だということがわかれば十分です。

11. **bacteria** の働きは？ ──── 前置詞の目的語 ──── of の目的語です。

12. **were** の主語は？ ──── **liquids** ──── were は過去形＝述語動詞ですから必ず主語が必要です。そして，その主語は you か，または複数形の名詞・代名詞です。すると，この英文で were の主語になれるのは liquids か filters しかありません。しかし，filters には前置詞（＝ through）が付いていますから，主語にはなれません。したがって，were の主語は liquids に決まります。

13. **to infect** の前の働きは？ ──── **able** にかかる ──── to infect は不定詞副

詞用法です。

14. **both ～ and** の品詞は？ ── 等位接続詞 ── both A and B「AもBも両方とも」は，構造上同じ働きをする語・句・節であるAとBをboth ～ andで対等につないだ形です。そこで，both ～ andを合わせて1つの等位接続詞として扱います。こういう等位接続詞は前にnot ～ butが出てきました。これ以外にも，either A or B「AかBかどちらか」, not so much A as B「AというよりはむしろB」などがあります。

15. 接続詞の種類は？ ── 等位接続詞と従属接続詞

16. **animals** の働きは？ ── 動詞の目的語 ── infectの目的語です。

参考　2語を補う問題（p.270）の解答

The light waves (we see the sun by) left him eight and a half minutes before. Among the stars (we can see,) there are some (from which the light takes thousands of years to come.)

我々が見る太陽の光は8分半前に太陽を離れたものである。我々が見ることのできる星の中には，光がその星から来るのに数千年を要するものもある。

（sun）と（left）の間に（前置詞）の（byまたはwith）が削除されている。
（from）と（the）の間に（関係代名詞）の（which）が削除されている。

we see は S+V であり，left him は V+O であると考えられます。ところで，him は the sun を指しているので，the sun left him を S+V+O と読んでは意味が通りません。したがって，we see the sun が S+V+O であり，the light waves left him が S+V+O です。2つの S+V+O の位置関係から考え

て, we see the sun を従属節にしなければなりません。名詞節では外側の働きが決まらないのでうまくいきません。副詞節では see が現在形で left が過去形であることを説明できません。たとえば, when we see the sun では時制のずれが矛盾します。したがって the light waves を先行詞にする形容詞節です。we see the sun は S ③ O で完全な文なので, 関係副詞または前置詞＋関係代名詞を付けて形容詞節にすることになります。しかし先行詞が the light waves ではどの関係副詞も使えません。したがって前置詞＋ which を付けることになります。我々は光によって物体を見るのですから, 前置詞は by または with が妥当です。ところが by which または with which を補うことにすると, これですでに2語補ってしまったことになります。次の文も1語補う必要があるので, which を省略して by または with だけにしないとうまくいきません。 そこで we see the sun の後ろに by または with を補うことになります。

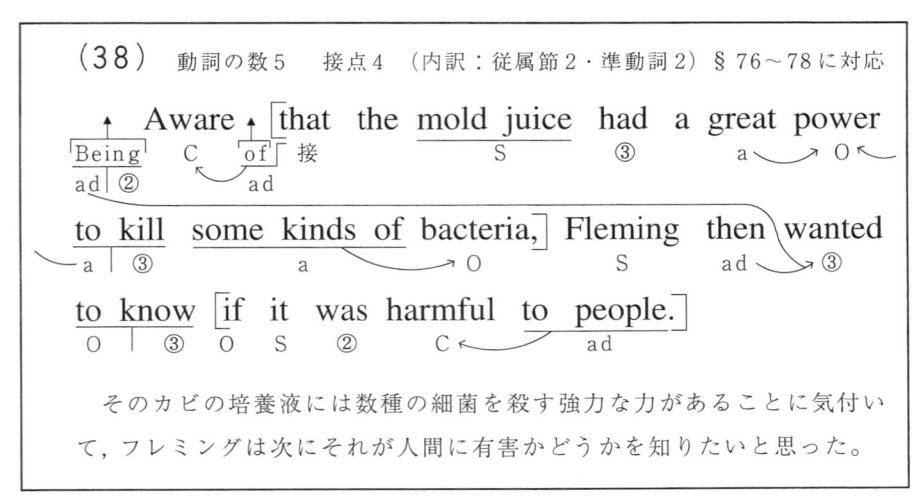

(38)　動詞の数5　接点4　（内訳：従属節2・準動詞2）§76〜78に対応

```
       Aware   that  the  mold juice  had   a  great power
[Being]   C    of 接        S        ③   a       O
 ad  ②         ad
to kill some kinds of bacteria,  Fleming then wanted
 a ③    a          O             S     ad    ③
to know if it was harmful to people.
 O  ③  S  ②    C        ad
```

そのカビの培養液には数種の細菌を殺す強力な力があることに気付いて，フレミングは次にそれが人間に有害かどうかを知りたいと思った。

1. この文の述語動詞は？―― **had** と **wanted** と **was** ―― had は過去形か過去分詞形のどちらかです。過去形と考えると juice が主語で，had が③で，power が目的語となって，完璧に構文が成立します。ところが，もし過去分詞形と考えると，裸ですから必ず準動詞になります。had 自体は過去分詞形容詞用法にしても分詞構文にしてもなんとか説明がつくかもしれません。しかし，そうすると今度は juice の働きが決まらなくなってしまいます。juice は名詞ですから主語・動詞の目的語・前置詞の目的語・補語のどれかで決めなければなりません。ところが，had の主語でないとすると，他に働きが決まらないのです。このことから had は過去形＝述語動詞に決まります。

　wanted は過去形か過去分詞形のどちらかです。過去形と考えると Fleming が主語で，wanted が③で，to know が目的語となって，完璧に構文が成立します。ところが，もし過去分詞形と考えると，裸ですから必ず準動詞になります。wanted 自体は過去分詞形容詞用法にしても分詞構文にしてもなんとか説明がつくかもしれません。しかし，そうすると今度は Fleming の働きが決まらなくなってしまいます。Fleming は名詞ですから主語・動詞の目的語・前置詞の目的語・補語のどれかで決めなければなりません。ところが，wanted の主語でないとすると，他に働きが決まらないのです。このことから wanted は過

去形＝述語動詞に決まります。

　was はつづりから過去形＝述語動詞に決まります。
2．この文の大黒柱は？────**wanted**────had は that 節の中の述語動詞です。was は if 節の中の述語動詞です。
3．この文の準動詞は？────省略されている **Being** と **to kill** と **to know**
────文頭の Aware は形容詞ですが，直後に接続詞の that が来ているので，名詞修飾の道を断たれています。したがって Aware は補語のはずです。文頭に補語が出たのですから，第2述語動詞型か第5述語動詞型の倒置をすぐに思いつきます。しかし，**倒置構文にならずに，しかも補語が文頭に出ることがある**のです。それは **Being** が省略された分詞構文です。本文はこの形で，文頭（＝Aware の前）に分詞構文の Being が省略されています。Aware はこの省略された Being の補語です。省略された Being は「付帯状況」を表す分詞構文です。それから，この Being は分詞構文＝準動詞ですから，この文の動詞の数を数えるときは当然勘定に入れるべきです。しかし，**Being は省略されていて，表面上は存在していないので，F.o.R. で動詞の数を数えるときは勘定に入れない**ことにします。（☞ §76）
4．aware の働きは？────補語────省略されている Being の補語です。
5．that の品詞は？────従属接続詞────that の後に続く the mold juice had a great power to kill some kinds of bacteria は何1つ足りない要素のない完全な文です。したがって that は従属接続詞です。
6．that が作る節の外側は？────**that** から **bacteria** までが名詞節で，省略されている **of** の目的語になっている────S be aware of that S + V.「主語は S + V について意識している，気が付いている」は誤りです。of を省略して S be aware that S + V. にすれば正しくなります。本文はこの be が分詞構文になって being aware that S + V になり，さらに being が省略されて aware that S + V になっているのです。これに似た文をもう1題紹介しましょう。

```
      She stared at him,   conscious  [that there was no truth
       S    ①    ad  being       C   of   接 誘導ad ①  a  S
                   ad ②                 ad
in [what he said.]]
 ad  O   S  ③
```
彼女は，彼のいうことは真実ではないと知りながら，彼をじっと見つめた。

S be conscious of that S + V.「主語は S + V について意識している，気が付いている」は誤りです。of を省略して S be conscious that S + V. にすれば正しくなります。上の文はこの be が分詞構文になって being conscious that S + V になり，さらに being が省略されて conscious that S + V になっているのです。(☞§77)

7. **to kill** の前の働きは？ ── **power** にかかる ── to kill は不定詞形容詞用法で，働きは名詞修飾です。

8. **bacteria** の働きは？ ── 動詞の目的語 ── some kinds of bacteria は「種類 + of ~」ですから，some kinds of が形容詞句になって bacteria を修飾します。したがって，bacteria は of の目的語ではなく，kill の目的語です。(☞§78)

9. **to know** の前の働きは？ ── 動詞の目的語 ── wanted の目的語です。

10. **if** が作る節の外側は？ ── **if** から **people** までが名詞節で，**know** の目的語になっている

11. **if** を訳せ。── かどうか

> [参考] 品詞と働き（その2）

　昔から品詞は「英語習得の鍵は品詞の理解にあり」とか「品詞の理解と識別なくしては，いっさいの上達は絶望である」などと言われて，極度に重視されてきました。ところが，最近では残念なことに品詞分解は「木を見て森を見ない」弊害が大きいとされ，英語の勉強法としては「時代遅れ」と評価されています。そこで，品詞の重要性を再認識するために，英文を読む人の頭が品詞によってどのようにコントロールされるのか，そのメカニズムを研究し，そこからなぜ品詞が大事なのか，品詞は実際にどう使うのか，を考えてみましょう。

1. 働き

英文を読むという作業は次の2つのプロセスから構成されています。

（1）　語の意味を決める
（2）　語と語のつなぎ方を決める

　たとえば，He put the box on the letter. という文を読んでいる人は，He／put／the／box／on／the／letter の各語の意味を決め，さらにこの各語のつなぎ方を決めるという2つの作業を行なっています。そして，ⓐ「彼はその箱の上にその手紙を置いた」というつなぎ方をする人もいれば，ⓑ「彼はその手紙の上にその箱を置いた」というつなぎ方をする人もいて，ⓐは誤り，ⓑが正しいとされるわけです。

　ところで，語と語のつなぎ方の正誤を論じるには，語と語のつなぎ方を表す概念が必要です。この概念を語の 働き といいます。いま仮に，語と語を一定のつなぎ方でつないだとすると，各語は他の語に対して一定の関係を持つことになります。この関係は通常，主語・動詞の目的語・前置詞の目的語・補語・修飾といった概念で表現されます。これらの概念を 働き といい，語と語のつなぎ方は各語の働きによって表されるのです。たとえば，いまのⓐとⓑのつなぎ方の違いを訳文ではなく働きで表してみると次のようになります。

　ⓐ the box は前置詞 on の目的語で，the letter は動詞 put の目的語である。
　　⇒（誤）

ⓑ the box は動詞 put の目的語で，the letter は前置詞 on の目的語である。
　　⇨（正）

　したがって，先ほどの２つのプロセスのうち「(2) 語と語のつなぎ方を決める」プロセスは「(2) 語の働きを決める」プロセスと言い換えることができます。

２．品詞と働きの関係

　ところで，働きと品詞の間には次のような密接な関係があります。

```
品詞              働き
動詞  ⟶  ①・②・③・④・⑤・－③・－④・－⑤
名詞  ⟶  主語・動詞の目的語・前置詞の目的語・補語
形容詞 ⟶  名詞修飾・補語
副詞  ⟶  動詞修飾・形容詞修飾・他の副詞修飾・文修飾
```

　実は，「英語習得の鍵は品詞の理解にあり」というときの品詞の理解とは，まさにこの品詞と働きの間にある密接な関係を理解することにほかならないのです。そこで次に，この関係がなぜ大事なのかを詳しく研究することにしましょう。

３．２つのプロセス

　意味の決定と働きの決定という２つのプロセスは，英文を読む人が何の制約も受けずに好き勝手に行えるというものではありません。どちらのプロセスも厳しい一定の制約に縛られているのです。そこで，その制約を加えて先ほどの表現を書き直すと次のようになります。

```
英文を読むという作業は次の２つのプロセスから構成されている。
（１）辞書に示された意味の中から，論理的に矛盾しないように，語の意味を決める。
（２）辞書に示された働きの中から，構文的に矛盾しないように，語の働きを決める。
```

この2つのプロセスを順番に詳しく検討してみましょう。

4．語の意味を決定するプロセス

語の意味は，英文を読む人が自由に創造できるというものではありません。語が持つ意味の可能性は辞書に列挙されており，英文を読む人は原則としてその範囲内で語の意味を決めなければならないのです。

しかし，辞書に挙げられた範囲内で語の意味を決めればそれだけで正しい決め方になるとは限りません。その意味を第2のプロセスによって決まる語の働き（語と語のつなぎ方）に従ってつないだ場合，文の意味が不明になったり，文脈が論理的に成立しなかったりすれば，その意味決定は間違っているといわざるをえません。

たとえば men という語は「人間」と「男性」という2つの意味が辞書に列挙されています。したがって，英文を読む人はこのどちらかに決めなければならず，勝手に men を「猿」とか「兎」にすることはできません。しかし，この2つならどちらでもいいというわけではないのです。次の英文を見てください。

Responsibility is important in everything, especially for us men.

この文を「責任はあらゆる事柄において重要である。特に我々人間にとっては」と読むと，人間以外の動物や植物に関しても責任が重要であることになり，文脈が論理的に成立しません。men の意味を「男性」に変えて「責任はあらゆる事柄において重要である．特に我々男性にとっては」と読まなければなりません。

このように，語の意味は辞書に列挙された意味の中から，さらに文の意味および文脈が論理的に矛盾なく成立するように決定されなければならないのです。

5．語の働きを決定するプロセス

辞書には語が持つ 意味 の可能性だけが表示されているのではありません。語が持つ 働き の可能性（その語と他の語とのつなぎ方の可能性）も，合わせて表示されています．しかし，**この表示は主語・目的語・名詞修飾といった働きそ**

のものを列挙する形でなされるのではなく，品詞という形で辞書に表示されるのです。

　たとえば　student や music や coffee という語は，文中で原則として主語・動詞の目的語・前置詞の目的語・補語という4つの働きのいずれかをします。しかし，このことを辞書は，この4つの働きを列挙して表すのではなく，この4つの働きのいずれかをする語という意味で名詞と表示することによって表すのです。

　また　famous や beautiful や eager という語は文中で原則として名詞修飾か補語という2つの働きのいずれかをするのですが，このことを辞書は，この2つの働きを列挙して表すのではなく，この2つの働きのいずれかをする語という意味で形容詞と表示することによって表すのです。

　したがって　kind「種類・親切な」のように辞書に名詞と形容詞の2つの品詞が表示されている語の場合，その働きは名詞の働き（主語・動詞の目的語・前置詞の目的語・補語）か形容詞の働き（名詞修飾・補語）の範囲内で決定しなければなりません。これが「辞書に示された働きの中から，語の働きを決める」ということの意味なのです。したがって，**英文を読む人は，各品詞が表している働きの可能性（品詞と働きの関係）を知らなければ，辞書を調べてもその語を他の語とどのようにつないだらよいのかわからないのです。**よく「品詞の理解が大事」といわれるのは，一つにはここのところを指しているのです。

　ところで，英文を読む人は，辞書に品詞という形で表示された働きの可能性の範囲内であればどの働きに決めてもよいというものではありません。語と語のつながり（これを文の構造または簡単に構文と言います）には一定のルールがあり，英文を読む人はこのルールに従って語と語をつなぐ（＝語の働きを決める）というもう一つの制約を受けているのです。

　たとえば，… 名詞A ＋ 前置詞 ＋ 名詞B … という場合，名詞の働きは主語・動詞の目的語・前置詞の目的語・補語ですから， 名詞A と 名詞B のどちらも前置詞の目的語の可能性があります。しかし 名詞A を後ろの前置詞の目的語にすることはできません。なぜなら，「特別な倒置でないかぎり，前置詞

の目的語は前置詞の後にくる」という構文のルールがあるからです。ですから, the box on the letter で the box を on の目的語にすることは構文的に誤りなのです。

このように, 語と語のつなぎ方には従わなければならない一定のルールがあり, 働きの決定はこのルールに合致するように行なわれるのです。これが「構文的に矛盾しないように, 語の働きを決める」ということの意味なのです。したがって, 英文を読む人は構文のルール (この集合が Frame of Reference です) を知らなければ, 各品詞が表している働きの可能性を知っていても, その中からどの働きを選べばよいのかわからないのです。

6. 意味と働きの相互規制

ところで, これまで説明してきた意味決定と働き決定という2つのプロセスはそれぞれ独立していて, 相互に無関係に行われるかというと, そうではありません。この2つのプロセスは品詞を媒介にして相互に規制し合うという密接な関係にあるのです。このことを ill という語を例にとって説明しましょう。

仮に辞書の書き方が次のようになっていたとします。

```
ill ┬─ 品詞 ──  名詞・形容詞・副詞
    └─ 意味 ──  不幸・悪・病気の・悪い・不十分に・悪く
```

すると, 文中に ill が出てきたとき, 意味は「不幸・悪・病気の・悪い・不十分に・悪く」の中からどれか1つに決め (たとえば「病気の」), 働きは「名詞・形容詞・副詞の働き」の中からどれか1つに決めて (たとえば名詞の働きの1つである「主語」), その2つを組み合わせる (意味は「病気の」働きは「主語」) こともできましょう。これならば, 2つのプロセスはそれぞれ独立していて相互に無関係に行われることになります。

しかし, 実際の辞書の書き方は次のようになっています。

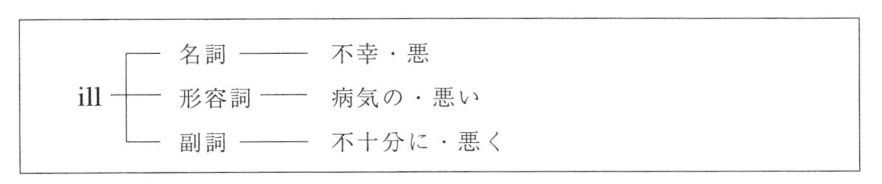

```
ill ┬─ 名詞  ── 不幸・悪
    ├─ 形容詞 ── 病気の・悪い
    └─ 副詞  ── 不十分に・悪く
```

このことは意味の決定と働きの決定が品詞を媒介にして相互に規制し合っていることを示しています。つまり「病気の」という意味に決めたら，品詞は形容詞に決まるので，働きはもはや名詞・副詞の働きの中から決めることはできず，形容詞の働き（名詞修飾か補語）の中から決めなければなりません。逆に「主語」という働きに決めたら，品詞は名詞に決まるので，意味はもはや「病気の・悪い・不十分に・悪く」の中から決めることはできず，「不幸・悪」の中から決めなければならないのです。
この相互規制の関係を一般化すると，次のようになります。

> 意味または働きによって品詞が決定され，品詞によって意味および働きが限定される。

　このように，品詞は語が持っている働きの可能性を表示するだけでなく，語の意味決定と働き決定の間にある相互規制を媒介するというもう一つの重要な機能を果たしています。これが「品詞の理解が大事」と言われるもう一つの所以(ゆえん)なのです。
　さて，この相互規制は英文を読む人の頭の中で実際にどのように行なわれるのでしょうか。子細に観察すると，これには次の3つのパターンのあることがわかります。

パターン1

最初に語の意味が決まる。するとそれによって品詞が決定され，品詞によって語の働きが限定される。

意味 ──→ 品詞 ──→ 働き

パターン2

最初に語の働きが決まる。すると，それによって品詞が決定され，品詞によって語の意味が限定される。

働き ──→ 品詞 ──→ 意味

パターン3

最初に語の品詞が決まる。すると，それによって語の意味および働きが限定される。

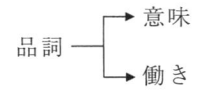

品詞 ─┬─→ 意味
　　　└─→ 働き

英文を読んでいるとき（特に，難解な個所になると）頭の中ではこの3つのパターンの相互規制がめまぐるしく繰り返され，各語について文の意味と文の構造のどちらにも矛盾の生じない意味と働きの組み合わせが追求されているのです。

それでは最後に，下線部の品詞と働きを考えながら次の2つの文を読んでみてください。

1. Tricks which are possible in the sense that they do not break the laws of nature but almost infinitely <u>improbable</u> because they could hardly occur are familiar to readers of detective stories called "locked-room" mysteries.

2. Man is the only species that can learn from the experiences of his predecessors and in so doing <u>fashion</u> a world unlike any experienced before.

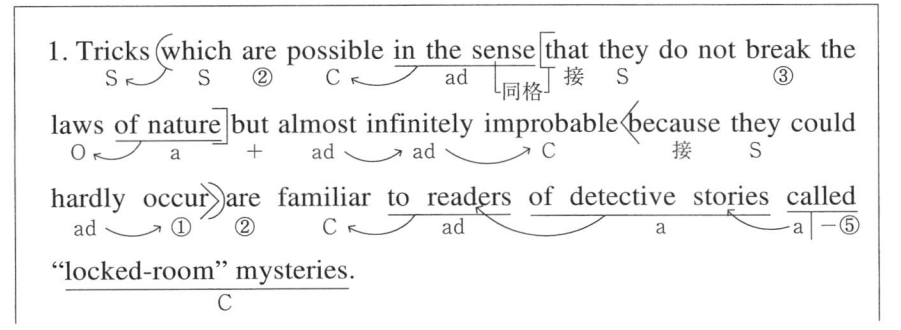

1. Tricks (which are possible in the sense that they do not break the
　　　S　　　S　　②　　C　　　ad　　同格　接　S　　　　　③
laws of nature) but almost infinitely improbable (because they could
　O　　a　　　＋　　ad　　　ad　　　C　　　　接　　　S
hardly occur) are familiar to readers of detective stories called
　ad　　　①　②　　C　　　ad　　　　　　　a　　　　a ─⑤
"locked-room" mysteries.
　　　　　　　C

> 　自然法則を破っていないという意味ではありうるが，現実にはほとんど起こりえないので，とうていありそうもないトリックは，「密室もの」と呼ばれる推理小説の読者にはおなじみである。

　この文がすんなり読めない人は improbable に注目してください。improbable は「ありそうもない」という意味で，品詞は形容詞です。すると働きは名詞修飾か補語のどちらかです。ところが improbable は前後いずれにも修飾できる名詞がありません。したがって補語と考えざるをえません。ここまでわかれば which are ... improbable というつながりが容易に見えるはずです。これはパターン1で頭が働く例です。

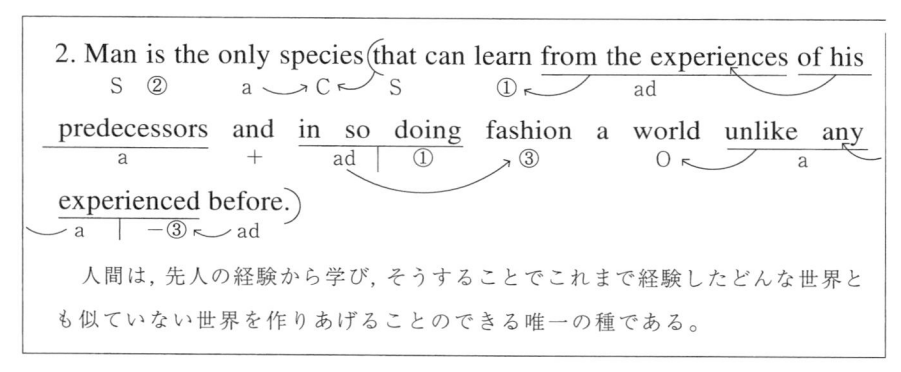

> 2. Man is the only species that can learn from the experiences of his predecessors and in so doing fashion a world unlike any experienced before.
>
> 　人間は，先人の経験から学び，そうすることでこれまで経験したどんな世界とも似ていない世界を作りあげることのできる唯一の種である。

　fashion を名詞と考えて doing の目的語にした人は a world を experienced の主語と読むか，doing の直接目的語と読むか，learn の目的語と読むか，または is の補語と読むかのどれかにならざるをえません。しかし，これでは意味がまったく通りませんし，本当は構文的にも無理なのです。fashion の品詞を動詞に変えれば，構文（a world は fashion の目的語で，and は learn と fashion をつなぐ）も意味（世界を形成する）も完璧に成立します。これはパターン2で頭が働く例です。

Frame of Referenceの要点

1. 文とは？
2. 動詞型とは？
3. **名詞の基本的働きは？**
4. 名詞の例外的働きは？
5. **形容詞の働きは？**
6. 副詞の働きは？
7. 主語の2種類は？
8. 主語になれる品詞は？
9. 目的語になれる品詞は？
10. 補語になれる品詞は？
11. **前置詞の働きは？**
12. 述語動詞とは？
13. 準動詞とは？

14. 活用とは？

15. 原形を用いる5つの場所は？

16. **必ず述語動詞になる活用は？**
17. **必ず準動詞になる活用は？**
18. been doneは何形か？
19. being doneは何形か？
20. 受身とは？

1. 構造上の主語＋述語動詞
2. ①・②・③・④・⑤・ー③・ー④・ー⑤
3. 主語・動詞の目的語・前置詞の目的語・補語
4. 同格・副詞的目的格
5. **名詞修飾・補語**
6. 動詞修飾・形容詞修飾・他の副詞修飾・文修飾
7. 構造上の主語・意味上の主語
8. 名詞のみ
9. 名詞のみ
10. 名詞と形容詞
11. **前置詞＋名詞で形容詞句または副詞句となる**
12. 構造上の主語を伴って文を作る動詞
13. 構造上の主語を伴わないので文は作れないがその代わり名詞・形容詞・副詞の働きを兼ねる動詞
14. 原形・現在形・過去形・過去分詞形・ing形
15. toの後, 助動詞の後, 命令文, 使役動詞・知覚動詞の補語, 仮定法現在
16. **現在形と過去形**
17. **裸の過去分詞と裸のing**
18. 過去分詞形
19. ing形
20. 能動態の文の目的語を主語にした文

Frame of Referenceの要点

21. 受身の動詞型は？
22. ―③の後に何が来るか？
23. ―④の後に何が来るか？
24. ―⑤の後に何が来るか？
25. beの5つの可能性は？

26. 不定詞の4つの可能性は？

27. ingの4つの可能性は？

28. 過去分詞の4つの可能性は？

29. 不定詞名詞用法の働きは？
30. 不定詞形容詞用法の働きは？
31. 動名詞の働きは？

32. 現在分詞形容詞用法の働きは？
33. 過去分詞形容詞用法の働きは？
34. 裸の過去分詞の前の働きは？
35. 裸の過去分詞の後の働きは？
36. 裸の過去分詞の意味は？

37. 分詞構文とは？
38. 従属節とは？

39. 従属節の3種類は？

21. ―③・―④・―⑤
22. 目的語も補語も来ない
23. 目的語が1つ来る
24. 補語が来る
25. ①, ②, 進行形, 受身・完了, 助動詞 be to
26. 助動詞の一部＋述語動詞・不定詞名詞用法・不定詞形容詞用法・不定詞副詞用法
27. 進行形・動名詞・現在分詞形容詞用法・分詞構文
28. 受身・完了・過去分詞形容詞用法・分詞構文
29. 主語・動詞の目的語・補語
30. 名詞修飾・補語
31. 主語・動詞の目的語・前置詞の目的語・補語
32. 名詞修飾・補語
33. 名詞修飾・補語
34. 形容詞または副詞の働き
35. ①・②・―③・―④・―⑤
36. 自動詞なら完了の意味, 他動詞なら受身の意味を表す
37. 分詞が副詞の働きをする現象
38. 1つの文が他の文の中に入って名詞・形容詞・副詞の働きをする現象
39. 名詞節・形容詞節・副詞節

Frame of Reference の要点

40. 大黒柱とは？
41. 名詞節の働きは？

42. 形容詞節の働きは？
43. 関係代名詞の内側の働きは？

44. 関係代名詞が省略されるのはどういう場合か？

45. what の内側の働きは？

46. 接続詞の2種類は？
47. 従属接続詞の働きは？

48. 名詞節を作る語は？

49. 形容詞節を作る語は？

50. 副詞節を作る語は？

---

40. 主節の述語動詞
41. 主語・動詞の目的語・前置詞の目的語・補語

42. 名詞修飾
43. 主語・動詞の目的語・前置詞の目的語・補語

44. 内側で動詞の目的語か前置詞の目的語になる場合

45. 主語・動詞の目的語・前置詞の目的語・補語・名詞修飾

46. 等位接続詞と従属接続詞
47. 副詞節を作る，ただし，that・if・whether は名詞節も作る

48. 従属接続詞の that・if・whether, 疑問詞, 関係詞の what, 関係詞＋ever, 先行詞の省略された関係副詞

49. 関係詞，ただし，what と関係詞＋ever と先行詞の省略された関係副詞は除く

50. 従属接続詞（that・if・whether も含む），関係詞＋ever

「あとがき」に代えて

　世の中にはおせっかいな人がいるもので，他人が気に入って喜んで勉強しているのに，それにあれこれケチをつけて何とかしてやめさせよう，自分の推奨するやり方に変えさせようとする人がいます。そういう人が自分と同じく英語を勉強中の人であれば，聞き流すこともできるのですが，往々にして教師だったり，英語ができると称する叔父さんだったりするのです。それで，勉強中の人，特に初学者は動揺してしまって「自分が選んだこのやり方は駄目なんじゃないか」と不安になってしまいます。

　実を言うと，私の勤務場所である予備校でもしょっちゅうこういうことが起こっていて，「○○先生に『薬袋さんのやり方なんかやってたんじゃできるようにならないよ』って言われたんですけど，大丈夫でしょうか？」と聞きに来る生徒さんが，特に4月，5月に多いのです。このように直接私のところに聞きに来てくれれば，その人の状況や気質を判断して適切なアドバイスをして差し上げられるのですが，読者と著者の関係ではそうもいきません。

　英語構文の勉強はただでさえ忍耐力を必要とするのに，勉強途中で冷や水を浴びせられるようなことを言われれば不安になるのも当然です。私のやり方に対する批判は，もちろん傾聴すべきものもありますが，誤解に基づくものも多いのです。そこで，最後に，私のやり方に対する代表的な批判を紹介し，それに対する私の考えを述べておくのも意義のあることではないかと思い「あとがき」に代えることにしました。

　批判1　「品詞分解」なんて時代後れの古い勉強法だ！

　これは私の持論なんですが，英語の勉強法には，万人に妥当する唯一絶対の方法などというものはない。あるのはその人の気性に合った，その人にとって一番いい勉強法だけだと思います。ただ，そうは言っても百人いたら百通りの勉強法があるというのでもない。気性の似た人によって共

通に支持されるいくつかの勉強法のタイプというものはあると思います。

　英語の音をシャワーのように浴びて自然に体得するという方法もあるし，徹底的な音読によって英語のリズムを身につけるという方法もある。たくさんの英文を暗唱して，パターンを蓄積するという方法もあります。

　結局，英語の勉強法は，古いとか新しいという問題ではない。その人の気性に合っているかいないかが問題なのです。教師の間でも，よく，あいつの教え方は古いとか新しいとか，いいとか悪いとか，口角泡を飛ばして論じていますが，私は，人間の心理を無視したナンセンスな議論だと思います。それより，その方法がどういうタイプの人を魅きつけて，そしてその中のどれ位の割合の人を実際にできるようにする力を持っているかが問題なのです。

　私のやり方はいわゆる「品詞分解」と呼ばれる方法ですが，これに触れて少しでも魅力を感じる人は10人中4人位です。そのうち特に強烈に魅きつけられる人は2人位で，この2人は本人も信じられないようなスピードであっという間に英語ができるようになります。私はこの15年間高校・予備校・塾・家庭教師といろいろなところでいろいろなレベルの生徒を教えてきましたが，この比率はいつもほとんど変わりません。

　それに対して，私の方法に触れて，少しも心が動かない人が10人中4人位います。それから強い反感を持つ人が10人中2人です。そういう人はわざわざ私のところに「先生のやり方は邪道だと思います」とか「何を言っているんだかさっぱりわからない最低のやり方だ」とか「キワモノですね」とか言いに来ます。

　でも，そんなことはどうでもいいのです。大事なことは無作為に抽出した10人の中にいつも2人は私のやり方で劇的にできるようになる人がいるということなのです。また，この2人に入らなくても，私のやり方に触れて魅力を感じる人であれば，勉強を続けると必ず実力は向上します。ですから，私は「この本は全ての人に買ってもらわなくてもよい。その代わり，全ての人に是非一度見てもらいたい」と思うのです。「ひょっとする

と自分はこのやり方に向いているかもしれない」ということを一度は確かめてほしいのです。これは5分間私の文章を読めば御自分ではっきりわかります。私のやり方が合っている人は，5分も読めば自然と「この本で精密に勉強しよう」という気になりますから，そういう人だけが勉強すればいいのです。私が本当に残念に思うのは，私のやり方で勉強すれば英語の力が急激に伸びるタイプの人（5人に1人はそういう人がいるのです）が，権威者の批判や自分の先入観に左右されて，私のやり方に近付かずに絶好の機会を逸してしまうことなのです。

批判2 「品詞分解」は最後のピリオドまで見てから英文の構造を考える「返り読み」ではないか？

その通り，「返り読み」なんです。これが，私のやり方が「邪道」だの「キワモノ」だのと批判される一つの理由だろうと思います。これについては自動車教習所のことを考えてください。

自動車教習所の教習コースにはS字カーブやクランクや踏切や坂道や車庫など実際に運転するときに遭遇しそうなところが集められていて，教習生はあらかじめどこに何があるということを知った上で，何度も繰り返しそれぞれの対処の仕方を練習させられます。この練習をしたからこそ実際に外の道路に出て路上教習をするとき，急に踏切にぶつかっても落ち着いて通過できるのだし，この先の道路状況はこうなりそうだという予想もできるのです。教習所の教習コースで指導員に横に座ってもらって練習している初心者に向かって，「そんなのはインチキだ。実際に運転するときは次に何があるかなんてわからないんだし，横に助けてくれる人もいないぞ」と非難する人がいるでしょうか。

英語構文の勉強も自動車と同じことなのです。「次がこうなっているから，ここはこういう構造なのだ」という判断ができるようになって初めて「ここがこうだから，次はこうなるのではないか」という予想ができるようになるのです。自分が今「返り読み」をしていないからといって，全く

の初心者にも「返り読み」を禁じるというのは，人間が技術を習得するときにたどる自然なプロセスを無視した乱暴な議論だと思います。

批判3　native speaker は英文を読むとき「品詞分解」などやっていない！

　この批判をもっと詳しく言うとこうなります。「英米人は英文を読んでいるとき無意識に頭を働かせているのであって，文法用語で自分の頭の働きを意識しているわけではない。したがって，この本が記述する頭の働きは英米人の本当の頭の働きではないし，頭の働きを意識的に枠にはめようとするこの本のようなやり方では本当に正しく読めるようにはならない。」

　これは，品詞を使って英語を教えようとする者に対して加えられる一般的な批判です。この批判は，分析のための道具概念というものがどういう性質のものなのかという点に関する誤解に基づいています。

　本書を構成する核になっている「品詞」と「働き」という2つの抽象的な概念は，英文を読むときの頭の働きを分析するための道具にすぎません。したがって，この2つの概念を用いて，英文を読むときの頭の働きを説明することは，必ずしも英米人（および英語を正しく読める人）が常に品詞と働きを意識しながら英文を読んでいるということを意味しません。私たち日本人が日本文を読むとき文法を意識しないのと同様に，英米人も英文を読むとき品詞や働きを意識的に考えることはおそらく稀でしょう。本書は「英米人は品詞と働きという概念を意識的に使って英文を読んでいる」と言っているのではないのです。そうではなくて「英米人は英文を読むとき，品詞と働きという抽象的な概念によって説明されるのと同じような頭の働かし方をしている」と言っているのです。

　それはちょうど，自転車をこぐ足の動きを言葉で説明する場合に似ています。足の動きを言葉で正確に説明するためには大腿四頭筋，腓腹筋，アキレス腱といった特別な（＝非日常的な）概念を使わなければなりません。たしかに，自転車をこいでいる人はそのような特別な概念を意識的に使っ

て足を動かしているわけではありません。しかし，その足の動かし方は大腿筋，腓腹筋，アキレス腱といった概念を使って説明される足の動きと同じなのです。

　自転車の練習なら，足の動きは目に見えるので，そんな難しい概念を使わずとも，上手に乗れる人の足の動きを実際に目で観察し，それをまねれば，同じように足を動かせるようになるし，またそれが最良の方法でしょう。しかし，英文読解においては，人間の頭の働きは目に見えないので，正しく読める人の頭の働きを実際に目で見てそれをまねるというわけにはいきません。正しい訳を示されればわかると言う人もいますが，教師が正しい訳を示し，生徒がそれを聞いて自分の訳を添削するのは，教師が正しく読んだ結果をまねているだけであって，その結果に至るまでの教師の頭の働きをまねているわけではないのです。人間の頭の働きは目に見えない以上，これを知るには大腿筋，腓腹筋，アキレス腱にあたるような「特別な言葉」をもってするしかありません。その「特別な言葉」にあたるのが品詞と働きという概念なのです。

　ところで，このような「特別な言葉」を意識的に使っている段階では，英語を読むときの頭の働きは日本語を読むときの頭の働きとは異質なものにならざるをえません。私たちが日本文を読むとき，頭は終始具体的な意味の次元で働き，日本文を背後で支えている抽象的な構造の世界を意識することは稀です。ところが，「特別な言葉」を意識的に使っている段階では，英文を読むとき，頭は絶えず具体的な意味の次元と抽象的な記号の次元（品詞と働き＝構文）の間を意識的に往復し，一方の情報を他方にフィードバックして，両方の次元で矛盾の生じない（つじつまが合った）唯一の読み方を追求しているのです。

　この，具体と抽象の一所にとどまらず，双方の間を微妙に揺れる頭の働きは外国語学習に特有のものであって，日常生活において，私たちはこのような頭の働きを通常経験しません。しかし，この頭の働きこそ，ある水準以上の難しい英文を読み解けるようになるための鍵なのです。

ただし，この段階ではまだ英米人とまったく同じ頭の働きにはなっていません。品詞と働きという本来分析のための道具である概念を意識的に使って英文を読んでいるからです。ところが，このようにして自分の頭の働きを意識的にコントロールしながら多くの英文を読んでいくと，品詞と働きによって構成された判断の枠組は次第に意識の背後に退き，遂には私たちの最終的な目標である，品詞と働きを特に意識しなくても，内容だけを考えれば頭が正しく働く段階に至るのです。

　それはちょうどピアノのレッスンで左手と右手が同時に違うパートを弾くときに似ています。最初はひどく戸惑いを感じます。しかし，いったんそのコツを呑み込むと，それが当たり前になって，それこそ呼吸をするように無意識のうちに行なえるようになります。そのとき初めて私たちは英文を日本文と同じ頭の働きで（つまり，英米人と同じ頭の働きで）読めるようになったのです。

　普通の人間は乳幼児から15歳までの15年間を追体験するようなことはできません。現地で暮らして四六時中英語漬けになりながら15年かかることを，日本にいて限られた時間で習得しなければならないとしたら，現地の子供達の環境を不完全に（どんなに頑張っても私たちが英語に触れる時間は彼らの十分の一以下でしょう）再現することが最良の方策なのでしょうか？

　「いや，それは違う，外国人が大人になってから英語を学ぶには他のやり方があるはずだ」と思う人がいても不思議ではないと思います。そういう人がこつこつ「品詞分解」しながら英語を勉強し，少しずつ英語がわかり始めているのに，それに冷や水をかける必要がどこにありましょう。人間は段階が来れば自然とそれまでのやり方で足りない部分を補完するように工夫していくものです。人それぞれの置かれた状況を見ずに，千編一律に特定のやり方を押しつけるのは賢明なことではないと思います。

本書終了後の英語の勉強について

　本書は Frame of Reference（英語構文の判断枠組み）の基本をほぼ網羅しています。現在正用法と認められる英文の8割は「F.o.R. の基本」通りに構成されています。したがって，本書が養成しようとしている力を身につければ，8割の英文は正確に構文を把握することができます。

　ところが，正用法と認められる英文の中には「F.o.R. の基本」に従わない英文が2割くらい存在するのです。このような英文は，たとえば③の動詞を用いていながら目的語が付いていなかったり（省略されているのではありません。もともと付いていないのです），従属節でありながら「内外断絶の原則」が貫徹していなかったりするのです。

　そこで，本書によって「F.o.R. の基本」を身に付けた後，引き続き F.o.R. のシステムを使って「基本に従わない英文」の構造を勉強したい方は「カセットブック・英語構文のエッセンス　Stage-2, Stage-3」（メープルファーム出版部）を聞いて勉強することをお薦めします。

　「F.o.R. を TIME や Newsweek の英文で試したいが，まだ自信がない」という方は「英語リーディングの秘密」（研究社）をお読みください。

　TOEIC を受験する方は「TOEIC テスト・スーパートレーニング　基礎文法編」（研究社）をやった後で，同シリーズの「文法・語法・正誤問題編」と「リーディング編」に進んでください。

　英文内容の論理的捉え方を勉強したい方は「英語リーディングの真実」（研究社）で基本的考え方を示しましたので，ご覧ください。

　ともあれ，基本さえ身に付ければ，どのようなルートで勉強しても，努力が空回りすることはありません。勉強すればするだけ力が伸びていきます。今まで英語が苦手だった人が，もし本書によって英語に興味を感じたら，そのときこそ絶好のチャンスです。これまでの苦手意識を払拭して，猛然と英語の勉強に取り組んでください。きっと，自分の中に眠っていた能力に気が付いて，新しい世界が開けると思います。皆さんの健闘をお祈りします。

INDEX

A
- aC（形容詞句で補語） …… 67, 114, 120, 133
- as ～ as possible …………………………… 108
- 後の働き ……………………………………… 40

B
- be going to ………………………………… 108
- beの5つの可能性 …………………………… 33
- be to（＝助動詞） ……………………… 33, 34
- been p.p. …………………………………… 40
- beingが省略された分詞構文 …………… 134
- being p.p. ………………………………… 40
- both ～ and ……………………………… 276
- 文 …………………………………… 2, 45, 202
- 文の要素 …………………………………… 45
- 分類的特徴 ………………………………… 92
- 分詞構文 ……………………………… 38, 40
- 分詞の意味上の主語 …… 89, 90, 134, 135, 273

C・D
- 直接目的語 …………………………… 18, 27
- 第5文型 ……………………………………… 23
- 第1文型 ……………………………………… 9
- 大黒柱 ……………………………………… 45
- 代名詞に転用した形容詞 ……………… 241
- 第2文型 ……………………………………… 12
- 第3文型 ……………………………………… 9
- 第4文型 ……………………………………… 17
- 同格 …………………… 53, 97, 100, 103, 114, 266
- 同格のthat節 ………………………… 53, 114
- 動名詞の意味上の主語 …………… 88, 89, 255
- 動詞型 ………………………………… 8, 40, 81
- 動詞の目的語 ……………………………… 10

E・F
- 英語構文の3つの難所 …………………… 221
- even ………………………………………… 245
- 不完全自動詞 ……………………………… 8
- 不完全なS＋V ……………………………… 225
- 不完全他動詞 ……………………………… 9
- 不可算名詞 ………………………………… 43
- 不規則活用 ………………………………… 5
- 複合関係詞 ………………………………… 210
- 複数形 ……………………………………… 19
- 副詞 ………………………………………… 183
- 副詞句 ……………………………………… 10
- 副詞節 ……………………………………… 45
- 副詞的目的格 ………………… 97, 230, 276
- 2つのS＋Vのルール … 49, 50, 56, 207, 217, 225
- 2つのS＋Vのルールの例外 ……………… 52
- 2つのVのルール …… 35, 36, 56, 77, 79, 82, 83, 204, 205, 217, 224, 230, 246, 268, 272
- 2つのVのルールの例外 …………………… 52
- 不定冠詞 …………………………… 44, 184
- 不定詞副詞用法 …………………………… 59
- 不定詞形容詞用法 ………………………… 59
- 不定詞名詞用法 …………………………… 58
- 不定詞の意味上の主語 ……… 88, 89, 266
- 不定詞の4つの可能性 …………………… 58

G
- 原形不定詞 ………………………………… 96
- 原形と現在形の識別 ……………………… 6
- 原形を用いる5つの場所 … 7, 202, 212, 217, 252, 256, 266
- 限定詞 ……………………………………… 44
- 現在完了 …………………………………… 29
- 現在形 ……………………………………… 5
- 現在分詞形容詞用法 ……………………… 38
- 疑問形容詞 ………………………………… 32
- 疑問詞 ……………………………………… 45
- 疑問詞＋ever ……………………………… 128
- ⑤の基本的意味 …………………………… 25

H
- 裸（名詞について） ……………………… 44
- 裸のing ……………………………………… 39
- 裸の過去分詞 ………………………… 69, 70
- 働き ……………………………… 81, 183, 281
- have＋O＋p.p. ………………………… 106
- have to ……………………………………… 98
- 品詞 ………………………………………… 183
- 補語 ………………………………………… 13

I
- if節 …………………………………………… 48
- if節の枠組み ……………………………… 119
- 言い換えの分詞構文 …………………… 114
- イコールの関係 …………………………… 11
- 意味上の述語 ……………………………… 24
- 意味上の目的語 …………………………… 93
- 意味上の主語 ……………………… 3, 24, 87

意味上の主語・述語関係	24, 96
ing 形の 4 つの可能性	38
1 人称	18
一致	19

J

自動詞	8, 26
自動詞の裸の過去分詞	75
辞書の制約	42, 86, 208
辞書の見方	232
助動詞	15
助動詞の一部＋述語動詞	58
助動詞の活用	16
助動詞と動詞型の関係	70
準動詞	2, 14, 42
準動詞型	42
述語動詞	2
述語動詞型	9
従属節	15, 44
従属節の範囲	56
従属節の存在	56
従属節を作る語	45
従属節を作る語の存在	209
従属接続詞	45, 48
授与動詞	9

K

過去分詞の 4 つの可能性	32, 69
過去完了	56, 209
過去形	5
格	21
関係詞	45
関係代名詞	59
（関係代名詞＋S＋have＋p.p.）	108
（… 名詞＋that＋動詞 …）	101, 274
（関係代名詞の省略）	77, 90, 91, 106, 225, 229, 258
（前置詞＋関係代名詞）	63
関係詞＋ever	128, 210
関係副詞	122
（関係副詞の that）	126
（先行詞の省略）	125
（関係副詞の省略）	52
完了	29
完了分詞構文	233
完了動名詞	100
完了不定詞	100
完了現在分詞	100
完了準動詞	99
間接疑問文	54
間接目的語	18, 27
感嘆形容詞	115
完全自動詞	8
完全な S＋V	48, 225
完全他動詞	8
可算名詞	43, 209
仮目的語	86, 222, 266, 268
仮主語	86, 89
仮定法現在	7
活用	5
形容詞	182
形容詞句	10
形容詞の働き	13
形容詞節	45
形容詞節の訳し方	67
祈願文	7
着物を着ている過去分詞	70
規則活用	5
呼応	19
構造上の主語	2
強調構文	102, 103

M

前から名詞を修飾する分詞	92
前の働き	40
名詞	182
名詞の基本的働き	192
名詞の例外的働き	25, 97
名詞＋名詞	13
名詞節	45
名詞節を作る語	205
名詞修飾の可能性を断たれた形容詞	24, 191, 196, 206, 252, 259, 269, 279
名詞を修飾する副詞	54, 99
目的語	10
目的格	21
目的格補語	24

N・O・P・Q

内外断絶の原則	56, 91
2 人称	19
人称	18
not 〜 but …	130
of（〜を持っている）	262
往来・発着を表す自動詞	34, 76, 259
p.p.	28

| quite a 名詞 ················· 99 | 内の語 ························ 55 |

S

| S＋be＋-ing ················ 128 |
| ③＋副詞＋目的語 ·············· 232 |
| 3人称 ························· 19 |
| 3人称・単数・現在のs ········ 6, 8, 20, 22, 36 |
| 46, 52, 58, 102, 190, 217, 235, 268 |
| 先行詞 ························ 62 |
| 接点のつなぎ方 ················ 14 |
| 使役動詞 ······················ 97 |
| 進行形 ···················· 35, 38 |
| 進行形不定詞 ·················· 35 |
| 真目的語 ······················ 86 |
| 真主語 ························ 86 |
| 所有格 ··················· 21, 22, 44 |
| 主従ともにデタラメ ········ 57, 215, 238 |
| 主従ともに完璧 ·········· 57, 215, 238 |
| 主格 ·························· 21 |
| 主格補語 ······················ 24 |
| 種類 of ～ ················ 138, 278 |
| 主節 ·························· 45 |
| so ～ that S＋V ············· 104 |
| 外側 ·························· 45 |
| 外の語 ························ 55 |
| S´P´関係 ····················· 24 |
| such ～ that S＋V ··········· 121 |
| 数 ···························· 19 |
| 数量 of ～ ··············· 121, 138 |

T

| 他動詞 ···················· 8, 26 |
| 他動詞の裸の過去分詞 ········ 73, 78 |
| 単純な現在形 ·················· 29 |
| 単純な過去形 ·················· 31 |
| 単数形 ························ 19 |
| 定冠詞 ··················· 44, 184 |
| that（＝従属接続詞）が作る従属節 · 48, 49, 241 |
| that（＝従属接続詞）の省略 ········· 49 |
| that＋完全な文 ··············· 126 |
| 知覚動詞 ················ 97, 254 |
| 等位接続詞 ················ 11, 37 |

U・W

| 受身 ·························· 25 |
| 受身の動詞型 ·················· 25 |
| 受身の動詞の活用 ·············· 28 |
| 後の働き ······················ 40 |
| 内側 ·························· 45 |

what
| （what節の枠組み） ··············· 115 |
| （関係代名詞のwhat） ············ 110 |
| （疑問形容詞のwhat） ············ 131 |
| （感嘆形容詞のwhat） ············ 131 |
| （関係形容詞のwhat） ······ 131, 133, 269 |
| （疑問代名詞か関係代名詞か？） ···· 263 |
| （関係代名詞のwhat＋S＋be） ···· 129 |
| （… 前置詞＋what＋名詞 …） ···· 253 |
| whenever節の枠組み ··········· 127 |
| whether節 ···················· 48 |
| whether節の枠組み ············ 119 |
| whoever ······················ 21 |

Y・Z

| 様態 of ～ ···················· 138 |
| 誘導副詞のthere ·········· 120, 276 |
| 前置詞 ························ 10 |
| 前置詞の目的語 ················ 10 |
| 前置詞＋動名詞 ················ 41 |
| 前置詞＋that節 ··············· 136 |

④の述語動詞

gave (17) refused (18) save (18) gave (26) told (43) tells (46) asked (55) asked (56) told (83) told (86) gives (101) showed (117) tell (124) showed (132) showed (134) cost (188) wove (262)

⑤の述語動詞

elected (23) found (24) called (27) found (87) made (87) saw (97) made (97) make (104) had (107) had (109) have (109) made (110) consider (113) consider (116) made (117) makes (190) think (222) compelled (223) made (228) believe (231) hear (252) dyed (262) makes (263) make (266) makes (268) designed (274)

⑤の準動詞

making (39) to have (108) to have (109)

―③の述語動詞

was broken (26) being printed (50) be published (50) be imagined (53) be done (53) was born (64) is covered (65) is born (87) was born (91) was awakened (93) is constructed

(105) is made (122) be made (122) was born (123) was born (124) is born (126) was disappointed (136) is compared (193) being printed (198) be published (198) been proven (204) were replaced (224) be compared (235) are caused (255) been passed (271) was killed (271)

―③の準動詞
to be enjoyed (59) born (82) invited (83) known (87) to be heard (87) being built (88) to be completed (89) done (90) invited (95) stolen (95) written (101) spoken (101) stolen (107) carried (107) tuned (107) secured (108) compounded (109) mended (109) left (109) being attacked (115) being built (200) being reminded (202) to be heard (212) suspected (232) involved (239) listed (239) made (242) used (249) given (249) derived (258) spun (262) transmitted (268) Contaminated (271) experienced (288)

―④の述語動詞
was given (26) was given (27) was asked (47) been done (194) was asked (228)

―④の準動詞
left (81) given (220)

―⑤の述語動詞
was called (27) was elected (88) was forced (134) be made (196) is called (196) was elected (200) was compelled (223) is believed (231) were designed (275)

―⑤の準動詞
named (74) called (86) to be compelled (222) believed (230) having been told (233) designed (271) named (271) designed (275) called (287)

不定詞名詞用法
【主語】to climb (58)
【真主語】to be (86) to use (89)
【動詞の目的語】to be (121) to know (178) to make (262)
【真目的語】to propose (87) to be compelled (222) to be (266)

不定詞形容詞用法
【名詞修飾】to be enjoyed (59) to marry (87) to kill (278)
【補語】to have been (100) to be (105) to be (121) to leave (134) to learn (222) to give up (223) to be (230) to be (231) to service (233) to throw (255) to block (271) to block (274) to block (275)
【原形不定詞で補語】enter (97) clean (97) seem (104) work (228)

不定詞副詞用法
to find (49) to earn (59) to be heard (87) to be completed (89) to have (108) to have (109) to prove (134) to be heard (212) to determine (249) to infect (271) to come (276)

動名詞
【主語】running (87) studying (90)
【動詞の目的語】making (39) teaching (87) having been told (233) traveling (268)
【前置詞の目的語】telling (41) telling (42) having been (89) becoming (89) having failed (100) disappearing (105) being reminded (202) speaking (229) harboring (232) using (255) doing (261) doing (288)
【補語】idling (128) doing (261)
【名詞＋名詞】sleeping (96)

現在分詞形容詞用法
【名詞修飾】driving (39) being built (88) boiling (92) falling (92) flying (92) moving (93) barking (93) exciting (94) interesting (94) drowning (117) puzzling (129) being built (200) increasing (224) grazing (224) charming (229) overlooking (232)
【補語】surprising (118) fattening (129) going (252)

現在分詞の分詞構文
singing (40) operating (90) having read (100) getting (106) spinning (114) circling (114) sailing (114) being attacked (115) being (134) being (135) representing (246) judging (252) gaining (255) abusing (266) being (278) being (280)

過去分詞形容詞用法
【名詞修飾】returned (72) named (74) gone (76) turned (77) born (82) invited (83) called (86) come (88) fallen (95) stolen (95) invited (95) returned (95) written (101) spoken (101) come (217) given (220) believed (230) suspected (232) involved (239) listed (239) used (249) given (249) derived (258) spun (262) transmitted (268) contaminated (271) designed (271) named (271) called (287) experienced (288)
【補語】known (87) stolen (107) carried (107) tuned (107) secured (108) compounded (109) mended (109) left (109) made (242)

過去分詞の分詞構文
arrived (76) left (81) done (90)

名詞節
【主語】where (87) what (110) whether (120) where (126) what (132) what (133) what (268)
【動詞の目的語】that (46) 省略された that (49) where (54) whom (54) how (55) how (56) what (86) that (87) what (116) what (117) if (119) what (132) what (134) what (207) what (246) if (249) that (268) if (278)
【前置詞の目的語】whom (57) what (113) what (117) what (130) that (137) that (138) what (244) what (252) what (263) what (280)
【省略されている前置詞の目的語】that (136) that (137) that (278) that (280)
【補語】what (113) what (116) how (125) what (263) what (266)
【同格】that (53) that (127) that (287)

形容詞節
【関係詞から始まるタイプ】whom (47) 省略されている when (52) that (53) which (63) that (101) that (102) that (103) that (104) that (108) which (109) that (109) which (110) which (111) where (123) when (124) why (124) 省略されている how (125) 関係副詞の that (127) that (133) 省略されている which (224) that (240) that (242) that (255) where (256) 省略されている関係代名詞の that (258) 省略されている which (258) that (261) 省略されている which (262) who (266) that (271) 省略されている which (276) which (287) that (288)

【前置詞＋関係代名詞から始まるタイプ】in which (64) of which (65) beyond which (68) for which (111) of which (235) from which (276)
【名詞＋前置詞＋関係代名詞から始まるタイプ】the top of which (65) the like of which (67) the solution of which (67) the rules of which (214)
【前置詞＋名詞＋前置詞＋関係代名詞から始まるタイプ】in the middle of which (65) by the aid of which (235)

副詞節
when (47) that (105) until (105) when (105) that (106) as (117) what (118) if (119) that (122) if (122) whenever (128) when (130) if (210) that (240) as (244) that (256) whenever (256) if (263) because (287)

KENKYUSHA

〈検印省略〉

英語リーディング教本
えいご　　　　　　　　　きょうほん

2000年 4月25日　初版発行
2025年 1月31日　44刷発行

著者
薬袋善郎
みないよしろう
© Yoshiro Minai, 2000

発行者
吉田尚志

発行所
株式会社　研究社
〒102–8152　東京都千代田区富士見 2-11-3
電話番号　編集 03(3288)7711(代)　　営業 03(3288)7777(代)
振替 00150-9-26710

印刷所
TOPPANクロレ株式会社

装丁
清水良洋

ISBN 978–4–327–45137–0 C1082　　Printed in Japan